Ringler · Psychologie der Geburt im Krankenhaus

Marianne Ringler

Psychologie der Geburt im Krankenhaus

Individuelle, kulturelle und soziale Aspekte
der Geburtshilfe

Beltz Verlag · Weinheim und Basel 1985

Über die Autorin:
Marianne Ringler, Univ.-Doz., Dr. phil., Oberassistentin am Institut für Tiefenpsychologie und Psychotherapie, Leitung der Ambulanz und Arbeitsgruppe für
psychologisch-medizinische Patientenbetreuung der
I. Univ.-Frauenklinik Wien.

CIP-Kurztitelaufnahme der Deutschen Bibliothek

Ringler, Marianne:
Psychologie der Geburt im Krankenhaus : individuelle, kulturelle u. soziale
Aspekte d. Geburtshilfe / Marianne Ringler. – Weinheim ; Basel : Beltz, 1985.
  (Beltz-Monographien)
  ISBN 3-407-54682-3

Druck nach Typoskript

© 1985 Beltz Verlag · Weinheim und Basel
Druck und buchbinderische Verarbeitung: Beltz, Offsetdruck, 6944 Hemsbach
Umschlaggestaltung: Atelier Warminski, 6470 Büdingen 8
Printed in Germany

ISBN 3 407 54682 3

ZUM GELEIT

Daß Fragen von Gesundheit und Krankheit heute nicht mehr rein vom organischen Gesichtspunkt, von morphologischen, physiologischen und pathophysiologischen Aspekten betrachtet werden können, ist längst zu einem Gemeinplatz geworden. Überall wird fast als Pflichtformel betont, daß psychosoziale Überlegungen in Theorie und Praxis, in Diagnose, Therapie und Prognose gleichberechtigt zu berücksichtigen seien.

In der klinischen Realität sind wir aber von der Durchführung eines solchen Konzeptes weit entfernt. Die Psychosomatik als medizinische Grundhaltung ist zwar leicht zu predigen, aber schwer in die Tat umzusetzen. Vor allem Überspezialisierung und Technisierung lassen es eher schwieriger erscheinen, den jeweiligen leidenden und Hilfe suchenden Menschen als Einzelpersönlichkeit im sozialen Kontext, als mitentscheidendes Subjekt in den Mittelpunkt der Begegnung mit Gesundheits- und Sozialdiensten zu stellen.

Zu einem erheblichen Teil ist die fast rein naturwissenschaftliche Ausbildung der Ärzte daran schuld, daß die psychologischen Aspekte entweder übersehen, unterschätzt und vernachlässigt werden, ja, daß nicht so selten iatrogene Schäden gesetzt werden, indem vor allem in der Kommunikation, Information und in der Berücksichtigung von Erwartungen, Ängsten und Wünschen der Patienten Fehler gemacht werden.

Nun sind Schwangerschaft und Geburt zwar physiologische Vorgänge, haben aber durch Komplikationsmöglichkeiten und die Notwendigkeit professioneller Assistenz ähnliche Bedingungen wie Krankheiten. Es ist das große Verdienst der Geburtshilfe, daß sie die Notwendigkeit der Einschaltung von Psychologie bei der Begleitung der Mütter in dieser Periode (allerdings auch der Väter und sonstiger Beteiligter) als eine der ersten medizinischen Disziplinen erkannt und realisiert hat.

Die vorliegende Arbeit von Marianne Ringler scheint mir ein klassisches Beispiel dafür, wie klinische Psychologie forschend und helfend dazu beitragen kann, die medizinische Arbeit zu ergänzen, einerseits auf das Wohl des Patienten bezogen, andererseits bei Ärzten und Schwestern durch Teamzusammenarbeit die psychologischen Aspekte besser zu berücksichtigen.

Unser Institut freut sich, daß uns die I. Universitätsfrauenklinik

(Vorstand: Prof. Dr. E. Gitsch) die Möglichkeit zu einer solchen Kooperation gegeben hat.

H. Strotzka

VORWORT

In den letzten acht Jahren habe ich mich mit psychologisch-ge-
burtshilflichen Fragestellungen befaßt. Von Anfang an ging die
psychologisch-psychotherapeutische Arbeit mit wissenschaftlicher
Forschung Hand in Hand. Als Frau und Mutter bringe ich natürlich auch eine persönliche Betroffenheit ein. Dabei stieß ich
auf eine Reihe von Problemen, nämlich eine mangelnde Integration psychologischer Kenntnisse in die konkrete Betreuung
schwangerer Frauen und ihrer Familienangehörigen in der geburtshilflichen Klinik. Der hohe Wissensstand medizinisch-diag-
nostischer und somatisch-therapeutischer Möglichkeiten des medizinischen geburtshilflichen Personals ist überschattet von einer
"Alltags-Hausverstand-Psychologie" der einzelnen Mitarbeiter.
Ähnliches gilt für viele Vertreter der "alternativen Geburtsmedizin". Dort wird humane Geburtsmedizin häufig gleichgesetzt mit
einer Ablehnung jeglicher moderner Technologien, der Propagierung einer "neuen Mütterlichkeit" und der Verallgemeinerung
von Erlebnismöglichkeiten einer kleinen priviligierten sozialen
Gruppe auf alle Frauen / Mütter, Männer / Väter. Dennoch waren gerade diese konträren Anschauungen sehr wichtig für den
derzeitigen Stand der Diskussion und meine eigene Entwicklung.
Eine gemeinsame Arbeitsbasis zu finden war und ist mein Anliegen, nicht um zu harmonisieren, sondern weil ich meine, daß
die Vertreter beider Extreme zu einer Verbesserung der momentanen Versorgungssituation Wichtiges beizutragen vermögen.

Im Besonderen möchte ich dieses Vorwort für eine Reihe von
Dankesworten verwenden. Allen voran danke ich Herrn Prof.
Dr. Hans Strotzka und Herrn Prof. Dr. Eduard Gitsch, ohne
deren kontinuierliche wohlwollende Unterstützung meine Arbeit
insgesamt nicht zustande gekommen wäre, Herrn Prof. Dr. Emil
Reinold für die vielfältigen Anregungen und die fruchtbringen-
de wissenschaftliche Zusammenarbeit, den Mitarbeitern des In-
stituts für Tiefenpsychologie und Psychotherapie und der I. Universitäts-Frauenklinik Wien für unsere Zusammenarbeit, die in
vielen gemeinsamen Publikationen, die teilweise zitiert sind, ihren
Ausdruck findet. Von unschätzbarem Wert war mir die Hilfe unserer Bibliothekarin, Judith Rosdy, bei der Beschaffung der nö-
tigen Literatur und die Hilfe des Sekretariats bei der Fertigung
des Manuskripts, allen voran Maria Knirsch. Meinen Mann muß
ich hier ebenfalls erwähnen, der die Belastungen, die die Ab-
fassung eines solchen Buches mit sich bringt, mit Gelassenheit

ertragen hat. Durch Lesen des Manuskripts, kritischen Anmerkungen und Anregungen wurde mir große Hilfe erwiesen. Dafür danke ich Herrn Prof. Dr. Hans Strotzka, Margarete Grimm, Dr. Martin Langer, Dr. Catherine Schmidt-Löw-Beer und meinem Mann. Beim Lektor des Beltz-Verlages Dipl.-Psych. Roland Asanger bedanke ich mich für die Möglichkeit zur Publikation und bei Frau Heide Dellien für das Schreiben des Typoskripts. Zuletzt bedanke ich mich bei den vielen Patientinnen und ihren Ehemännern, durch deren Vertrauen in mich und meine Arbeit ich überhaupt erst das notwendige Wissen gewinnen konnte, das zu den dargestellten Überlegungen und Schlußfolgerungen führte.

Wien, August 1984

INHALTSVERZEICHNIS

1. EINLEITUNG

Trotz der heftigen Diskussion Hausgeburt-Klinikgeburt ist die
Zahl der geplanten Hausgeburten gering.* 94% aller Frauen entbinden heute im Spital. An dieser Ziffer wird sich in absehbarer
Zeit nicht viel ändern. Im städtischen Bereich handelt es sich
vorwiegend um Großkliniken. Auch meine Arbeit ist aus der Mitarbeit an einer solchen, der I. Univ. Frauenklinik, hervorge-
gangen.
Klinik bedeutet immer, daß viele verschiedene Professionen
(Ärzte, Schwestern, Hebammen, Bedienerin, usw. miteinander
arbeiten. Ihr gemeinsames Ziel ist, ihre Patienten bestmöglich
zu beraten und zu versorgen.
Jeder Beteiligte ist Glied eines sozialen Systems, innerhalb und
außerhalb der Klinik, die in ganz spezifischer Weise interagieren.
Die daraus resultierenden Kommunikationsprozesse werden durch
rationale, aber mehr noch durch irrationale Vorstellungen bestimmt. Dies alles hat entscheidenden Einfluß auf die Erlebnismöglichkeiten aller Betroffenen.
Eine patientenorientierte Medizin benötigt neben Fachkenntnissen,
die Kenntnis und Reflexion ihrer eigenen Bedürfnisse, sowie die
ihrer Patienten. Je genauer die spezifischen Problemstellungen,
ihre Erscheinungsbilder, auslösenden Faktoren und aufrechter-
haltenden Bedingungen bekannt sind, desto eher werden, wenn
nötig, Veränderungen akzeptiert und durchgeführt werden, von
denen nicht nur einzelne Interessierte, sondern alle Betroffenen
profitieren.
Die Problematik meines Anliegens, nämlich die psychologische
Situation, eingebettet in ihrem sozialen Rahmen darzustellen -
wodurch sie sogleich relativiert wird - erscheint mir das einzig
sinnvolle und erlaubte Vorgehen zu sein. **Dennoch birgt dieses
Vorgehen eine Reihe von Problemen, die in der alltäglichen Praxis
nur mit großem Einfühlungsvermögen und Bedachtnahme auf die
Gefühle aller Beteiligten gelöst werden können.

---

* geplante Hausgeburt bedeutet, daß sich die Schwangere und
  ihre Familie willentlich entschieden haben, das Kind zu Hause
  zu entbinden, eine Hebamme zur Verfügung steht, wie ebenfalls für den Notfall eine Klinikanmeldung vorgenommen wurde.

**verhält sich doch auch ein- und derselbe Mensch unter ver-
  schiedenen sozialen Bedingungen unterschiedlich.

12

Die zwei wichtigsten Probleme sind wohl das Auftauchen von Gefühlen mangelnder Kompetenz und daraus resultierende Schuld- und Schamgefühle, die verhindern das Dargebotene aufzunehmen, die eigene Realität dahingehend zu untersuchen und daraus Veränderungen für die eigene Praxis abzuleiten.
Zu bedenken ist wohl, daß diese Arbeit kulturellen, sozialen und ethischen Vorstellungen und damit Veränderungen durch die Zeit unterworfen ist. Im Gegensatz zu anatomischen oder endokrinologischen Befunden, wo durch verbesserte diagnostische Möglichkeiten ein immer wahrheitsgetreueres Abbild gefunden werden kann, kann dies für psychologische Befunde nicht so ohne weiteres gelten. Diese müssen immer in den Gesamtzusammenhang zwischen organischen, sozialen, ökonomischen und kulturell-ethischen Bedingungen gestellt werden, die stark formend wirken. BADINTER (1981) hat dies am Beispiel der Mutterliebe sehr deutlich herausgearbeitet.
Die Behandlung des Themas Geburt ist ohne eine ansatzweise Erörterung der Schwangerschaft nicht möglich. Daher wird auf den Komplex Schwangerschaft so weit eingegangen, wie dies zum Verständnis des Untersuchungsgegenstandes Geburt wichtig ist.

Im übrigen war es kein Anliegen, eine vollständige Literaturübersicht oder gar eine Kritik publizierter Arbeiten zu geben. Die Auswahl der zitierten Studien erfolgte allein nach dem Gesichtspunkt, wie sie unter Einhaltung wissenschaftlicher Standards, den jeweiligen Untersuchungsgegenstand übergreifen zu erklären vermögen bzw. zu seiner Erklärung beitragen können. Die vorliegende Arbeit will dazu beitragen, den bestehenden diagnostischen und therapeutischen Möglichkeiten der modernen Geburtshilfe, klinisch-psychologisches Wissen in der Weise hinzuzufügen, daß patientenorientierte Handlungswiesen gefördert werden, wodurch

1. mütterliche und kindliche Risiken weiterhin minimiert werden können.
2. positive Geburtserlebnisse ermöglicht werden und
3. die psychohygienische Aufgabe der Bildung wünschenswerter individueller Einstellungsmuster der Betroffenen und Eltern-Kind-Beziehungen unterstützt werden.

Dies setzt voraus, das gesamte Geburtsgeschehen und die Situation der werdenden Eltern und ihres Kindes als umfassenden psychosomatischen Vorgang zu begreifen.

Ich verstehe meine Arbeit als eine Fortführung jener Bemühungen H. STROTZKAs in den frühen 70er Jahren (zusammen mit M. D. SIMON, H. CZERMAK und G. PERNHAUPT) die Mutter-

beratung zu reformieren und der schrieb:"Es ist einerseits die
Bemühung, während der Schwangerschaft, bei der Geburt und
in den ersten Jahren nachher körperliche Schädigungen, besonders des Gehirns, so niedrig wie möglich zu halten. Vor allem
wird man versuchen müssen, die Zahl der Frühgeburten und
Asphyxien im Zusammenhang mit der Geburt zu minimalisieren.
Die Hauptlast wird aber im Bereich der Früherziehung liegen.
Welche Theorie des menschlichen Verhaltens auch immer man für
adäquat hält (praktisch kommen heute nur die Tiefenpsychologie
und die Lerntheorien in Frage), kann man dabei wie schon erwähnt, nicht mehr an der Tatsache vorbeigehen, daß die ersten
Lebensjahre entscheidend sind."

"Infolgedessen ist die Früherziehung die via regia zur Prophylaxe psychosozialer Fehlentwicklungen." STROTZKA, 1972, S. 9.

Ein weiterer Schwerpunkt der Arbeit lag darin, gegenwärtige
Forschungsschwerpunkte herauszuarbeiten und zu reflektieren.
Die Diskussion gegenwärtiger methodischer Mängel und die Erarbeitung alternativer Forschungsstrategien will dazu dienen, zukünftige wünschenswerte Forschungsschwerpunkte herauszuarbeiten. Momentan können Frauen zwischen drei Arten von Entbin-
dungsmanagement wählen, nämlich

(a) der Klinikgeburt, bei der sie sowohl Entbindung als auch
    Wochenbett im Spital erlebt,
(b) der ambulanten Klinikgeburt, bei der die Frau nach der Ent-
    bindung nach Hause entlassen wird und
(c) der geplanten Hausgeburt.

Auf die psychologischen Besonderheiten dieser drei Entbindungs-
typen werde ich trotz ihrer gegenwärtigen Bedeutung nicht eingehen. Dies hat mehrere Gründe: Auf die Wahl des Entbindungsmanagements wirken soziale, psychologische und medizinische
Faktoren massiv ein. Es handelt sich also um sozial, psychologisch und medizinisch uneinheitliche Populationen. Hinzu kommt,
daß weder soziologische noch psychologische Arbeiten existieren,
die sich ernsthaft mit dem Vergleich der oben genannten drei
Entbindungsmodi auseinandergesetzt haben, d. h. vergleichbare
Patientenpopulationen untersucht haben.
Aus diesem Grund behandle ich ausschließlich die Spitalsgeburt.
Dies bedeutet klarerweise nicht, daß ein großer Teil der Aus-
sagen nicht auch für Frauen gilt, die anderswo entbinden.

2. HISTORISCHER ABRISS ZUR ENTWICKLUNG DER GEBURT IM KRANKENHAUS

Wenn die historische Entwicklung der Geburt im Krankenhaus und dieses Kapitel am Anfang steht, dann nicht deshalb, um die Vergangenheit der Gegenwart gegenüberzustellen, auch nicht um Fortschritte zu demonstrieren, dazu ist hier nicht der Platz, sondern um die Gegenwart verständlicher, besser greifbar zu machen und ein umfassendes "Verstehen" zu ermöglichen, in das ja auch alle Beteiligten in gleicher Weise verwoben sind, einschließlich der "Patienten", die das System Geburt im Krankenhaus akzeptiert haben, indem immer mehr Frauen in Entbindungskliniken gebären.

In frühesten Zeiten, die überliefert sind, war die Geburt Sache von Frauen. Meist standen der Gebärenden eine oder mehrere erfahrene Frauen bei, die sich in dieser Situation auch von den anderen Mitgliedern der Familie zurückzogen. Bei den Römern war dies ein abgelegenes Zimmer des Hauses oder wie bei vielen primitiven Kulturen, zogen sich die Frauen sogar aus dem Dorf zurück (PAUL, 1982, NEWTON & NEWTON, 1972a). Zunehmend hat sich daraus der Hebammenstand entwickelt, (weise Frauen, die hohes Ansehen genossen, ja sogar klerikale Würden erlangen konnten) (FISCHER-HOMBERGER, 1979). Sie berieten die Frauen auch in der Schwangerschaft, im Wochenbett und bei der Kinderpflege. Seit dem 12. Jahrhundert wurden die Ratschläge zur Pflege schwangerer Frauen in medizinischen Traktaten (von männlichen Autoren) verfaßt.* Erst im ausgehenden Mittelalter, unter dem Einfluß von Inquisition und Hexenverfolgung, von der die Hebammen in besonderem Maße betroffen waren, wurde im Maleus Malificarum (der "Hexenhammer") des Heinrich Institoris und Jakob Sprenger eine Art Hebammenordnung mit Vorschriften und Normen erlassen.** Diese bezogen sich vorwie-

---

* Eine der wichtigsten Schriften zur Gynäkologie und Geburtshilfe stammt vom antiken SORANUS aus dem 2. Jh. aus Salerno.

** erste Hebammenordnung Deutschlands 1452 in Regensburg: Sie hielt die Hebamme zur Nottaufe, zur treuen und moralischen Verpflichtung ihres Berufes an und verpflichtete sie, sich vor einer geburtshilflichen Untersuchung die Hände zu waschen (!).

gend auf das Verhalten der Hebammen in Sachen Nottaufe,
aber sie enthielten auch hygienische Vorschriften, wie jene, daß
sich Hebammen vor jeder Hilfestellung die Hände zu waschen
hätten. Wie EULNER (1970, S. 283) bemerkt, "war dem Publikum
mit tüchtigen Hebammen mehr gedient, als mit gelehrten Doktoren
ohne Erfahrung, wohl gar mit Abscheu gegen jede praktische
Bestätigung." Dennoch war damit der Anfang gesetzt für nor-
mierte Verhaltensvorschriften, die im Zuge der Aufklärung auch
wissenschaftlich zu untermauern versucht wurden. Von nun an
interessierten sich in unserem Kulturkreis immer mehr Männer
für diese "Frauensache" und begannen Einfluß zu nehmen.

Wesentliche Schranken bildeten natürlich die Berührungstabus.
Noch im vorigen Jahrhundert, in der viktorianischen Ära war
es dem untersuchenden Arzt nicht möglich, eine Untersuchung
an der Patientin selbst vorzunehmen, sondern er ließ sich die
Schmerzen an einer Puppe demonstrieren. Auch die mittelalter-
lichen Abbildungen von Geburtsvorgängen demonstrieren, daß
selbst unter Frauen Untersuchungen und Manipulationen bei voller Bekleidung und mit hochgehobenem Rock vollzogen wurden
(FISCHER-HOMBERGER, 1979).* Gebäranstalten gab es in den
Städten schon lange. Sie waren aber keineswegs für einen Unterricht bestimmt (EULNER, 1970). Sie dürften besonders von Frau-
en mit illegitimen Schwangerschaften, die keinerlei familiäre
Unterstützung fanden und durchreisenden Frauen (z. B. von
Kaufleuten), in Anspruch genommen worden sein (STARK, 1977,
S. 50). Gebäranstalten, die als direkte Vorläufer unserer Uni-
versitäts- und Entbildungskliniken gelten dürfen, bildeten sich
erst im 17. und 18. Jahrhundert heraus. Sie dienten einerseits
dem Hebammen- und später dem Unterricht der Medizinstudenten.
Ihre Bettenanzahl war vorerst minimal. So begann die Gebäran-
stalt in Jena mit 6 Betten, andere gar nur mit 2 Betten (EULNER,
1970). Außerdem handelte es sich zuerst um kombinierte Profes-
suren für Anatomie, Chirurgie und Geburtshilfe. "Ein ausschließlich in seinem Fach tätiger Geburtshelfer war daher das Ende
einer Entwicklung", (so zuletzt in Basel 1868) (EULNER,1970).

In Gebäranstalten zu entbinden, galt keineswegs als nobel. Im
Gegenteil: dort entbanden die ärmsten und vor allem geächteten

---

* FISCHER-HOMBERGER (1979) zeigt eine Abbildung eines Titel-
blattes eines Hebammenlehrbuches von 1580. Die Gebärende
im Gebärstuhl, in voller Bekleidung und von 2 Frauen ge-
stützt. Die Hebamme sitzt vor ihr auf einem Schemel und
greift mit dem Arm unter den Rock zur Untersuchung.

Frauen (siehe Berliner Charite, die für die Entbindung lieder-
licher Weibsstücke gegründet wurde). So wurde auch den ersten
Frauen, die sich in die Gebäranstalten begaben, Straffreiheit in
Aussicht gestellt und sie wurden mit Prämien belohnt (EULNER,
1970). Erst mit der Überwindung des Kindbettfiebers durch
Ignaz Philipp Semmelweiß (1818-1865) bahnte sich eine Änderung
an. (1861: "Ätiologie, Begriff und Prophylaxe des Kindbettfiebers".). Diese Änderung war getragen von der zunehmenden
wissenschaftlichen Fundierung und der damit verbundenen neuen
und erhöhten Autorität der Ärzteschaft in Verbindung mit den
schlechten Wohnverhältnissen im vorindustriellen Zeitalter, die
eine Hausgeburt nicht eben begünstigten. Dazu kam, daß sich
die Arbeitsplätze mehr und mehr aus dem häuslichen Bereich
heraus verlagerten und eine Betreuung erschwerten. Die letzte
Hürde war mit der Einführung der sozialen Krankenversicherung
genommen, die es allen Versicherten ermöglichte, kompetente
Hilfe bei Ärzten zu suchen.
1858 wurden in Wien und Berlin aus dem Entbindungsinstitut die
"geburtshilflich-gynäkologische Klinik". Dies war durch die zunehmende systematische Erforschung von Anatomie, Physiologie
und Pathologie von Schwangerschaft, Geburt und Wochenbett
möglich geworden. In heutiger Zeit kommt dazu noch die pädia-
trische Betreuung unter dem Fachbegriff Neonatologie. Die Möglichkeit, Mütter- und Kindersterblichkeit drastisch senken zu
können, macht es verständlich, daß sich die Geburtshelfer lange
Zeit mehr mit physiologischen, hygienischen und chirurgischen
Problemen beschäftigten und ihnen größere Bedeutung beimaßen
als der psychologischen Situation der Mütter und Kinder. Daher
verwundert es nicht, daß die psychologische Problematik dieses
Lebensabschnittes gerade zu einem Zeitpunkt aktuell wird, wo die
rein somatischen und therapeutischen Möglichkeiten nicht ausreichen, mütterliche und kindliche Mortalität weiterhin zu reduzieren.

3. PSYCHOSOZIALE STANDORTBESTIMMUNG

"Wenn man die geschichtliche Entwicklung der Geburtshilfe rück-
schauend betrachtet, so kommt man zu der Feststellung, daß niemals noch eine derartig tiefgreifende, umfangreiche und auch
rasante Änderung der geburtshilflichen Aspekte zu beobachten
gewesen war, wie im letzten Jahrzehnt. Diese Änderung war in
erster Linie durch die Einführung neuer technischer Methoden,
diagnostischer Verfahren und therapeutischer Möglichkeiten bedingt. Alles dies zusammen hat schließlich zu völlig neuen Er-
kenntnissen geführt, die wiederum derart rasch in unser ge-
burtshilfliches Konzept integriert wurden, daß uns das Neue daran erst bei rückblickendem und kritischem Denken zu Bewußtsein kommt. Untersuchungsmöglichkeiten, Größenbestimmungen
und diagnostische Aussagen, die vor nicht allzulanger Zeit noch
undenkbar und unvorstellbar waren, sind heutzutage vielfach
selbstverständliche Alltagsroutine." (Reinold u. a. 1980).

Aber nicht nur das geburtshilfliche Instrumentarium hat sich
laufend und stetig und im letzten Jahrzehnt sogar rasant verändert. Auch die schwangeren Frauen und ihre Familien sehen ganz
anders aus, als vor hundert oder auch weniger Jahren.
Nachdem alle Einrichtungen von Menschen geführt und vor allem
benutzt werden, wollen wir uns diese nun ein wenig näher ansehen.

3.1 Die Klinik

In der heutigen Spitalsarchitektur überwiegt der Trend zu Großkliniken mit entsprechend großen Abteilungen und Unterabtei-
lungen. Diese werden von Kosten-Nutzen-Überlegungen mitge-
tragen, weil die neuen Untersuchungsmöglichkeiten und -ver-
fahren vielfach an aufwendige und teure Apparaturen gebunden
sind, die auch entsprechend ausgelastet werden müssen. Dem an-
gehenden Betreuungspersonal (seien dies Ärzte, Krankenschwes-
tern, -pfleger, medizinisch-technische Assistenten, Heilgymnasten
usw.) gewährleistet die große Anzahl der zu Betreuenden, alle
möglichen normalen und pathologischen Verläufe kennenzulernen,
und damit eine bessere fachliche Qualifikation zu erreichen.

Die großen Krankensäle von früher sind heute fast ausschließlich

kleinen Räumen gewichen. Auch der Kreißsaal in den modernen
Kliniken hat nichts mehr mit einem Saal gemeinsam, sondern besteht aus mehreren nebeneinanderliegenden Kreißzimmern mit
entsprechender Einrichtung, einem Neugeborenenbetreuungs-
stützpunkt, angeschlossenem operativen Trakt usw., so daß er
auch eine eigene stationäre Einheit bildet und wir vielfach bereits den Begriff des Kreißsaals durch die Entbindungsstation
ersetzt finden. In der Abgetrenntheit von Wochenbettstation
und Kinderzimmer, sowie in den größeren Kliniken auch von der
stationären Schwangerenbetreuung – den perinatalen Überwachungs-
stationen, hat der "Kreißsaal" auch eine gewisse Eigendynamik
entwickelt. Im Extremfall liegt die Gebärende innerhalb sehr kurzer Zeit auf drei verschiedenen Stationen und das Kind befindet
sich auf einer vierten. Der kostenlose Aufenthalt (oder eine geringfügige Kostenbeteiligung) ist ihr durch die geltenden Sozial-
versicherungsbestimmungen in der überwiegenden Mehrzahl
sichergestellt (98% der Österreicher sind sozialversichert).*

Viele geburtshilfliche Abteilungen bieten darüber hinaus neben
der medizinischen Betreuung, psychosoziale Betreuung an. So
ist für jede österreichische geburtshilfliche Abteilung eine
Sozialarbeiterin zuständig. Vereinzelt werden weitergehende Be-
treuungen durch Psychologen angeboten. Außerdem finden wir
häufig sogenannte Kurse für Schwangerenturnen, Einführungs-
vorträge in den Problemkreis von Schwangerschaft, Geburt und
Wochenbett, Kinderpflegekurse usw. Das Ausmaß der vorhanden-
en Einrichtungen ist von der Größe der geburtshilflichen Abteilungen, aber insbesondere von deren Leitung abhängig. Ebenso
die Koordination der einzelnen Angebote.
Vereinzelt existieren sogenannte Führer durch die Kliniken,die
die Schwangeren über die verschiedenen Angebote informieren
sollen.

---

* Entsprechendes Zahlenmaterial der BRD steht mir nicht zur
  Verfügung. Bundesdeutsche und schweizerische Verhältnisse
  sind mir aus Berichten von Kollegen bekannt. Einfach zu-
  gängliche Daten zu referieren erscheint mir nicht sinnvoll,
  da diese ja auch nur eingebettet in einen gesellschaftlichen
  Gesamtzusammenhang Funktion und Bedeutung erlangen.

  Es handelt sich hier um eine Analyse, die jeder für seinen
  Arbeitsbereich wiederholt reflektieren muß.

3.2 Staatliche Vorsorgen für Schwangere und Wöchnerinnen

Berufliche Tätigkeit in der Schwangerschaft gilt als Risikofaktor
für Mutter und Kind. Dem wird in der geltenden Rechtslage durch
Arbeitsbestimmungen für Schwangere Rechnung getragen. Das
Mutterschutzgesetz verbietet 8 Wochen vor und nach der Geburt
(bei Risikogeburten 12 Wochen) jegliche berufliche Tätigkeit.
Außerdem wird bis zum ersten Lebensjahr des Kindes eine Ka-
renzzeit gewährt. Frauen, die diese rechtlichen Möglichkeiten
in Anspruch nehmen, haben Anspruch auf eine finanzielle Unterstützung.
Auch werden von den verschiedenen Sozialversicherungsanstal-
ten unterschiedliche finanzielle Zuschüsse gewährt. Der Mutter-
Kind-Paß bringt für den Nachweis der ärztlichen Schwangeren-
vorsorge Geld ein.

Darüber hinaus existieren "Einrichtungen zur Schwangeren- und
Mutterberatung", die allerdings fast ausschließlich von schon
entbundenen Frauen und ihren Kindern genutzt werden. Jugend-
ämter, bzw. private Organisationen bieten Einführungskurse in
Säuglings- und Kinderpflege an. Vor allem im ländlichen Raum
finden wir eine nachgehende Betreuung für Mutter und Kind
durch Hebammen, Säuglingsschwestern und Sozialarbeiter. Neuerdings gibt es eine derartige Modelleinrichtung in Wien.
Informationsbroschüren für Schwangere und junge Eltern werden
von verschiedenen Stellen der öffentlichen Hand herausgegeben.*

Daneben ist die Flut der populärwissenschaftlichen Publikationen
in Zeitschriften und Büchern bereits unübersehbar.
Hat die Schwangere eine unversorgte Familie für die Dauer ihres
Spitalsaufenthaltes, kann sie sich von einer Familienhelferin vertreten lassen, die ihr auch nach dem Spitalaufenthalt noch einige
Zeit hilft. Hierfür muß ein den wirtschaftlichen Verhältnissen
entsprechender Kostenbeitrag geleistet werden.

In den 137 Familienberatungsstellen Österreichs wurden 1977
1665 schwangere Frauen in wirtschaftlichen und sozialen Belangen
beraten. Von diesen Frauen waren 657 unverheiratet und 1008 verheiratet. Aus diesen Zahlen kann man nur ansatzweise den Bedarf

---

* Die ersten 12 Monate im Leben eines Babys - Ministerium für
  Gesundheit und Umweltschutz; "Damit ein Kind mehr Freude
  bringt" - Bundeskanzleramt; sowie ein Elternleitfaden der Ar-
  beiterkammer, usw.).

an Beratungen in psychosozialen Belangen feststellen. Denn natürlich gibt es noch eine Reihe anderer Beratungsstellen und außerdem ist der Weg in eine Beratungsstelle zwar schon viel einfacher und selbstverständlicher geworden, aber noch lange keine Selbstverständlichkeit.

Seit der Einführung des Mutter-Kind-Paßes im Jahre 1974 und den ersten Maßnahmen im Jahre 1972 ist die Säuglingssterblichkeit von $26,1\%_0$ auf $16,9\%_0$ zurückgegangen, In der ersten Jahreshälfte 1978 betrug sie $14,4\%_0$. Bei unehelich geborenen und frühgeborenen Kindern ist die Säuglingssterblichkeit erhöht.

"Genaue Angaben über die Krankheitsbelastung von Schwangerschaft und Wochenbett stehen nicht zur Verfügung (Familienbericht 1979)."

Die vorhandenen Statistiken zeigen aber folgendes Bild:

96% der Geburten fanden im Spital statt. 9% der Frauen wurden nach Komplikationen durch Entbindung oder Wochenbett aus dem Spital entlassen. Die Krankenstandstatistik 1977 weist 27 272 Krankenstände wegen Krankheiten und Anomalien der Schwangerschaft auf. Der Krankenstand dauert durchschnittlich 16 Tage. "Aus diesen Daten ist zu schließen, daß Schwangerschaft und Wochenbett noch immer mit einer relativ hohen Morbidität verbunden sind. Als wesentliche Krankheitsbilder werden Eisenmangel und Anämie, Schwangerschaftsstörungen wie Schwindel, Abgeschlagenheit, Übelkeit und Erbrechen (Gestosen), Infektionen, Thromboembolien, Herz- und Kreislaufversagen, Blutungen, Toxikosen, Hormonstörungen, Pelveopathien sowie Psychosen festgestellt." (Familienbericht 1979, S. 58).

Die Belastungen durch Komplikationen der Entbindung und des Wochenbettes liegt bei 9% aller Geburten. Die Müttersterblichkeit hat in Österreich seit 1946 drastisch abgenommen. Waren es damals noch 327,9 auf 100.000 Lebendgeborene, so waren es 1977 18,7 auf 100.000 Lebendgeborene. Das Risiko steigt mit zunehmendem Alter bei der Entbindung an. (Bei Frauen unter 30 Jahren liegt die Müttersterblichkeit unter dem Durchschnitt.) (Familienbericht 1979)

1977 wurden 29% aller geborenen Kinder außerehelich konzipiert und 14,2% unehelich geboren. Die Zahl der unehelich geborenen Kinder hat sich seither weiter erhöht. Dies bedeutet allerdings im Gegensatz zu früheren Zeiten nicht, daß der Kindesvater sich nicht um sein Kind kümmert. So sind etwa 20% der Paare, die eine gemeinsame Geburtsvorbereitung an der I. Universitätsfrauenklinik besuchen nicht verheiratet.

Junge Eltern sind häufig stark durch die Wohnsituation belastet. Zwar sind die Wohnungen, wie der Familienbericht 1979 feststellt meist gut ausgestattet, aber entsprechend der Familiengröße zu klein. Meist wird der Standardwert (1 Raum pro Person) erst erreicht, wenn die Kinder älter sind. Und je niedriger die soziale Schicht, desto seltener wird der Standardwert erreicht (20% der Arbeiterhaushalte gegenüber 50% bei freiberuflichen Akademikern, leitenden Angestellten, Beamten und Selbständigen.).*

Dieser nur kurze und bruchstückhafte Überblick vermittelt ein deutliches Bild von den Belastungen junger Familien, die in den folgenden Kapiteln immer wieder auftauchen werden.

---

* Alle Zahlenangaben stammen, wenn nicht anders vermerkt, aus dem Familienbericht 1979.

4. DIE WERDENDE MUTTER

Schwangere Frauen machen im Laufe der Schwangerschaft grundlegende neue Erfahrungen. Diese sind einesteils auf die körperlichen Veränderungen und Begleiterscheinungen zurückzuführen,
andererseits untrennbar mit den Veränderungen im psychosozialen und psychosexuellen Bereich verknüpft. Zu nennen sind:
- Veränderungen der Beziehungen und Einstellungen zu Partner,
  Eltern, Freunden, Arbeitskollegen,
- eventuelle geplante oder ungeplante, zumindest vorverlegte
  Heirat oder Entscheidung ledig zu bleiben, zumindest vorüber-
  gehende Aufgabe der Berufstätigkeit, Wohnungswechsel, usw.,
- neue Beziehungsmuster zum eigenen Körpererleben,
- Beginn der Beziehung zum ungeborenen Kind.

Diese Lebensereignisse spielen sich vor dem Hintergrund unterschiedlichster Schwangerschaftsmotivationen ab. Meist hat jede
Frau mehrere Motive zur Schwangerschaft, die ihr mehr oder
weniger bewußt sind und in unterschiedlichem Ausmaß mit zwie-
spältigen Gefühlen verbunden sind. Aus diesen Gründen ist die
Schwangerschaft häufig als normative Krise (OSOFSKY & OSOFSKY,
1983), als Krise schlechthin (ROSSI, 1968, BIBRING, 1959,
CAPLAN, 1957), als sich steigernde Entwicklungskrise (CHERTOK
u. a., 1969), als Zeit erhöhter Krisenanfälligkeit (HANFORD,
1968), als Übergangsstadium zur Elternschaft - dies vor allem
von soziologischen Autoren (MEYEROWITZ & FELDMAN, 1966,
STEFFENSMEIER, 1982) oder als Entwicklungsphase (BENEDEK,
1960) bezeichnet worden.
Die systemtheoretischen Betrachtungsweise der Familie (z. B.
BOWEN, 1978, KERR, 1981) nimmt an, daß durch das Hinzukommen
einer Person (z. B. eines Babys) oder auch den Wegfall einer
Person die Homöostase gestört wird, was sowohl Angst erhöhend
oder -reduzierend wirken kann. Von der Geburt eines Kindes
wird angenommen, daß dies Angst erhöhend wirkt.*

---

* ("A reasonably well-differentiated system can adapt to this,
  and the system soon reequilibrates. At the other extreme, a
  poorly differentiated system's ability to adapt can be exceeded
  by the birth of a child." KERR, 1981, S. 156).

BENEDEK (1970 b) diskutiert den tiefgreifenden Einfluß der hormonellen Veränderungen auf die Psyche der Schwangeren. Ihre gefühlsmäßige Zuwendung zu ihrem Körper und Selbst gehen mit einer generellen Introversion und Zunahme von Passivität einher. BENEDEK meint, daß die emotionelle Sensibilität und Irritabilität, sowie die häufigen Stimmungsschwankungen auf komplizierte metabolische Veränderungen zurückzuführen seien. Neuerdings, vor allem aufgrund entwicklungspsychologischer und soziologischer Arbeiten, wird der aktive Charakter von Schwangerschaft und Geburt hervorgehoben, indem die Frau zurückliegende und neu auftauchende Konflikte lösen kann. D. h., es ist die Gelegenheit für positives Wachstum, im Sinne eines Reifungspotentials gegeben.

Die vielfältigen somatischen und psychischen Anpassungsleistungen der Schwangeren sind von anderen Autoren ausreichend diskutiert worden. Ich möchte darauf hier nur insofern eingehen, wie es für das weitere Verständnis der Arbeit notwendig erscheint. Interessierte Leser seien auf einschlägige Literatur verwiesen (ANTHONY & BENEDEK, 1970, OSOFSKY & OSOFSKY, 1983, LUKESCH, 1981, BLUM, 1980).

Der Prozeßcharakter der Anpassungsleistungen in der Schwangerschaft wird immer wieder betont. Auch unsere Untersuchung über die Geburtsangst in unterschiedlichen Abschnitten der Schwangerschaft demonstriert dies (RINGLER & PAVELKA, 1982). Obwohl die Veränderungen und Entwicklungen in der ersten Schwangerschaft (wenn diese erfolgreich verlief – also ein gesundes Kind geboren wurde) als tiefgreifender betrachtet werden, treten sie bei weiteren Schwangerschaften ebenso auf. Tatsächliche Unterschiede zwischen Erst- und Mehrgebärenden sind ungenügend untersucht.

Die werdende Mutter ist gegen Ende der Schwangerschaft mit einer Vielzahl von Anpassungsleistungen auf verschiedenen psychischen Ebenen konfrontiert:

1) Die körperliche Realität der somatischen Veränderungen läßt eine Verleugnung der Schwangerschaft und ihrer Folgen nicht mehr zu (Ausnahmefälle existieren vereinzelt, z. B. eine Frau, die es fertigbrachte, nicht nur sich, sondern auch Ärzte zu täuschen, so daß die einsetzenden Wehen lange als "akutes Abdomen" diagnostiziert wurden).

2) Im Normalfall setzen aktive "Nestbau"tendenzen ein. Die Schwangere und ihr Partner beginnen ernsthaft einen Namen auszuwählen, Kinderzimmer und -kleidung herzurichten. (Ausnahmen bilden hier erfahrungsgemäß entweder sehr "abergläubische" Personen oder Eltern, die in einer vorangegangenen Schwangerschaft enttäuscht worden waren, z. B. weil das Kind verstarb).

3) Die letzten Wochen werden meist als sehr beschwerlich erlebt, die eingeschränkte Beweglichkeit und eventuell vorhandene Beschwerden, sowie der herannahende Geburtstermin lassen viele Frauen auf einen früheren Geburtstermin
hoffen (hierin liegt möglicherweise eine Erklärung für die
bereitwillige Zustimmung Schwangerer in geburtseinleitende
Maßnahmen).

4) Diese Vorgänge erleichtern und fördern jene psychische Anpassung gegen Ende der Schwangerschaft, die darin besteht, das Kind als Teil von sich abzuspalten, sich loszu-
lösen, um die Geburt nicht als Verlust eines wichtigen Teils
des Selbst, sondern als Bereicherung zu erleben. Auf diesen Aspekt, der als Beginn der Auflösung der symbiotischen
Mutter-Kind-Beziehung betrachtet werden muß, wird vor
allem von psychoanalytisch-orientierten Autoren immer wieder verwiesen.

5) Die Geburt als Höhe- und Endpunkt der Schwangerschaft
signalisiert eine Wende.

6) Es ist sicher falsch, den Beginn der Mutter-Kind, bzw. der
Eltern-Kind-Beziehung mit dem Zeitpunkt der Geburt festzulegen. Diese beginnt sicher mit dem Zeitpunkt der Wahrnehmung bzw. Zur-Kenntnisnahme der Schwangerschaft.
Dennoch gewinnt die bislang phantasierte Beziehung nun
Realität durch das Neugeborene als aktivem Beziehungs-
partner, d. h., eine reziproke Beziehung kann einsetzen.

Die Geburt bildet den unausweichlichen Abschluß* jeder Schwangerschaft, auch bei Fehlgeburten. Sie kann heute in begrenztem
Maße vorzeitig stattfinden oder hinausgezögert werden.**

---

*Ein Ereignis, das unausweichlich ist, läßt weder Vermeidungs-
noch Fluchtverhalten zu, es kann bestenfalls bewußt oder unbewußt hinausgezögert werden. Mir sind keinerlei Untersuchungen
in diesem Zusammenhang zum Phänomen der Übertragung (im geburtshilflichen Sinne) bekannt. Protrahierte, bzw. langdauernde
Geburten als Konversionssymptom sind zu überlegen und werden
später diskutiert, wenngleich andere Ursachen, wie z. B. Schä-
del-Becken-Verhältnis genauer kontrolliert werden müßten.

** Dies hat immer dem Wohle von Mutter und Kind zu dienen und
mit größter Sorgfalt überlegt zu werden. Die Ergebnisse der pränatalen Psychologie sind heute noch als sehr dürftig zu bezeichnen, vielfach über das Stadium philosophischer Überlegungen
und psychologischer Hypothesen nicht hinausgewachsen, wenngleich sie versucht, alles verfügbare Wissen zu ordnen
(SCHINDLER, 1982, HAU & SCHINDLER; 1982). Auch wenn wir
weit davon entfernt sind, über das Zusammenspiel von Körper
und Psyche Bescheid zu wissen, muß ein Zusammenwirken als

Dies stellt die betroffene Person vor eine, neben dem Tod, ein-
zigartige Situation. Die moderne Geburtsmedizin erlaubt aber,
durch verfeinerte und risikoärmere Kaiserschnittechniken, sowie
anästhetische und analgetische Verfahren, wie z. B. der Epiduralanästhesie, den bewußten körperlichen und/oder gefühlsmäßigen Begleiterscheinungen und -empfindungen auszuweichen.
Der große Zulauf und Erfolg der Krankenhausentbindung läßt
sich dadurch besser verstehen. Während der Tod häufig mit
Frieden assoziiert wird, wird die Geburt häufig mit Schmerz und
eventuell Angst assoziiert. Daß sich Inhalt und Qualität der Be-
schäftigung mit dem Ereignis Geburt im Laufe der Schwangerschaft verändern, zeigen die Faktoren der Geburtsangst (s.S.71
von RINGLER & PAVELKA, 1982). Zum Zeitpunkt knapp vor der
Geburt stehen die Gedanken, die sich mit den körperlichen Begleiterscheinungen der Geburt beschäftigen, im Vordergrund.

---

unbestreitbar angenommen werden. So, wie bestimmte Medikamente
imstande sind, das somatische Befinden und Funktionieren zu
beeinflussen (ohne beobachtbare schädigende Körperveränderungen hervorzurufen), so muß dies im Zustand der Schwangerschaft auch für den Embryo bzw. Fetus gelten, bzw. daß bestimmte Stimmungen der Schwangeren, bestimmte Auswirkungen
auf den Fetus haben.

4.1 Das Körpererleben

Durch die Körperveränderungen im Laufe der Schwangerschaft muß ein neuer Zugang zum eigenen Körper gefunden werden. Die bisherigen Erlebnismuster dem eigenen Körper gegenüber verändern sich, eine neue Identität muß gefunden werden, und zwar in mehrfacher Hinsicht. Der Körper ist in der Schwangerschaft nicht ausschließlich Träger der Identität der Schwangeren, sondern ebenso der Identität des ungeborenen Kindes. Die Vorstellung, von der Möglichkeit des eigenen Körpers neue, unbekannte Aufgaben zu übernehmen (so wie er früher z. B. gehen oder schwimmen oder die Ausscheidungsfunktionen zu kontrollieren lernte) und die damit verbundenen Erfahrungen, bestimmen weitgehend das Ausmaß an Selbstsicherheit gegenüber den Körperveränderungen. Hinzu kommt die Bewertung der Körperveränderungen, also das Erleben von Schönheit versus Häßlichkeit, die ihnen zugeordnete Attraktivität, in Beziehung zu sich selbst und anderen Menschen, insbesondere dem Partner gegenüber. Ein weiterer Aspekt betrifft die Fähigkeit, die Körperveränderungen als erlaubt oder verboten zu erleben. Sie sind ja nicht nur Ausdruck der bestehenden Schwangerschaft, sondern ebenso der vorangegangenen Sexualbetätigung, aus der die Schwangerschaft resultiert. Es geht hier also nicht nur um eine allgemeine Einstellung zur Sexualität, sondern auch um die Einstellung zu eigenen sexuellen Bedürfnissen, Aktivitäten und Befriedigungsmöglichkeiten. Ein weiterer Einflußfaktor bezieht sich auf die genannten Erlebnisbereiche und deren situationsspezifische Variation im Hinblick auf die Partnerbeziehung, in deren Verlauf die Schwangerschaft entstand.
Die beschriebene Vielfalt läßt erkennen, daß einfache quantitative Meßverfahren zur Demonstration der Zusammenhänge versagen müssen. Die im weiteren Verlauf beschriebenen uneinheitlichen Ergebnisse sind auf diese Schwierigkeiten zurückzuführen. Wiewohl doch erfahrene Geburtshelfer aus den nonverbalen Mitteilungen der Schwangeren und ihrer Körperbewegungen oft richtige Schlüsse ziehen über deren Selbstsicherheit bzw. Selbstunsicherheit und die Schwierigkeit des Geburtsverlaufs vorauszusagen vermögen. Hinzu kommt, daß sich die Geburt am gleichen Körperteil abspielt wie der genitale Sexualakt und die körperlichen Begleiterscheinungen sexueller Lust. Daraus läßt sich verstehen, daß nicht nur Angst, sondern ebenso Scham mobilisiert wird. Die Angst betrifft sowohl die Veränderung jener Organe, die mehr oder weniger sexuelle Lust empfinden lassen, sowie die Scham und Angst, dieselben Organe auch für die Geburt des Kindes zu gebrauchen. Hinzu kommt die körperliche Nachbarschaft zu den Ausscheidungsorganen, wodurch immer Beschmutzungsängste und die damit verbundenen Schamgefühle ausgelöst werden.

Das Ausmaß der Beeinträchtigung durch bewußte und unbewußte
Fantasien ist abhängig von der Einstellung zur eigenen Körper-
lichkeit und dem Bewußtheitsgrad derselben. Daraus ergibt sich
die Möglichkeit, den eigenen Körper für Schwangerschaft und
Geburt verwenden und uneingeschränkt damit zusammenhängende
Sensationen erleben zu wollen und zu können.
Die individuelle Lebensgeschichte spielt hier eine entscheidende
Rolle, unterliegt aber im Normalfall – also bei nicht allzu schwer
gestörten Personen – stark situationsspezifischen Einflüssen. So
kann beispielsweise eine Hebamme durch die Art und Weise, wie
sie den Einlauf oder die Rasur (Nichtrasur) der Schamhaare
kommentiert, Schamgefühle fördern oder senken. Über die Dynamik und Interaktion der genannten Einflußvariablen sowie ihre
Auswirkungen auf den Geburtsverlauf können keine generell
gültigen Aussagen getroffen werden. Erweitertes Wissen in diesem Zusammenhang erfordert tiefenpsychologisch-analytisches Vorgehen, also viel Zeit und eine hohe Motivation der Betroffenen,
sich eingehend mit diesem Thema zu beschäftigen. Das Erleben
der Funktionsbereitschaft und -fähigkeit des eigenen Körpers
vermittelt das Erleben, eine mögliche biologische Funktion –
Schwangerschaft und Geburt – ausfüllen zu können. Dies ist
immer mit Gefühlen von körperlicher Vollkommenheit bzw. Unvollkommenheit verbunden (das Analogon beim Mann ist die Fort-
pflanzungsfähigkeit). Eigene und gesellschaftliche Normen über
die weibliche Funktionstüchtigkeit (z. B. ein spezielles Gebär-
verhalten) bestimmen, ab welchem Ausmaß von Abweichung vom
fantasierten Idealzustand, Unvollkommenheit erlebt wird. Je vollkommener und perfekter das Ideal, desto eher wird eine Abweichung als narzißtische Kränkung und Bedrohung erlebt. Verläuft die Schwangerschaft in somatischer Hinsicht gestört, bzw.
verläuft die Entbindung/Geburt des Kindes anders als es den
Normalitätsvorstellungen der betroffenen Frau entspricht, so ist
dieses Erleben dazu geeignet, das Selbstwertgefühl zu reduzieren und die Identitätsfindung zu erschweren. Je mehr eine
Schwangerschaft diesen Ansprüchen dient, desto genauer werden
alle somatischen Äußerungsformen beobachtet und umso bedroh-
licher werden alle Abweichungen vom Idealzustand erlebt werden.
Daraus sind die unvermeidlichen Störungen des Selbstbildes bei
Schwangerschafts- und Geburtskomplikationen verstehbar.
Schmerz, wie Lustempfindungen, werden über den Körper vermittelt. Die Schmerzempfindungen und ihre Wechselwirkung mit
dem Erleben von Angst – Bedrohtsein und körperlicher Anspannung sind für den Geburtsverlauf, mehr noch für das Geburtserleben von größter Wichtigkeit. Neben konstitutionellen
Bedingungen muß dem Körpererleben höchste Bedeutsamkeit zu-
erkannt werden.

4.2 Mutterschaft und Mütterlichkeit

Von psychoanalytisch orientierten Autoren werden folgende Eigenschaften als wesentlich hervorgehoben, um den Lebensabschnitt Geburt zu meistern, nämlich

- Die Fähigkeit zu Trennung und
- das Ausmaß an Ambivalenz gegenüber der Mutterrolle.

BIBRING u. a. (1961) diskutieren, daß die Wahrnehmung des Fetus als getrenntes, eigenständiges Wesen, (vermittelt durch die Wahrnehmung der Kindesbewegungen), die Frau auf die Geburt und die physische Trennung vom Fetus vorbereitet. Der Übergang zur Mutterschaft beinhaltet, erwachsen zu werden. D. h., damit verbunden ist das Verlusterlebnis einer gewissen kindlichen Rolle, von Eltern und Ehemann umsorgt zu werden, nun aber selber jemanden - nämlich das Baby, das von der Fürsorge der Mutter, bzw. einer mütterlichen Person abhängig ist - umsorgen zu müssen. BENEDEK, 1970 a, OFFERMAN-ZUCKERBERG, 1980, führen aus, daß neben physiologischen und hormonellen Ursachen, Persönlichkeitseigenschaften (die sich aufgrund der Umweltbedingungen entwickelt haben), für unterschiedliches mütterliches Verhalten ausschlaggebend seien. Die körperliche Symbiose der Schwangerschaft muß nach der Geburt in eine emotionale verändert werden. "The hormonal and metabolic changes that induce parturition, the labor pains, and the exitement of delivery interrupt the continuity of the mother-fetus symbiosis" (BENEDEK, 1970 a, S. 155).
Dem Bruststillen wird dabei von ihr eine entscheidende Funktion eingeräumt, weil das Neugeborene, indem es die Brust nimmt (körperlich verinnerlicht), die vergangene Symbiose mit der Mutter wieder herstellen kann und sich auch die Mutter mit ihm verbunden fühlt. Gleichzeitig werde der Mutter ermöglicht zu regredieren und eigene kindliche Erfahrungen zu wiederholen, wodurch die gegenseitigen Identifikationen zwischen Mutter und Neugeborenem angeregt werden, die wiederum die Integration der Mutterschaft erleichtern (BENEDEK, 1970 a). Es gibt nach BENEDEK angeborene Mütterlichkeit, die sie als primäre Mütterlichkeit bezeichnet. Folgt man aber ihren Ausführungen, so wird diese im Laufe der Sozialisation und Entwicklung des kleinen Mädchens durch äußere Einflüsse stark verändert, sodaß die noch beim kleinen Mädchen zu beobachtenden mütterlichen Fähigkeiten (KESTENBERG, 1956) bei demselben Menschen als erwachsene Frau nicht mehr vorfindbar sein müssen. Als wesentliche Komponente des affektiven und kognitiven Kernes des weiblichen Rollenkonfliktes, der die Mütterlichkeit, also die Fähigkeit zur Fürsorge für das Kind beeinflußt, nennt OFFERMAN-ZUCKERBERG (1980) die verbundenen Körperveränderungen, die Auf-

merksamkeit gegenüber Körpergefühlen, sexuelle Rolleneinstellungen gegenüber dem eigenen Körper, z. B. der Körper als Quelle narzißtischen Stolzes und Verletzbarkeit. WINNICOTT unterscheidet zwischen der Fähigkeit zu biologischer und zu psychologischer Mutterschaft. Die "good enough mother" definiert er als eine Person mit einem strukturierten Ich, das auch selbstbeschützende Funktionen ausüben kann. Er meint (WINNICOTT, 1964, 1976), daß die Mutter für ihre Aufgabe sich für die Bedürfnisse ihres Kindes einzustellen, biologisch ausgestattet sei und sich bewußt und unbewußt mit ihrem Kind identifiziere.
"Ich bin der Meinung, daß wir es in der frühesten Phase mit einem ganz spezifischen Zustand der Mutter zu tun haben, einer seelischen Einstellung, die einen Namen wie primäre Mütterlichkeit verdient". (1976, S. 155). Im Gegensatz zu BENEDEK (1970), definiert er ihn: "Er entwickelt sich allmählich und wird zu einem Zustand erhöhter Sensibilität während und besonders gegen Ende der Schwangerschaft. Er hält nach der Geburt des Kindes noch mehrere Wochen an. Wenn die Mütter sich davon erholt haben, können sie sich kaum noch daran erinnern. Ich möchte sogar noch weitergehen und sagen, daß die Erinnerung der Mütter an diesen Zustand normalerweise verdrängt wird." (WINNICOTT, 1976, S. 155). WINNICOTT (1976) weist darauf hin, daß es keineswegs selbstverständlich sei, daß eine Mutter diesen Zustand erreicht, oft gelingt es mit einem, nicht aber einem anderen Kind bei derselben Mutter. Frauen, die diesen Zustand der primären Mütterlichkeit, der mit Entrücktsein und Dissoziiertsein verbunden sein soll, nicht erreichen, hätten Schwierigkeiten sich von Anfang an mitfühlend und einsichtig den Bedürfnissen des Neugeborenen anzupassen und müßten daher für die Pflege und Sorge des Kindes große Energien aufbringen.
Beide, eben kurz umrissenen Positionen, zeichnet eine mangelnde Reflexion des Einflußes soziologischer Strukturen, der Qualität der Partnerbeziehung und ökonomischer Einflußparameter und deren Beziehung zur Entwicklung und Verfügbarkeit situationsspezifischer Bewältigungsstrategien aus. WINNICOTT's Konzept der primären Mütterlichkeit ist in einer Weise definiert, daß es schlichtweg unüberprüfbar ist. In seinen gesamten Ausführungen hat es viel mit Mutterschaftsmythen gemeinsam. HELLBRÜGGE(1975) vertritt den Standpunkt, daß keine Mutter durch den Geburtsakt allein schon Mutter ist, sondern dies erst aufgrund der innigen Beziehungen, die bei der Pflege zu ihrem Kind entstehen und durch die Lernprozesse, die von dem Kind auf die Mutter übergehen, zur eigentlichen Mutter wird. Es ist die reziproke Interaktion zwischen Mutter und Kind, die die Beziehung schafft.
Im Laufe der ersten Lebenszeit lernen die Mutter/der Vater die Empfindungen und Bedürfnisse des Säuglings zu verstehen. Die dafür notwendige Sensibilität beruht auf der inneren Bereitschaft,

die Signale des Kindes verstehen zu wollen und bildet die Voraussetzung dafür, sie erfüllen zu können. Sicherlich gibt es "talentierte" und weniger "talentierte" Eltern. Manchen Eltern fällt dieser Lernprozeß leichter, andern schwerer. Gut kontrollierte Studien zu diesem Themenkomplex fehlen. Dennoch wird aufgrund der Arbeiten über Mütter von Kindern mit nichtorganischen Entwicklungsstörungen (failure to thrive) deutlich, daß es möglich ist, diese Kompetenzen zu erwerben (FRAIBERG, 1980). MOELLER-GAMBAROFF (1983) weist auf die tiefe Abhängigkeit der Mutter vom Kind hin.

Dieser Aspekt wird bei der Betrachtung und Betreuung der Schwangeren leicht übersehen. Nicht nur das Kind ist in seiner psychischen Entwicklung von der Mutter abhängig, es handelt sich um eine wechselseitige Abhängigkeit. Am deutlichsten wird sie erkennbar bei Frauen, die Schwangerschaftskomplikationen aufweisen, Fehl- oder Totgeburten erfahren haben, mißgebildete Kinder geboren haben und dergleichen mehr. Bei ihnen sind die Versagensgefühle, Trauer, Angst und Schuldgefühle deutlich beobachtbar, ebenso wie der tiefgreifende Einfluß dieser Erfahrungen auf und in möglichen Folgeschwangerschaften. (RINGLER, 1983).

BOWLBY (1980) versteht Mütterlichkeit eher als eine Variante von Bindungsverhalten. "Unter Bindungsverhalten wird, kurz gesagt, jede Form des Verhaltens verstanden, das dazu führt, daß eine Person die Nähe irgendeines anderen differenzierten und bevorzugten Individuums, das gewöhnlich als stärker und / oder klüger empfunden wird, aufsucht oder beizubehalten versucht." (BOWLBY, 1980, S. 159/160). Bindungsverhalten gilt für Menschen aller Lebensalter, ist aber in der Kindheit besonders deutlich sichtbar. Beim Erwachsenen wird es deutlich erkennbar, wenn er unglücklich, krank oder ängstlich ist.*
"Das Verhalten von Eltern, und überhaupt allen, die für jemanden zu sorgen haben, steht in einer komplementären Beziehung zum Bindungsverhalten. Die Aufgabe, für jemanden zu sorgen besteht darin, erstens dann, wenn es gewünscht wird, und so, wie es gewünscht wird, verfügbar und entgegenkommend zu sein, und zweitens verständnisvoll einzugreifen,..." (BOWLBY, 1980, S. 164). Bezogen auf die Eltern-Kind-Beziehung, handle es sich um eine Schlüsselrolle, und zwar derart, daß von ihrer Erfüllung durch die Eltern abhängig sei, ob das Kind zu einem psychisch gesunden Menschen heranwachse oder nicht.

---

* Bei der Geburt kann jede dieser Gefühlslagen und/oder Einschätzung der augenblicklichen Situation empfunden werden, wie wir später sehen werden.

4.3 Bedingungen, die ein erfolgreiches Bewältigen dieses Lebensabschnittes begünstigen

BREEN (1975) untersuchte 50 Frauen während der Schwangerschaft, der Geburt und bis 10 Wochen danach und verglich auch 20 nichtschwangere Frauen in der Kontrollgruppe. Zusammenfassend konstatiert sie, daß jene Frauen, die diese Zeit, sowie die Konflikte gut verarbeiten, sich der Erfahrung weniger ausgeliefert fühlen, sich selbst und anderen offener begegnen können, nicht anstreben, jene perfekte, selbstlose Mutter zu sein, die ihre eigene Mutter nicht war. Sie können sich mit ihrer Vorstellung von einer Mutter gut identifizieren. Sie erleben sich, im Gegensatz zum kulturellen Stereotyp von Weiblichkeit nicht passiv. Eine gute Anpassung an die Elternschaft würde jenen Paaren gelingen, die ihre Vorstellungen von Mutterschaft und Vaterschaft, sowohl von den Vorbildern der Herkunftsfamilie, als auch kulturellen Stereotypen befreien könnten.
Nach WENNER (1966, zit. nach BOWLBY, 1980) kennzeichnen Frauen, die die Schwangerschaft, Geburt und Mutterschaft erfolgreich durchlaufen, folgende Eigenschaften:

1) Sie können ihren Wunsch nach Hilfe und Unterstützung ausdrücken,

2) der Wunsch kann direkt (also unverschleiert)* geäußert werden und ist daher wirkungsvoll, wenn dies auch

3) gegenüber geeigneten Personen geschieht,

4) die Beziehung der jungen Mutter zu ihrem Mann ist eng,

5) sie möchte sich auf seine Unterstützung verlassen

6) sie vermag spontan auf andere Menschen, einschließlich ihr Baby einzugehen.

Frauen, die unter emotionalen Schwierigkeiten in Schwangerschaft und Wochenbett leiden, können ihre Wünsche entweder nicht oder nur auf aggressiv-feindselige Weise ausdrücken. Dies ist als Ausdruck mangelnden Vertrauens zu betrachten. Sie sind unzufrieden mit dem, was andere ihr geben und unfähig, spontan auf andere einzugehen.

---

* Oft sind häufige Wehklagen über körperliche Beschwerden ein solcher versteckter Hilferuf nach Zuwendung. Das Bedürfnis von Patienten, die diese Ausdrucksform benützen, wird meist gründlich mißverstanden. Sie werden entweder mit erhöhter Medikation "abgespeist", und/oder machen sich wegen ihrer "Lästigkeit" unbeliebt. Diese Problematik ist vom Standpunkt der Arzt-Patient-Beziehung bei BALINT (1965) ganz vorzüglich diskutiert.

Diese von WENNER (1966) genannten Eigenschaften von Frauen
mit erfolgreichen Schwangerschaften, gelten sicher für den pri-
vaten Bereich, wo die Fähigkeit einer Frau, sich diesen entsprechend zu organisieren, über persönliches Glück entscheidet.
Entbindet sie in einer Klinik, so kann sie entsprechend den ört-
lichen Gegebenheiten vielleicht eine Entscheidung bei der Auswahl der Klinik durch das Einholen von Information treffen. Tatsächlich sind Frauen aber häufig in ihren Entscheidungsmöglich-
keiten eingeschränkt (aufgrund geringer Wahlmöglichkeiten
zwischen verschiedenen Kliniken). Außerdem sind sie auch in
der tatsächlichen Entbindungssituation/Wochenbett mit verschiedensten, oft sich wechselnden Personen unterschiedlichster Um-
gangsformen konfrontiert, die sich nur schwer vorhersagen und
beeinflussen lassen. Weiterhin entspricht es auch der eigenen
Erfahrung, daß Frauen mit den von WENNER (1966) beschriebenen interpersonellen Kompetenzen sich auch in einem un-
günstigen sozialen Milieu besser zurechtfinden. Diese Eigenschaften entsprechen den Merkmalen der gesunden Persönlichkeit
nach BOWLBY (1980), nämlich

- der Fähigkeit, sich vertrauensvoll auf andere zu verlassen,
  wenn es die Gelegenheit erfordert

- zu wissen, auf wen man sich verlassen kann

- die Rolle vertauschen zu können, wenn sich die Situation verändert

- selbst eine sichere Basis für Bindungspersonen zu sein, auf
  die sie sich verlassen können.

Jeder Mensch funktioniert dann besser, wenn eine, der jeweiligen Lebensphase entsprechende vertrauenswürdige Person ganz
oder zumindest teilweise anwesend ist, mit der er so zusammen-
arbeiten kann, daß eine für beide Seiten lohnende und dauernde Beziehung entsteht.
BOWLBY (1980) weist insbesondere darauf hin, daß das Bedürfnis Erwachsener nach einer sicheren Basis oft verunglimpft und
übersehen wird. Als wichtigsten Auslöser für Angst, Konflikte
und Schuldgefühle gilt nach BOWLBY die Trennung von einer
wichtigen Bindungsfigur. (siehe auch Kapitel ANGST).

In der Geburtssituation muß sich die Mutter vom Zustand der
Schwangerschaft trennen und zum Neugeborenen, das sich bei
der Geburt von der körperlichen Mutter-Kind-Symbiose trennen
muß, eine neue Form der Beziehung anknüpfen. Trennung von
wichtigen Bezugspersonen ist für die Gebärende und Wöchnerin
bei der Geburt auch da gegeben, wo sie zu diesem Zweck in
einer Klinik entbindet. Je mehr dort die nahen Angehörigen
(Ehemann, Kinder etc.) vom Geschehen ausgeschlossen werden,

desto eher werden dadurch Verlassenheitsgefühle und ihre negativen Begleiterscheinungen provoziert (siehe Kapitel ANGST
und ANWESENHEIT DES VATERS).
Nur wenige Menschen besitzen die von BOWLBY genannten Eigenschaften eines gesunden Individuums. Kritischerweise muß
auch angemerkt werden, daß es sich sicherlich nicht ausschließlich um intrapersonelle Kompetenzen handelt, sondern um solche,
die

1) starken Einflüssen der sozialen Schicht und damit verbunden-
   en Fertigkeiten bzw. Defiziten unterliegen. "Not only are
   life problems distributed unequally among social-groups and
   collectivities, but it is apparent that the ability to deal with
   the problems is similarly unequal." (PEARLIN & SCHOOLER,
   1978).

2) Können die genannten Kompetenzen durch ein unterstützendes soziales Milieu gefördert werden. ROSENGREN, 1961),
   COBB (1976) und KESSLER (1979) haben diesen Aspekt ebenso wie WINNICOTT hervorgehoben. Wir werden in den folgenden Kapiteln wiederholt damit konfrontiert werden.

3) Sie sind zumindest zum Teil lern- und lehrbar, wie verhaltenstherapeutische Untersuchungen zum Selbstsicherheitstrai-
   ning (ULRICH & ULRICH, 1976) oder auch eigene und fremde Erfahrungen mit der Vermittlung therapeutischer Basis-
   fertigkeiten an Studenten und angehende Therapeuten gezeigt haben.

Ein zentrales Anliegen psychologischer Geburtsvorbereitung besteht jedenfalls darin, diese Kompetenzen zu fördern (RINGLER
u. a., 1981a, RINGLER u. a., 1984).

ROSENGREN (1961) weist darauf hin, daß Frauen, die die
Schwangerschaft als Vorgang betrachten, der sie von den üblichen Pflichten befreit und von dem man sich erholen kann,
wenn man medizinische Ratschläge einholt und befolgt, signifikant längere Geburten haben. Er bezeichnet dies als Einnehmen
einer Krankenrolle. Divergieren die diesbezüglichen Ansichten
zwischen dem Arzt und seiner Patientin, dann dauerten die Geburten ebenfalls länger. Besonders betroffen sind davon Frauen
mit sozialer Mobilität (ROSENGREN, 1962). Er nimmt an, daß
diesen Frauen der Rückhalt einer unterstützenden sozialen Umgebung fehle und sie sich daher stärker auf die Meinung von
Ärzten stützen würden. Allerdings besteht in unterschiedlichen
soziokulturellen Subsystemen auch unterschiedlich starker norma-
tiver Druck, ob eine Schwangerschaft als normaler biologischer
Vorgang oder als Krankheit zu betrachten ist.

Vor allem im Zusammenhang mit der als Trennung aufgefaßten
Geburt, der Umstrukturierung der verschiedensten Beziehungen
(zum Neugeborenen, Ehemann, Eltern, anderen vorhandenen Kindern, zu sich selbst etc.) wird in Anlehnung an Freud's Trauerarbeit (FREUD, 1969), der Begriff der "Befürchtungsarbeit"
(work of worrying) genannt. (JANIS, 1958).
Darunter wird die Auseinandersetzung mit konflikthaltigem Mate-
rial verstanden, die vor allem durch realitätsgerechte Wahrnehmung und Auseinandersetzung mit dem Konflikt gekennzeichnet
ist. Dazu gehört die Befähigung zur Benennung der Konflikt-
variablen ebenso wie deren Diskussion und Neuordnung. Die Bedeutung, sich in der oben beschriebenen Weise mit Konfliktstof-
fen auseinanderzusetzen, haben wir am Beispiel der Emesis
Gravidarum (RINGLER & KRIZMANITS, 1983) diskutiert. Frauen,
die diese Fähigkeit in der Frühschwangerschaft nicht aufbringen,
leiden signifikant eher unter Emesis Gravidarum. Es handelt sich
um die Fähigkeit, ambivalente, also zwiespältige Gefühle zum
gleichen Thema wahrzunehmen und zu verarbeiten. Über Gesundheit oder Krankheit bzw. Wohlbefinden versus Verstimmung, entscheidet nicht so sehr das Ausmaß des vorhandenen Konfliktes,
sondern dessen Verarbeitungsmodus (RINGLER & KRIZMANITS
1983, 1984). Dies steht auch in Einklang mit der sogenannten
Coping-Forschung, die sich mit der Bewältigung von Lebenser-
eignissen und Rollenkonflikten auseinandersetzt. PEARLIN &
SCHOOLER (1978) kritisieren, daß in der Coping-Forschung häufiger psychische Dispositionen und Persönlichkeitseigenschaften
untersucht wurden, als situationsspezifische Reaktionen auf bestimmte situative Gegebenheiten. Es handelt sich hier um eine in
den Sozialwissenschaften wiederkehrende Kritik (siehe z. B.
MISCHEL, 1968).
Wird das Problem, sich gegen äußere Bedrohungen zu verteidigen ausschließlich auf das Vorhandensein "richtiger" Persönlichkeitseigenschaften zurückgeführt, dann werden Lebensprobleme
schwer beeinflußbar. Daher wird Spezifität verlangt, also spezifische Reaktionen auf Lebensbelastungen in spezifischen sozialen
Rollenbereichen zu untersuchen. PEARLIN & SCHOOLER (1978)
folgern, daß psychologische Resourcen, wie z. B. Mastery
Selbstwertgefühl und Self-denigration, in schwer beeinflußbaren
Lebensbereichen wesentlich sind, hingegen dort, wo zwischen-
menschliche Beziehungen in das Problem stark involviert seien,
situationsspezifische Resourcen zum Tragen kommen. Und "...
that much of our coping functions only help us endure that
which we cannot avoid. Such coping at best provides but a thin
cushion to absorb the impact of imperfect social organisation.
Coping failures, therefore, do not necessarily reflect the short-
comings of individuals; in a real sense they may represent the
failure of social systems in which the individuals are enmeshed."
(PEARLIN & SCHOOLER, 1978, S. 18).

KESSLER (1979) streicht die subjektive Bedeutung objektiver Ereignisse hervor. Lebensereignisse sind nicht grundsätzlich stres-
send, sondern sie werden vom betroffenen Individuum so interpretiert. Diese Interpretation ist abhängig vom Kontext, welchen
Elementen Wichtigkeit und Bedeutung beigemessen wird und worauf die Wahrnehmung selektiv gerichtet ist. Diese Ergebnisse
sind für unsere Diskussion insofern bedeutsam, als sie darauf
hinweisen, daß jede Frau/jedes Paar bei der Geburt ihres Kindes
als einzigartiges Wesen behandelt werden muß (nicht nur vom
medizinischen, sondern eben auch vom psychologischen Standpunkt aus). All ihren Kompetenzen/Resourcen und emotionalen
Bedeutungszuordnungen zu jeder spezifischen Situation sollte
nachgegangen werden, woraus Verständnis resultiert.

4.4 Mutterschaftsmythen

Die Schwangerschaft wird häufig als die Zeit "guter Hoffnung"
bezeichnet. Dies ist unvereinbar mit den zahlreichen Untersuchungen, die etwa die Konflikthaftigkeit und Krisenanfälligkeit jener Zeit beschreiben. Sie läßt die soziale Realität außer
Acht, aus der hervorgeht, daß ein Großteil von Schwangerschaften dann zustandekommt, wenn entweder ein realer Beziehungs-
verlust (Tod oder Verlust einer geliebten Person oder wichtiger
Werte, z. B. Arbeitsplatz) aufgetreten ist bzw. eine Partnerbeziehung auseinanderzubrechen droht (RINDFUSS & BUMPASS,
1977). Eine andere häufige, unbewußte Motivation zur Schwangerschaft findet sich vor allem bei sehr jungen Müttern, die die
Schwangerschaft dazu zu benutzen versuchen,sich aus der Herkunftsfamilie abzulösen und zu trennen (MERZ, 1979). Der Terminus bezieht sich also auf das Wunschdenken.

Von den jungen Eltern wird erwartet, daß sie die Geburt "als
freudiges Ereignis" begrüßen. Daß sich die Irreversibilität des
Geschehens gerade im Ereignis Geburt am deutlichsten mani-
festiert, wird gerne übersehen. Außerdem steht die volkstüm-
liche Bezeichnung "freudiges Ereignis" in krassem Widerspruch
zu den kolportierten Horrorgeschichten über Geburtserlebnisse.
In der alternativen Szene der Frauenbewegung, die die Geburt
ebenfalls als glückhaftes Ereignis feiert (z. B. STARK, 1977),
wird die Ambivalenz und Angst externalisiert und ausschließlich
der technikorientierten Geburtshilfe angelastet.*

---

* Diese Feststellung bedeutet keine Absolution für Handlungswei-
sen von Institutionen , die den Frauen zum Nachteil gereichen.
Sie soll aber zum besseren Verständnis der teils übertriebenen
Attacken seitens dieser Gruppen dienen.

Ein weiterer Mythos besteht darin, daß die junge Mutter, der junge Vater ihr Kind sofort lieben (angeborene Mutterliebe!), bzw. zu lieben haben. Dieser Gedanke liegt auch einigen wissenschaftlichen Abhandlungen nicht so fern. Daß dies nicht so selbstverständlich ist, kann daraus ersehen werden, daß gerade viele psychologische Untersuchungen jene Bedingungen erforschen, die die Eltern-Kind-Beziehung beeinflussen. Gegen die angeborene Mutterliebe sprechen die Dokumente über die "normalen", "alltäglichen" Kindesweglegungen, -mißhandlungen und Erziehungspraktiken im Laufe der Menschheitsgeschichte (de MAUSE, 1977, BADINTER, 1981).MAC FARLANE u. a. (1978) befragten 97 Mütter, wann sie das erste Gefühl von Liebe zu ihrem Baby verspürt hätten. 41% sagten, dies sei während der Schwangerschaft, 24% bei der Geburt, 27% in der ersten Woche nach der Geburt und 8% nach der Geburt.

In einer Untersuchung von ROBSON & KUMAR (1980) beschrieben 40% der erstgebärenden und 25% der mehrgebärenden Mütter, daß sie eher Gleichgültigkeit gefühlt hätten, als sie ihr Baby erstmals im Arm gehalten haben. 40% der Erst- und Mehrgebärenden fühlten spontane Zuneigung und Zärtlichkeit. Bei den meisten Müttern entwickelte sich dieses Gefühl im Verlauf der ersten Woche nach der Geburt. Auch Bedingungen des Geburtsmanagements sind geeignet, Einfluß auszuüben. Mütterliche Zuneigung und Zärtlichkeit für das Baby entwickelte sich eher später, wenn die Fruchtblase künstlich gesprengt wurde, die Geburt schmerzhaft war oder die Medikation sehr großzügig war (ROBSON & KUMAR, 1980).

Als gute Eltern gelten jene Paare, insbesondere aber Mütter, die sich ausschließlich ihrem Kinde und dessen Ansprüchen widmen. Daß in diesen Mythen ein tiefer Kern Wahrheit über die Grundlagen gedeihlicher Beziehungen steckt, ist unbestritten. Sie zur absoluten Verhaltensforderung für werdende Eltern zu erheben, ist für alle Beteiligten schädlich, weil Angst und Schuldgefühle, also Konflikte ausgelöst werden. Hier ist an alle jene Frauen zu denken, die ihr Kind zur Adoption freigeben, Eltern, die ihre Kinder wegen Mißbildungen in Heime abschieben, Frauen, die gerne arbeiten und/oder aus sozialen Gründen arbeiten müssen. Es sei aber auch an die vielen Frauen und Männer gedacht, die fremde Kinder pflegen oder adoptieren.

Unser Wissen über jene Faktoren, die gedeihliche Beziehungen fördern, darf niemals als Verhaltensmaßregel an (junge) Eltern herangetragen werden. Dagegen sollen jene Bedingungen gefördert werden, die es Eltern ermöglichen, eher derartige Verhaltensweisen und Beziehungsmuster aufzunehmen und zu ent-

wickeln. Eine andere häufige Meinung geht dahin, daß es Ziel
jeder weiblichen Entwicklung sei, Mutter zu werden, d. h., die
Erfahrung der Mutterschaft zu machen. EICHER (1979) geht so
weit zu behaupten, "Die Möglichkeit, ein Kind auszutragen und
zu gebären... bildet einen gewissen Abschluß der Identitätsfindung der weiblichen Persönlichkeit..., die aber ihre Vollendung
erst findet in der Mutterschaft." (EICHER, 1979, S. 712). Abge-
sehen davon, daß unklar ist, warum Schwangerschaft und Geburt
ein Abschluß und nicht ein Anfang sein sollen, so wie Schwangerschaft und Geburt als psychosexuelle Erfahrungen sicherlich
wesentlich für das Erfahren der eigenen psychosexuellen Identität sind, bleibt doch gänzlich ungeklärt, ob diese nicht auch
anders gebildet werden kann. Ein solches Statement beinhaltet
nicht nur eine Herabsetzung aller kinderlosen Frauen, sondern
führt zu einem sozialen Druck, die weibliche und biologische Po-
tenz zu beweisen, was auch die Angst der Schwangeren verstärken kann. (LUKESCH, 1981). Ich bin mir der Provokation bewußt, wenn ich die sog. "natürliche Geburt" unter dem Über-
titel der Mutterschaftsmythen diskutiere. Denn die ureigentliche
und begrüßenswerte Intention ihrer zahlreichen Vertreter und
Propagandisten war und ist die Passivierung der Schwangeren
zu verhindern, ihr die aktive Rolle im Geburtsgeschehen zuzuweisen und die Frauen aufzurufen, dafür zu kämpfen. Dennoch
impliziert der Terminus, daß es so etwas wie eine unnatürliche
Geburt gäbe. CHERTOK (1967) weist darauf hin, daß es keine
natürliche Geburt (also eine, die ausschließlich biologisch de-
terminiert ist) gibt, weil der Geburtsakt in allen menschlichen
Kulturen soziokulturellen Normen und Ritualen unterliegt. Zwar
sind Schwangerschaft und Geburt normale physiologische Vorgänge, für die Frauen biologisch ausgestattet sind, dies ist
aber nicht gleichbedeutend mit dem verbundenen Ausmaß an kör-
perlichem Risiko. So hat man in den letzten Dezennien die Wichtigkeit regelmäßiger, häufiger Schwangerschaftskontrollen (mindestens vier, empfohlen werden aber 10) erkannt* und sogar
finanzielle Gratifikationen als Motivierung eingeführt. Dieser
Vorgang verträgt sich nur schlecht mit dem Begriff der Natür-
lichkeit. Er impliziert die Gefahr, eben jene Maßnahmen abzulehnen, die der Sicherheit von Mutter und Kind dienen und die
dazu zwangen, im Sinne einer präventiv-hygienischen Maßnahme
den finanziellen Anreiz zu schaffen.

---

* BERGER u. a. (1979) konnten zeigen, daß Kinder von Frauen,
die mehr als 8 Schwangerschaftskontrollen aufwiesen, eine bessere neurologische Entwicklung im 1. Lebensjahr hatten, verglichen mit Kindern mit weniger als 8 Kontrollen.

In diesem Zusammenhang müssen auch die verschiedenen Gebote und Vorschriften in Bezug auf Erziehungsmaßnahmen erwähnt werden. Viele Eltern sind bezüglich des Stillens und der Stillzeit stark verunsichert. Körperliche Nähe zwischen Mutter und Kind wird häufig als "Verwöhnen" angesehen. Nicht nur, daß sich alle starren Regeln als bedenklich erwiesen haben, "schränken sie die jungen Eltern ein, ihren und des Kindes Bedürfnissen entsprechend zu handeln und fördern dadurch Angst und Schuldgefühle, als Eltern zu versagen." (RINGLER & SPRINGER-KREMSER, 1982, S. 31).

4.5   Systemimmanente Konflikte

Die Geburt beendet den Prozeß der Schwangerschaft. Schwangerschaft in ihrem normalen Verlauf ist kein Krankheitsprozeß. Daher ist die Schwangere grundsätzlich keine Patientin. Sie wird es entweder durch das Auftreten von Krankheiten im Verlauf der Schwangerschaft, die eine normale Entwicklung des Föten gefährdet bzw. das Leben der Mutter gefährdet, meistens in Verbindung mit einer Gefährdung des Föten. (Schwangerschaftsdiabetes, Spätgestose, vorzeitige Wehentätigkeit etc.). Das Problem der medizinischen Schwangerenbetreuung liegt nun darin, daß einerseits Schwangerschaft nicht als pathologischer Vorgang zu behandeln ist, andererseits durch die notwendigen laufenden medizinischen Kontrollen zur Früherkennung und Behandlung von pathologischen Schwangerschaftsverläufen die Betreuung sehr engmaschig sein muß und von daher doch wieder den betreuten Frauen nahegelegt wird, daß es sich um eine Krankheit handelt bzw. um einen Körpervorgang, der sehr leicht ins pathologische umschlägt. Diese Deutung wird obendrein gefördert durch die bekannten Geschichten von pathologischen Schwangerschafts- und Geburtsverläufen, die jede Schwangere im Laufe ihres Lebens gehört oder sogar an engen Bezugspersonen miterlebt hat. Dazu kommen verschiedene richtige (Vermeidung allzu großer körperlicher Anstrengungen) und falsche (essen für zwei) Verhaltensanweisungen. Dadurch wird der Frau und ihrer Familie letztlich doch implizit nahegelegt, die Schwangerschaft und Geburt zumindest als einen bedrohlichen, möglicherweise gefährlichen Vorgang zu betrachten. Dieser Konflikt resultiert gezwungenermaßen aus der medizinischen Schwangerenbetreuung. Da er nicht aus der Welt geschaffen werden kann - denn wer möchte auf die Fortschritte der Medizin verzichten? - ist es hier notwendig, dieses Problem intensiv zu bearbeiten und zu diskutieren. Nur so wird es möglich, Lösungen zu finden, die keinen Rückschritt darstellen. Diese Lösungen können sicher nicht auf der sachlichen Ebene liegen. Da es sich um ein emotionales und kognitives Problem handelt, wird die Lösung auf der Interaktionsebene zu finden sein.

Also in der Vermittlung wichtiger Informationen und wie diese
ihre Bedeutung in der Interaktion von Schwangeren und medi-
zinischem Betreuungspersonal gewinnen. Der Schwangeren werden infolge der Schwangerschaft Verhaltensweisen nachgesehen,
die sonst Sanktionen zur Folge hätten (z. B. Launenhaftigkeit).
Sie darf sich anders verhalten als üblich und diese Verhaltensänderungen (bekanntestes Beispiel ist das süß-sauer Durch-
einanderessen) werden als Schwangerschaftssymptome nahezu
gefordert. Die Schwangere darf sich also mehr gehen lassen,
gleichzeitig wird sie aber auch abhängiger von der Umwelt. Sie
kann und soll nicht mehr alles alleine machen - wobei hier versucht wird, Forderungen, die für Frauen der sozial oberen
Schichten schon immer gegolten haben und praktiziert wurden -
auch Frauen der sozialen Unterschichten aufzuerlegen. Die Ge-
setzeslage unterstützt in dem ihr zugänglichen Maß diese Absichten durch die Schutzfrist (8 Wochen vor und 8 Wochen nach
der Entbindung, verlängerbar auf 12 Wochen im Falle einer
Frühgeburt bzw. Sectio). Gewisse Arbeiten sollen/müssen ihr
abgenommen werden, (z. B. schwere Lasten tragen, sie soll
sich pflegen und gepflegt werden). Damit regrediert sie sozial
auf eine kindliche Entwicklungsstufe, in der sie von den Erwachsenen ebenso abhängig war, wie sie es jetzt von ihrer Familie, bzw. in der Klinik von den Pflegepersonen ist. Diese
Situation, so wichtig sie für Mutter und Kind ist, birgt mannig-
fache Konflikte.

1. Die Frauen erfahren den Anspruch nach Schonung und Ge-
   schontwerden. Dieser Anspruch ist zwar in der Arbeitswelt
   gesetzlich verankert und wird daher durchgeführt, im übrigen ist sie aber auf das Wohlwollen und Einfühlungsvermögen ihrer engsten Bezugspersonen, sowie von der sozialen Belastbarkeit der Familie abhängig. Sie soll sich zwar
   schonen, aber wer versorgt die eventuell vorhandenen Klein-
   kinder? Ganz deutlich wird die Problematik ja am vieldisku-
   tierten Karenzurlaub für Bäuerinnen.

2. Auf eine solche kindliche Entwicklungsstufe zurückzufallen
   und die damit verbundene Abhängigkeit reagieren Menschen
   sehr unterschiedlich. Die Möglichkeiten reichen von sich
   komplett fallen lassen, betreuen und bemuttern zu lassen -
   also dem Aufgeben jeglicher Eigenständigkeit - über das laufende Ankämpfen, um so viel Eigenständigkeit wie möglich
   zu bewahren, bis zur Aggressivität gegen alle jene, von
   denen man sich abhängig fühlt.

Die Kenntnis dieser Zusammenhänge ist deswegen so bedeutsam,
weil die genannten Konfliktsituationen und -reaktionen sehr
wesentlich das Verhalten der Entbindenden und Wöchnerin mit-

bestimmen. Und es wäre unsinnig zu glauben, daß es in dieser
Zeit und unter den gegebenen Bedingungen möglich sei, das
lästige, aufdringliche oder aggressive Verhalten einer Gebärenden oder Wöchnerin durch Abwehr oder Gegenaggression verändern zu können. Leider wird das oben beschriebene Verhalten nur allzu oft als gegen die eigene Person gerichtet erlebt,
als Zurückweisung der wohlgemeinten Hilfsangebote ebenso, wie
als Behinderung bei der Durchführung bestimmter Tätigkeiten.
Hier schaukelt sich dann häufig ein Teufelskreis von Aggression
und Gegenaggression bzw. Aufforderung zur Mitarbeit und
mangelnde Kooperationsbereitschaft von seiten der Frau auf,
die in den Erinnerungen aller Beteiligten einen bitteren Nach-
geschmack hinterlassen.

4.6   Die Beziehung der werdenden Eltern

Erst in allerjüngster Zeit wurde das gesamte Beziehungsgefüge
der Schwangeren in seiner Bedeutsamkeit erkannt. Der Qualität der Partnerbeziehung dürfte möglicherweise ein höherer
Stellenwert für das Schwangerschafts- und Geburtserleben zu-
kommen, als irgendeiner anderen Variablen. (LUKESCH, 1979,
DOERING u. a., 1980, NORR u. a., 1977, RUSSELL, 1974,
MEYEROWITZ, 1970). Unterstützt werden die wenigen vorliegenden speziellen Untersuchungen durch entsprechende Arbeiten
zur Abtreibungsproblematik (WESSEL, 1984, WIMMER-PUCHINGER,
1982), Arbeiten über Fertilitätsverhalten (WILKIE, 1981) und
zur Bedeutung der unterstützenden sozialen Umwelt (COBB,
1976, KESSLER, 1979). Die Erweiterung der Familie um ein
neues Mitglied kann zu einer Neustrukturierung, zu einer Veränderung des bisherigen Systems, d. h. zu einer Verschiebung
der Macht- und Abhängigkeitsverhältnisse führen. (WESSEL,
1984).

Untersuchungen zu unterschiedlicher Beziehungsqualität von
Paaren, die die Geburt ihres Kindes gemeinsam erleben und
solchen, die dies nicht tun, fehlen noch. Einige Arbeiten weisen darauf hin, daß Paare, die die Geburt ihrer Kinder gemeinsam erleben, seltener traditionelles Rollenverhalten aufweisen
und partnerschaftlicher funktionieren (DOERING u. a., 1980).
LA ROSSA (1977) fand, daß Konflikt und Macht im Übergang
zur Elternschaft in der Partnerbeziehung sehr bedeutsam sind.
An Fallbeispielen zeigt er, daß die Schwangerschaft sowohl dazu
benützt wird, der Ehefrau erstmals die traditionelle Hausfrauen-
rolle zuzuweisen, hingegen in anderen Partnerschaften durch
das Ereignis der Schwangerscahft der Ehemann stärker in häus-
liche Aktivitäten einbezogen wird. Sind die Eltern kinderlos
auch partnerschaftlich orientiert, so erfolgt nach dem 1. Kind

eher eine traditionelle Rollenaufteilung (HOFFMAN & MANIS, 1978). STEFFENSMEIER (1982) erklärt das Ausmaß auftretender Schwierigkeiten werdender Eltern durch 3 Faktoren, nämlich (1) je stärker die elterliche Verantwortung und Einschränkung empfunden wird, (2) je geringer die Gratifikation durch die Elternschaft und (3) je geringer die eheliche Intimität und Sorge über deren Stabilität, desto größer die Schwierigkeiten. Zu ähnlichen Ergebnissen gelangten HOFFMAN & MANIS (1978), die fanden, daß das erste Kind vorwiegend positive Wirkungen auf die eheliche Interaktion habe. Negative Auswirkungen, wie z. B. der Verlust der Intimsphäre werde durch Gratifikationen, die mit Kinderaufziehen zusammenhängen, wettgemacht.

5. ANGST UND GEBURT

Einer der häufigsten Parameter in der geburtshilflich-psychosomatischen Forschung ist Angst bzw. Ängstlichkeit. Die Fülle von Arbeiten zur Psychosomatik des Gebärverhaltens in Abhängigkeit von Angst und angstauslösenden Reizen ist überwältigend. Daher möchte ich im folgenden auf den Begriff Angst und einige damit verbundene Probleme eingehen.

5.1 Angst

Der Terminus Angst ist ein Konstrukt. Er wird häufig sehr unkritisch verwendet und es werden Emotionen verschiedenster Natur darunter subsumiert. (KROHNE, 1975, MARKS, 1969). Sinnvollerweise sollte zwischen Angst, Furcht, Schreck und Ängstlichkeit unterschieden werden.

5.1.1 Angst als Zustand und Angst als Eigenschaft

Angst, Furcht und Schreck kann man als gefahrenbezogene Emotionen bezeichnen. * KRONE (1975, S. 11) definiert Angst als einen "emotionalen Zustand des Organismus, bestimmt durch einen als betont unangenehm erlebten Erregungsanstieg angesichts der Wahrnehmung einer komplexen und mehrdeutigen Gefahrensituation, in der eine adäquate Reaktion des Individuums nicht möglich erscheint." Furcht und Schreck dagegen sind durch eindeutige und klar auszumachende Gefahrenquellen gekennzeichnet. Angst, Furcht und Schreck sind also situationsbezogen und werden daher auch als Zustand gesehen (KROHNE, 1975, SPIELBERGER, 1966).

---

* Schreck, Furcht, Angst werden mit Unrecht wie synonyme Ausdrücke gebraucht; sie lassen sich in ihrer Beziehung zur Gefahr gut auseinanderhalten. Angst bezeichnet einen gewissen Zustand wie Erwartung der Gefahr und Vorbereitung auf dieselbe, mag sie auch eine unbekannte sein; Furcht verlangt ein bestimmtes Objekt, vor dem man sich fürchtet; Schreck aber benennt den Zustand, in den man gerät, wenn man in Gefahr kommt, ohne auf sie vorbereitet zu sein, betont das Moment der Überraschung." FREUD, 1920, 1975, S. 222, 223

SPIELBERGER'S Angst-Konzept differenziert zwischen State und Trait Angst (SPIELBERGER, 1966). "Trait-Angst", "Angst als Eigenschaft"," Ängstlichkeit" beziehen sich auf eine über- dauernde Verhaltensdisposition, (i. S. einer Persönlichkeitsei- genschaft), unterschiedlichste Situationen und Bedingungen als bedrohlich zu erleben. Es handelt sich um erworbene Verhaltens- tendenzen aufgrund der lebensgeschichtlichen Entwicklung des Individuums. Als ängstlich definierte Personen geraten leichter in den Zustand der Angstemotion als nichtängstliche Personen. Als Ursache der Ängstlichkeit werden zwei Möglichkeiten disku- tiert:

1) ängstliche Personen haben mehr ungelöste Probleme und Kon- flikte, die auf sie beständig einwirken und ein überdurch- schnittlich hohes Angstniveau hervorrufen.

2) Ängstliche Personen interpretieren mehr Umweltreize als ge- fährlich als andere.

"State-Angst", "Angst als Zustand",situationsspezifische Angst bezieht sich auf jene gefühlsmäßigen Reaktionen, die durch ein subjektives Gefühl von Spannung, Befürchtungen, Nervosität und Sorge, sowie einer erhöhten Aktivität des vegetativen Ner- vensystems gekennzeichnet sind. State-Angst variiert in Inten- sität und Dauer, in Abhängigkeit von der Anzahl stressender Faktoren und wie bedrohlich oder gefährlich die Situation vom betreffenden Individuum interpretiert wird (SPIELBERGER & JACOBS, 1979). Der Anstieg von Zustandsangst, State-Angst wird von 2 Komponenten beeinfluß:

1) Wird der Selbstwert der betreffenden Person in Frage gestellt, dann nimmt die Zustandsangst bei Hochängstlichen (hohe Trait-Angst) stärker zu (z. B. Leistungssituation, Prüfungen).

2) In Situationen, in denen eine physische Gefährdung möglich ist (z. B. chirurgische Eingriffe, experimentelle Konfrontation mit schmerzhaften Reizen) findet sich zwischen Hoch- und Nie- drigängstlichen kein Unterschied.

"Die Intensität der Angstemotion in physischen Gefährdungs- situationen scheint demnach unabhängig vom Ausprägungsgrad der mit der Trait-Angstskala des STAI operationalisierten Ängst- lichkeit zu sein". (LAUX u. a., 1981, S. 8). Daher wird das Konzept einer globalen Angstneigung bezweifelt (BECKER, 1980, LAUX u. a., 1981). Da die Geburt sowohl als physische Ge- fährdungssituation, aber auch aufgrund soziokultureller Normen als Leistungssituation interpretiert wird, wie aus den Faktoren der Geburtsangst (RINGLER & PAVELKA, 1981) deutlich wird, muß man für Untersuchungen die geburtshilflichen und psychologischen Parameter zueinander in Beziehung setzen, und die Evaluation der zustandssituationsspezifischen Angst fordern. (BOWLBY, 1980) kritisiert an den verhaltenstherapeutischen und psychoanalytischen Angsttheorien, daß ihre Grundannahmen dahingehen, daß richtige Angst nur dann auftritt, wenn eine Situation als schmerzhaft oder gefährlich wahrgenommen wird, durch frühere Schmerzerfahrung oder ein angeborenes Bewußtsein gefährlicher Kräfte.Er stützt sich insbesondere auf ethologische Forschungsergebnisse und benennt folgende Anzeichen als angstauslösend:

- Veränderungen des Reizniveaus (z. B. laute oder ungewöhnliche Geräusche)

- fremde Leute und fremde Situationen (Fremdheit)

- Dunkelheit

- plötzliche, unerwartete Bewegungen

- Alleinsein.

Sei eine Situation nur durch ein einziges solches Anzeichen charakterisiert, dann resultiere daraus erhöhte Wachsamkeit. Mehrere Anzeichen zusammen führen zu mehr oder weniger starker Angst. BOWLBY (1980) vertritt auch die Auffassung, daß jene Psychologen und Psychiater, die sich mit Angst beschäftigt haben dazu neigen, ihre Bedeutung zu unterschätzen. "Nimmt man diese aber ernst, dann kommt es einem nicht mehr rätselhaft vor, daß in allen - außer sehr vertrauten - Situationen die bloße Anwesenheit einer, das Vertrauen genießenden Figur Furcht und Angst stark mindert. (BOWLBY, 1980, S. 154)." Angst vor einer unfreiwilligen Trennung könne eine völlig gesunde und normale Reaktion sein. Für die Geburtssituation sind die von BOWLBY genannten Angstauslöser insofern bedeutsam, als alle - mit Ausnahme der Dunkelheit - regelmäßig auftreten bzw. erst in den letzten Jahren Veränderungen stattgefunden haben (z. B. die Anwesenheit des Partners bei der Geburt), die als angstmindernd gelten.

5.1.2 Die Messung von Angst

Die verbal-subjektiven Angstäußerungen können durch Fragebögen und Interviews festgehalten werden. Es ist die in der psychologischen Forschung häufigste methodische Vorgangsweise. Sie unterliegt aber einer Reihe von intra-, interindividuellen und situationsgebundenen Störvariablen. Das freie Interview wird immer durch das emotionale Gesprächsklima, insbesondere

die Variablen Vertrauen und Offenheit beeinflußt. Die verbale
Ausdrucksfähigkeit, die Klagsamkeit und die Intelligenz sind
weitere wichtige Einflußvariablen. Dagegen entstehen Informations-
defizite aufgrund von Test- und Interviewleitfaden, die nur einen begrenzten Bereich abdecken.

Die psychoanalytische Neurosenforschung und die darauf beruhen-
den Theorien zu konversionsneurotischen und psychosomatischen
Phänomenen zeigen, daß Ängste und Konflikte nicht bewußt erlebt werden müssen (V. UEXKÜLL, 1979). Daher versuchen viele
Forscher Fragebögen und Interviews in einer solchen Weise zu
konzipieren, daß unbewußte Motive und Einstellungen interpretiert werden können. Die motorische Ebene (z. B. Verspannung,
motorische Unruhe) kann zwar über Selbsteinschätzung erfaßt
werden, eine Verhaltensbeobachtung durch Außenstehende ist
aber immer vorzuziehen. Dadurch wird ihre Beurteilung zu einem
aufwendigen Verfahren, bei dem die zu beobachtenden Verhaltensweisen und die Meßzeiträume präzise definiert werden müssen.
SPIELBERGER u. a. (1970) haben aufgrund ihres theoretischen
Konzepts ein Testinstrument entwickelt, das es ermöglicht, durch
je 20 Items State- und Trait-Angst zu erfassen. Seit kurzem
existiert eine autorisierte deutsche Ausgabe (LAUX u. a., 1981).
Der praktische Nutzen dieses Konzepts liegt darin, Angst in bezug auf eine ganz konkrete Situation oder Vorstellung zu diesem
festgelegten Zeitpunkt zu untersuchen. (z. B. "geben Sie an,
wie Sie sich jetzt im Moment fühlen, wenn Sie an die Geburt
(oder ihre Schwangerschaft, etc. ...) denken"). Daraus folgt,
daß Angst in bezug auf unterschiedliche Kognitionen zum selben
Meßzeitpunkt untersucht werden kann.

5.1.3 Begleiterscheinungen von Angst

Der mit Angst verbundene Erregungsanstieg kann sich auf der
(a) verbal-erlebnismäßigen, (b) der physiologischen und (c) der
motorischen Ebene manifestieren.

"Die Definition jeder Emotion benötigt simultane Beschreibung aller
drei beteiligten Komponenten: des kognitiven, motorischen und
physiologischen Anteils" (BIRBAUMER, 1977, S. 174). Die drei
Reaktionsebenen können, müssen aber nicht miteinander korrelieren. (BIRBAUMER, 1977, S. 3). Die physiologische Ebene wird
gerade im psychosomatischen Bereich häufig als abhängige Variable betrachtet, auf deren Abhängigkeit von subjektiven Er-
lebnismustern man sich durch die Forschung Rückschlüsse erhofft.*

* Dabei zeigt sich, daß wir noch immer einem Kausalitätsdenken
verhaftet sind, so als würde es sich bei psychischen und physiologischen Abläufen um getrennte Systeme handeln.

5.1.4 Angst und Sicherheit

FÜRNTRATT (1974) nennt als wichtigsten Angstantagonisten Sicherheit. Interessanterweise drängt sich Sicherheit als Forschungsthema einer problemorientierten Forschung und als Ausgangspunkt von Untersuchungen kaum auf.

Zwar kann man annehmen, daß Situationen und Reize, wenn sie nicht explizit angstauslösend wirken, wahrscheinlich so etwas wie Sicherheit vermitteln, sicher ist dies aber nicht. Auf jeden Fall ist eine Forschung, die auf die Auffindung von angstauslösenden Bedingungen ausgerichtet ist und die Erforschung ihrer spezifischen Auswirkungen, nicht geeignet, jene Situationen zu beschreiben, die Sicherheit auslösen, welche Art von Reizen unter welchen Umständen dies mehr tun als andere und was die spezifischen Auswirkungen von Sicherheit sind. Die Forschungslücke, die hier geschlossen werden muß, ist beträchtlich. BOWLBY (1980) hat sich in seinen umfangreichen Studien auch mit jenen Situationen auseinandergesetzt, die Sicherheit vermitteln. Individuen erleben vertraute Situationen als sicher, während jede andere Situation zumindest mit Zurückhaltung behandelt wird. Fremdheit bewirkt eine ambivalente Reaktion. Sie löst Angst und Rückzugsverhalten aus, aber auch Neugier und Erkundungsverhalten. Welches Verhalten ausgelebt wird, ist abhängig vom Grad der Fremdheit der Situation, von der An- bzw. Abwesenheit einer Bezugsperson, vom Reifegrad eines Individuums, vom Ermüdungs- bzw. Wachheitsgrad und vom körperlichen Wohlbefinden. Angst, wie auch Sicherheit können durch hinzukommende Reize gesteigert oder vermindert werden. Auch sind beides keine statischen Zustände, sondern sie unterliegen einer ständigen Bereitschaft, sich durch die verschiedensten Reize zu verändern. FÜRNTRATT weist darauf hin, daß Sicherheit und Angst qualitativ eigenständig zu bestimmen sind. Sicherheit könne auftreten, ohne daß Angst vorausgegangen sei. Angst kann auftreten, ohne daß Sicherheit vorangegangen ist. Er postuliert einen dazwischenliegenden Bereich der emotionalen Indifferenz (FÜRNTRATT, 1974, S. 29). FÜRNTRATT (1974, S. 172) meint, Sicherheit habe im Gegensatz zu Angst keine verhaltens-motivierende Funktion. Sie habe aber eine gesamtkörperliche Beruhigungswirkung und kann daher

a) ungelernte Angst-Ausdrucksformen und

b) angstmotiviertes Verhalten aller Art hemmen und

c) durch Angst unterdrückte Verhaltensweisen enthemmen.

5.1.5 Angst und Lernen

Angst ist sowohl durch klassische, als auch operante Konditionierung lernbar. (BIRBAUMER, 1977). Klassische Konditionierung
bezeichnet jenen Lernvorgang, bei dem ein früher neutraler (d.
h. nicht angstauslösender) Reiz durch ein einmaliges oder wiederholtes gemeinsames Auftreten mit einem angstauslösenden Reiz,
allein die unkonditionierte Reaktion (die dadurch zur konditio-
nierten Reaktion wird) auslösen kann. Bei der operanten Konditionierung erfolgt Lernen durch die Verhaltenskonsequenz Beloh-
nung und Bestrafung. Angst ist nach dem Muster des klassischen
Konditionierens und operanten Konditionierens erlernbar (BIRBAUMER,
1977). "Allem anderen vorweg muß zunächst klargestellt werden,
daß Angstreaktionen, die auf nicht-gelernten, vorprogrammierten
Assoziationen beruhen, d. h. URa, (unkonditionierte Reaktionen,
d. Autor) wie Schmerz oder Atemnot, prinzipiell nicht "verlernt"
werden können. Sie können allenfalls im Augenblick ihrer Aus-
lösung durch Sicherheitsreize oder durch gelernte instrumentelle
Angsthemmungsreaktionen reduziert werden." FÜRNTRATT, 1974,
S. 246).

Beide Prinzipien, die hier nicht näher dargestellt werden können,
(siehe z. B. BIRBAUMER, 1977, HILGARD & BOWER, 1970) sind
auch für viele therapeutische Vorstellungen der Angstreduktion
wesentlich. Dem von BANDURA (1969) umfassend untersuchten
Modellernen (Lernen am Modell) kommt gleichfalls große Bedeutung zu. "Modelle" sind Personen mit einer hohen interpersona-
len Attraktivität. Sie vermögen den Beobachter in seinem Verhalten zu beeinflussen. Alle wesentlichen Bezugspersonen haben
Modellfunktion. Für die Schwangere sind in dieser Hinsicht natürlich insbesondere die eigene Mutter bzw. wichtige Mutterfi-
guren bedeutsam.

5.1.6 Angstabwehr

"Die Lernpsychologie betrachtet Angst als eine subjektive (emotionale), physiologische und motorische Reaktion auf einen "bestra-
fenden", aversiven Reiz. Ein aversiver Reiz wird operational als
eine Bedingung definiert, der ein Lebewesen zu entkommen versucht, also eine Bedingung, die es zu beenden oder zu vermeiden versucht." (BIRBAUMER, 1977, S. 6). Von psychoanalytischer Seite wird Angst als eine automatische "Reaktion des Sub-
jektes definiert, wenn es sich in einer traumatischen Situation
befindet, d. h. einer Reizanflutung aus inneren oder äußeren
Quellen ausgesetzt ist." (LAPLANCHE & PONTALIS, 1972, S.64).
Davon unterschieden wird das Angstsignal, das eine Vorrichtung
bezeichnet, "die vor einer Gefahrensituation vom Ich verwendet

wird, um eine Überwältigung durch die Reizanflutung zu vermeiden" (LAPLANCHE & PONTALIS, 1972, S. 19.).

Sowohl in der tiefenpsychologischen wie in der lernpsychologischen Betrachtungsweise wird Angst als ein Zustand gesehen, den das betroffene Individuum zu vermeiden trachtet. Angst hat somit eine verhaltensmotivierende Funktion. Die durch Angst provozierten Verhaltensweisen stehen im Dienste der Angstverarbeitung bzw. Angstabwehr. (KROHNE, 1975). Psychosomatische oder psychophysiologische Störungen werden vielfach als eine Dekompensation des Organsystems aufgrund psychischer Belastung betrachtet, weil die psychischen Kompensationsmöglichkeiten entweder aufgrund eines Verhaltensdefizits oder aufgrund situationsinadäquater Bewältigungsstrategien insuffizient sind. (BIRBAUMER, 1977, von UEXKÜLL, 1979).

5.1.7 Unkontrollierbarkeit und Unvorhersagbarkeit

"Hilflosigkeit" spielt eine wesentliche Rolle als Ursache von Depression und psychosomatischen Störungen. SELIGMAN (1975) hat durch seine experimental-psychologischen Forschungen wesentlich dazu beigetragen, einige Zusammenhänge zu erhellen. SELIGMAN (1975) definiert Hilflosigkeit als eine Reaktion auf die Erfahrung, daß (innere und äußere) Reize als unkontrollierbar erlebt werden, im Sinne, daß eine eigene Reaktion auf einen Reiz, die weiteren Konsequenzen nicht zu beeinflussen vermag. Kontrollierbarkeit impliziert Vorhersagbarkeit, aber nicht umgekehrt (BIRBAUMER, 1977). Ein Ereignis (z. B. die Geburt) kann vorausgesehen werden, aber nicht kontrolliert werden. Wenn ein Ereignis (z. B. das Geburtsmanagement) kontrolliert werden kann (z. B. durch Information), so können auch die Konsequenzen (z. B. Medikation, Eltern-Kind-Kontakt) vorausgesehen werden. In kontrollierbaren Situationen treten Störungen dann auf, wenn die aversiven Reize lange anhalten.(BIRBAUMER, 1977).

5.1.8 Angstbewältigungsstrategien

H. STROTZKA (1982, S. 214) schreibt, "Freud ist aufgefallen, daß die Menschen einen stereotypen individuellen Stil haben, innere und äußere Gefahren und Störungen zu bewältigen. Die inneren Störungen können Triebüberflutungen sein oder jede Art von Unlust, Angst, Trauer, Scham, Schuldgefühle, aber auch irritierende Aggressionen, die nicht direkt abführbar sind, wie Haß und Zorn. Die äußeren können echte oder phantasierte Bedrohungen oder Beeinträchtigungen sein, die solche Gefühle auslösen. Oft sind solche Störungen inhaltlich gar nicht bewußt, die hier gemeinten Abwehrstrategien sind in der Regel unbewußt und werden wegen ihrer Automatik als "Mechanismen" bezeichnet. Sie unterscheiden sich dann wesentlich von den bewußten Techniken, die wir gegenüber äußeren Gefahren besitzen, wie Flüchten, Ausweichen, Angreifen, Argumentieren, Überreden, Entschuldigen, Täuschen, Lernen oder schließlich simples Ertragen."

In der verhaltenstherapeutischen Praxis haben sich insbesondere alle Formen von Konfrontationstechniken zur Angstbewältigung als geeignet erwiesen (RINGLER, 1978, FLORIN & TUNNER, 1975, BUTOLLO, 1979). Die Konfrontation beinhaltet immer ein aktives Auseinandersetzen mit dem angstauslösenden Reiz, i. S. von realitätsgerechter Wahrnehmung und Informationssuche. Damit verbunden ist die Vorstellung irrationaler Fantasien und Konsequenzen. Dies kann sowohl auf der Fantasieebene durch Verbalisieren und Darstellen erfolgen, als auch in der Realität durch aktives Betrachten und Durchleben gefürchteter Situationen. (Geburtsvorbereitung ist also eine Angstbewältigungsstrategie, deren Qualität von den Kompetenzen des Geburtsvorbereiters abhängt).

Entfällt die Vorbereitung im Sinne einer aktiven Auseinandersetzung durch ein Fehlen der Angstbereitschaft, die einen Reizschutz darstellt (FREUD, 1920, 1975), so ist die Bedingung für das Erleben von "Schreck gegeben, also die Voraussetzung für das Erleben eines traumatischen Ereignisses... sind die Systeme dann nicht gut imstande, die ankommenden Erregungsmengen zu binden, die Folgen der Durchbrechung des Reizschutzes stellen sich umso vieles leichter ein." FREUD, 1975, S. 241.

Nach BECKER (1980) kann Angstbewältigung durch a) Gefahrenkontrolle und/oder b) Angstkontrolle erfolgen.

Strategien der Gefahrenkontrolle sind:

- Einholen möglichst präziser Informationen über die Art der Gefahr (z. B. wie verläuft eine Geburt , wer wird anwesend sein, etc. ...), Problemlösungen und geeignete Handlungen werden gesucht (z. B. verschiedene Vorgangsweisen werden durchdacht und die optimal erscheinendste ausgewählt),

- die eigene Handlungskompetenz erhöhen (z. B. durch Besuch von Geburtsvorbereitung, Erwerb von allem verfügbarem Wissen),

- personelle und sachliche Hilfen besorgen (z. B. vertrauensvolle Arzt-Patient-Beziehung, Lesen geeigneter Literatur),

- das Handlungsziel verändern (z. B. durch Senkung des An-
spruchsniveaus, Analgetika beanspruchen dürfen),

- Veränderung der zeitlichen und räumlichen Distanz zur Gefahrensituation (dies ist bei einer Geburt nicht möglich, wenngleich die bereitwillige Einwilligung in geburtseinleitende Maßnahmen hier hinzugerechnet werden kann, ebenso der häufige
Wunsch bettlägeriger Schwangerer nach einem früheren Geburtstermin, der m. E. nicht nur der Abkürzung realer Be-
schwerlichkeiten dient, sondern auch als "kontraphobisches"
Verhalten interpretiert werden kann, nämlich endlich zu sehen,
daß das Baby gesund und wohlauf ist. Diese Frauen vertrauen
auch meist intensiv-medizinischen Technologien mehr als ihrem
eigenen Körper).

Maßnahmen zur Gefahrenkontrolle beeinflussen das Ausmaß der
erlebten Angst indirekt. Grundsätzlich ist sowohl ein Angstanstieg, als auch Angstreduktion denkbar. So kann präzise Information kurzzeitig zu Angstanstieg führen, weil die betroffene
Person mit angstauslösenden Reizen überflutet wird, ohne daß
Bewältigungsstrategien einsetzen konnten.

Dieser Angstanstieg wird auch häufig von Patienten vermittelt,
z. B. in der Form, daß sie lieber gar nichts wissen möchten,
sich jetzt mehr fürchten würden als früher etc. Das Wissen um
die Bedingungen einer Situation ist aber grundlegend für wirk-
same Bewältigungsstrategien. Aus dem oben Gesagten geht hervor, daß Informationen nie allein gegeben werden sollten, ohne

- die Bedeutung, die ihr vom Empfänger zugeschrieben wird,
nachzufragen und

- eventuell notwendige Hilfen anzubieten, um momentan aufge-
tretene Angst verarbeiten zu helfen.
Angstkontrolle zielt auf die Reduktion momentan erlebter Angst.
BECKER (1980) nennt folgende Strategien:

- Einnahme angstreduzierender Stoffe (z. B. Tranquillizer,
Analgetika),

- Abwendung der Aufmerksamkeit von der Gefahrenquelle (z. B.
durch Konzentration auf Atmung),

- defensive Neuinterpretation der Situation, z. B. durch eine
Neubewertung der persönlichen Bedeutung des Risikos,

- die Verwendung körperlicher Entspannungsmethoden,

- das Aufsuchen von verständnisvollen Personen, die Mut machen
und Beruhigung vermitteln,

- magische oder religiöse Praktiken (z. B. vermittle ich die Abfolge Wehenveratmung - Entspannung im Sinne eines Rituals).

5.1.9 Schlußfolgerungen

Die vorangegangenen theoretischen Ausführungen weisen auf folgende Punkte hin:

1) Das Konstrukt Angst muß differenziert betrachtet werden.

2) Durch die Unterscheidung von State-Angst und Trait-Angst können

3) Ereignisse situationsspezifisch untersucht werden.

4) Angst hat immer eine kognitiv-subjektive, motorische und physiologische Komponente, die gemeinsam betrachtet werden müssen.

5) Sicherheit ist ein Angstantagonist;

6) Angst hat eine verhaltensmotivierende Funktion, die sich in der kognitiven, physiologischen und motorischen Reaktion(en) auswirkt.

7) Haben diese Reaktionen keine angstreduzierenden Konsequenzen, so erfährt die Person das Geschehen als unkontrollierbar und fühlt sich hilflos.

8) Wahrnehmungsüberprüfung und Informationssuche, sowie aktive Konfrontation mit angstauslösenden Reizen wirkt angstreduzierend.

5.2 Angst und hormonelle Veränderungen während der Wehentätigkeit

Unter der Geburt können signifikante hormonelle Veränderungen beobachtet werden. Von besonderem Interesse sind die Stresshormone, sowie ihr spezifisches Zusammenwirken mit Östriol und Prostalglandin.

YOSHIDA (1977) stellte fest, daß die Cortisolwerte im 1-Tage alten Säugling umso höher waren, je länger die Geburt dauerte. HADDAD & MORRIS (zit. n. MORRIS, 1983) folgern aus ihrer aufwendigen Untersuchung, daß sich die Serum-Cortisol-Werte während der Geburt als Indikator für Geburtsstress nicht eignen würden. Prolactin wird nach RIGG & YEN (1977) weder durch Analgetika, Anaesthetika oder operativen Stress verändert. HANING u. a. (1978) fanden aber erhöhte mütterliche und fetale Prolactin-Werte, wenn Oxytocin zur Geburtseinleitung und -beschleunigung verabreicht wurde. LEDERMANN u. a. (1978)

beobachteten erhöhte mütterliche Adrenalinwerte im Blutplasma
im Zusammenhang mit a) schwachen uterinen Kontraktionen bei
einer Muttermundweite von 3 cm, sowie b) einer längeren Wehendauer zur Eröffnung des Muttermundes von 3 auf 10 cm, bei
erhöhter situationsspezifischer Angst im State-Trait Anxiety
Inventar nach Spielberger (1970) zu den gleichen Meßzeitpunkten.
Sie stützen sich in ihrer Interpretation auf eine Reihe anderer
Arbeiten und folgern, daß Adrenalin (dessen Werte stark mit
Angst korrelieren) eine wesentliche intervenierende Variable
zwischen Angst und Geburtsdauer sei. Dabei wird angenommen,
daß eine Erhöhung der Katecholamine, die Oxytocin-Aktivität
beeinflußt und den Geburtsfortschritt hemmt. MALTAU u. a.
(1979) folgerten aus ihrem Vergleich zwischen Erstgebärenden
mit Spontangeburt und der üblichen Analgetikamedikation und
solchen mit einer Epiduralanästhesie, daß erheblicher mütterlicher Stress zu einer reduzierten Konzentration von Östriol im
mütterlichen Plasma führt und mit einer signifikanten Erhöhung
der Cortison Werte einhergeht. MORRIS (1983) diskutiert, daß
höhere Katecholamin-Werte die plazentare Funktionstüchtigkeit
beeinträchtigen und mit uteriner Vasokonstruktion einhergehen.
Dadurch würde das Baby eher hypoxisch werden, insbesondere
während uteriner Kontraktionen. PANCHERI u. a. (1979) untersuchten State-Angst, Schmerzintensität, Blutplasma-Cortisol,
Adrenalin, Noradrenalin und Östriol, sowie die Harnwerte von
Adrenalin und Noradrenalin zu drei Zeitpunkten. (Muttermundweite 0-3 cm (1), 3-5 cm (2), 9 cm (3). Die Frauen wurden nach
der Eröffnungsgeschwindigkeit des Muttermundes in zwei Gruppen eingeteilt (langsam X = 0,56 cm/h, schnell, X = 1,67 cm/h).
Angst war in der Gruppe der schnellgebärenden Frauen zu Beginn höher, bei der dritten Messung hatten sich die Angstwerte
der beiden Gruppen angenähert. Dies bedeutet, daß die langsam gebärenden Frauen unter der Geburt einen signifikanten
Angstanstieg erfahren. Östriol wurde als Index für die Funktionstüchtigkeit der plazentaren Versorgung des Feten während der
Geburt gemessen. Es steigt in der Gruppe der langsam gebärenden Frauen vom 1. zum 2. Meßzeitpunkt an und fällt dann zum
3. Meßzeitpunkt stark ab. Bei den schnellgebärenden Frauen
wurde ein Gleichbleiben der Östriolwerte beobachtet.

Eine Faktoranalyse aller Daten ergab drei Faktoren. Der wichtigste Faktor 1 ist durch Angst, Adrenalin und Noradrenalin
gekennzeichnet. Adrenalin erhöht sich in beiden Gruppen, aber
bei den langsamgebärenden Frauen schneller, wogegen bei den
schnellgebärenden Noradrenalin signifikant erhöht ist. Die Ergebnisse stehen damit im Einklang mit anderen Arbeiten (z. B.
LEDERMANN u. a., 1978). Die Autoren folgern aus der Summe
ihrer Ergebnisse, daß Angst als neuroendokriner Starter für
die Katecholamin-Ausschüttung fungiert. Damit haben

PANCHERI u. a. (1979) erstmals einen psychoneuroendokrino-
logischen Erklärungsversuch des Zusammenspiels zwischen psychologischen und physiologischen Variablen unternommen.
Die Ergebnisse weisen darauf hin, daß alles unternommen werden
sollte, um einen Angstanstieg während der Geburt zu verhindern.

Diese Arbeiten sind nicht nur wegen ihres Bemühens psychoneu-
roendokrinologische Zusammenhänge zu erhellen, interessant. Die
Arbeit von PANCHERI u. a. (1979) wurde von mir auch deswegen ausführlicher dargestellt als andere Arbeiten, weil sie die
üblichen Ein- und Zweipunktmessungen vermeidet. Auch wurden
die Meßzeitpunkte genau definiert. Nur ein solches Vorgehen vermag Verläufe darzustellen und auf relative Veränderungen von
Meßwerten einzugehen. D. h., durch geeignete statistische
Methoden (z. B. CRONBACH & FURBY, 1970, LORD, 1963) wird
es möglich, nicht nur die Bedeutung absoluter Meßwerte und
Meßwertveränderungen zu erfassen, sondern die Bedeutung ihrer
Veränderung über die Zeit. Es handelt sich hier um ein Problem,
dem wir noch öfter begegnen werden.

5.3 Angst und geburtshilfliche Komplikationen

Geburtshilfliche Komplikationen werden von Klinikern und For-
schern seit langem mit Angst und psychosozialem Stress in Zusammenhang gebracht. MCDONALD (1968) und LUKESCH (1981)
haben ausführliche Übersichten referiert. MCDONALD (1968),
kommt in seiner Literaturübersicht über die letzten 15 Jahre vor
1967 zu dem Schluß, daß man bei Frauen mit geburtshilflichen
Komplikationen höhere Angstwerte finden kann, sowie weniger
Verdrängungsmechanismen als psychische Abwehr. Er weist darauf hin, daß die derzeitige Forschung keine schlüssigen Be-
weise einer kausalen Beziehung zwischen Angst und geburtshilflichen Komplikationen zuließe. Dennoch folgert er, daß Angst
ein zentraler Faktor bei psychogenen geburtshilflichen Komplikationen sei und in folgender Weise wirke:

"Stress (in the form of unresolved conflicts about pregnancy)
causes anxiety, which results in adaptive attempts to cope with
stress. In the face of intense or prolonged anxiety, attempts
fail, and ANS activation occurs; the complications are most likely
to occur in the physiological function or system showing maximal
activation. Specificity is determined further by the interaction of
the primary locus of ANS activation with the differences in such
factors as endocrine secretion, arterial friability, and hematological
response (e. g. immune bodies)." (MCDONALD, 1968, S. 233).

MCDONALD (1968) kritisiert insbesondere die methodischen Standards, der von ihm referierten Untersuchungen und zwar:

1. daß mütterliche Emotionen häufig retrospektiv erfaßt wurden.
2. Erfolgte eine Datenerhebung in der Schwangerschaft, dann geschah dies meist nur ein Mal.

Dieser Kritik ist hinzuzufügen, daß unterschiedlichste geburtshilfliche Parameter bei einer geringen Versuchspersonenanzahl verwendet wurden. So sind bei DAVIS & DE VAULT (1962) in der Gruppe geburtshilflicher Komplikationen so unterschiedliche Diagnosen enthalten, wie besonders kurze Nabelschnur, Frühgeburt, kindliche Gelbsucht, Spina bifida, Totgeburt, etc. Es erscheint äußerst fraglich, ob es sich hier um vergleichbare Kategorien von Komplikationen handelt. Umso mehr erstaunt es, daß sie signifikante Unterschiede hinsichtlich des Angstniveaus zwischen den Frauen mit und ohne Komplikationen finden konnten. Eine Reihe anderer Arbeiten untersucht mütterliche Emotionen, insbesondere Angst und psychosozialen Stress mit dem Geburtsverlauf, insbesondere den Parametern Geburtsdauer und analgetischer und anästhetischer Medikation, (MCDONAL & PARHAM, 1964, PAJNTAR, 1972, PRILL u. a., 1971).*

Aber auch die Kategorie mütterlicher Ängstlichkeit wird äußerst unterschiedlich definiert und entsprechend erfaßt. So handelt es sich vielfach um sehr allgemeine Persönlichkeits- und Einstellungsvariablen, wie negative Kindheitserinnerungen, zurückweisende Haltungen gegenüber Sexualität und Ehe (z. B. KAPP u. a., 1963), höherer Neurotizismus, gemessen mit dem MMPI (z. B. MCDONALD & CHRISTAKOS, 1963), mehr als psychogen zu klassifizierende Körpersymptome, wie Verdauungsstörungen, Tremor, Schwitzen, etc. (HETZEL u. a., 1961) und allgemeine psychosoziale Belastungsfaktoren (z. B. ENGSTRÖM u. a., 1964). Daraus ergeben sich Probleme, die ich im folgenden diskutieren möchte.

5.3.1 Methodische Überlegungen

Aus den bei LUKESCH (1981) und MCDONALD (1968) referierten Arbeiten kann bloß gefolgert werden, daß bestimmte Persönlichkeitsmerkmale oder Einstellungen bei Frauen mit langer Geburts-

---

* Erwähnt sei hier die Studie von LAUKARAN & VAN DEN BERG (1980) an 8.000 weißen Frauen im Raum San Francisco. Sie fanden bei Frauen mit unerwünschter Schwangerschaft signifikant öfter perinatale Todesfälle, kindliche Mißbildungen, nachgeburtliche Infektionen und Blutungen, sowie eine erhöhte Analgetika Medikation unter der Geburt. Keine Zusammenhänge bestanden zum Gestationsalter, dem Geburtsgewicht des Kindes, der Geburtsdauer, schwangerschaftsspezifischen Erkrankungen (Hyperemesis, EPH-Gestose) und geburtshilflichen Komplikationen während der Geburt.

dauer öfter zu beobachten sind. Unklar bleibt, wie und warum sich dies auf den Geburtsverlauf auswirkt. Interpretationen sind zwar insbesondere aufgrund tiefenpsychologischer Theorien möglich, aber nicht beweisbar. Vor allem aber lassen solche geburtsunspezifischen Angstmessungen keine Erklärungen zu, weshalb Frauen mit denselben Merkmalen einen normalen, komplikationsfreien Geburtsverlauf aufweisen. D. h., es sind problemorientierte (z. B. Geburtsangst) und geburtsspezifische Angstparameter (z. B. State-Angst-Messungen) erforderlich.

2. Die Geburtsdauer ist ein nur schwer zu definierender Parameter. Die Angaben der Frauen sind insofern unzuverlässig, als bestenfalls jener Zeitpunkt angegeben werden kann, zu dem vorhandene Körperempfindungen subjektiv als Geburtsbeginn interpretiert wurden. Die Wahrnehmung des Einsetzens von Wehen hängt aber stark mit der Sensibilität für Körpervorgänge und Schmerzwahrnehmung zusammen. Wahrnehmungsverzerrungen aufgrund persönlichkeitsbedingter Abwehrstrukturen sind sicher wirksam. Wir finden immer wieder Frauen, die schon auf geringfügige Kontraktionen (gemessen mit dem Wehenschreiber) massive Schmerzreaktionen zeigen und andere Frauen, bei denen relativ starke Wehen registriert wurden, die diese aber noch nicht wahrgenommen haben.*

Dennoch darf die subjektiv erlebte Geburtsdauer hinsichtlich ihres psychologischen Einflusses , insbesondere auf das Geburtserleben (NORR et al., ARESKOG u. a., 1983a) nicht unterschätzt werden.

Eine andere häufige Methode, die Geburtsdauer zu bestimmen, besteht darin, eine klar definierte somatische Gegebenheit als Geburtsbeginn willkürlich festzulegen (z. B. Muttermundweite 2-3 cm oder Geburtsdauer ab Blasensprung). Auf diese Weise ist es aber schwierig, eine unselektierte Zufallspopulation in ein Untersuchungsample zu bekommen, weil die Frauen zu unterschiedlichsten Zeitpunkten in die Klinik zur Aufnahme kommen. Eine andere Schwierigkeit liegt in der oft routinemäßig verabreichten Medikation, die auf ihre Indikation nur schwer zu überprüfen ist. Für eine sinnvolle Herstellung von Zusammenhängen

---

* Ich denke, wir müssen sehr vorsichtig sein, hierfür allein die psychische Struktur der Gebärenden verantwortlich zu machen. Es erscheint unwahrscheinlich, daß organische Faktoren keine Rolle spielen. Dagegen ist eine komplexe Interaktion zwischen physiologischen und psychologischen Gegebenheiten derart denkbar, daß bestimmte organische Gegebenheiten die Ausbildung bestimmter psychischer Strukturen erleichtern (bzw. behindern).

zwischen psychologischen Parametern und dem physiologischen
Geburtsverlauf wäre es daher wünschenswert, in den medizinischen Krankengeschichten Wehenschwäche, Wehendystokie und
die Rigidität des Muttermundes genau aufzuzeichnen. Denn eine
Eröffnung des Muttermundes von 4-5 cm innerhalb von 2 Stunden kann durch einen gleichmäßig voranschreitenden Prozeß
zustandekommen oder auf einer Wehenschwäche oder einer Rigidität des Muttermundes beruhen.

In den letzten 10-15 Jahren sind von der biologisch-somatischen
Medizin äußerst effektive diagnostische und therapeutische Maßnahmen entwickelt worden, Risiken für Mutter und Kind frühzeitig zu erkennen und zu behandeln. So läßt sich aber auch
erklären, daß physische Noxen aufgrund psychologischer Probleme schwerer zu beobachten sind, direkte Zusammenhänge zu
einer protrahierten Geburt oder Wehenschwäche seltener und
daher nicht signifikant zu beobachten sind, weil (zum Glück)
rechtzeitig therapeutische Interventionen einsetzen können.

5.3.2 Neuere Arbeiten zum Problemfeld Angst und geburtshilf-
liche Komplikationen

Dennoch finden wir heute eine Reihe von Arbeiten, die den Einfluß von psychischem Erleben auf den Geburtsverlauf zu
demonstrieren vermögen. Ein eindrucksvolles Beispiel stammt aus
der tierexperimentellen Forschung. MORISHIMA u. a. (1979)
konnten an schwangeren Pavianen zeigen, daß provozierter Stress
und Angst zu vorzeitigen Wehen, Wehendystokien und zu Hypoxie
und Azidose des Fötus führen können. Dieser Befund wird am
Menschen durch eine Arbeit von ENGSTRÖM u. a. (1964) bestätigt. Sie beurteilten das Verhalten der Frauen im Krankenhaus
und während der Entbindung. Dieses wurde mit psychosozialen
Belastungsfaktoren und negativen emotionalen Reaktionen in insgesamt 3 Interviews (2 in der Schwangerschaft, eines im Wochenbett) in Beziehung gesetzt. Sie fanden, daß die Anzahl der negativen emotionalen Reaktionen mit der Häufigkeit von Wehenschwäche bzw. Wehenschwäche gepaart mit kindlicher Asphyxie
zunahm.

Einen anderen Zugang wählten PRILL u. a. (1971), die Frauen
mit kurzer Geburtsdauer (3 Stunden) mit normalgebärenden Frau-
en verglichen. Die Frauen, die schnell entbanden, waren durch
ein geringeres Angstniveau, gemessen mit der Taylor-Manifest
Anxiety Skala, weniger schwangerschaftsspezifischen Ängsten,
einer unbelasteten Sexualvorgeschichte und einem hohen Ausmaß
an Selbstsicherheit gekennzeichnet. Unglücklicherweise leidet
die Arbeit an den schon skizzierten methodischen Problemen,
ebenso, daß die psychologischen Messungen erst post hoc nach

57

der Entbindung vorgenommen wurden. Noch ein anderes Ergebnis der Arbeit von PRILL u. a. (1971) ist bemerkenswert. So geben zwar signifikant mehr Normalgebärende an, daß während der Schwangerschaft Belastungen aufgetreten seien, ein qualitativer Unterschied der Belastungen in den beiden Gruppen konnte aber nicht gefunden werden.

Bei einer Reihe von Untersuchungen, die den Zusammenhang von Angst mit geburtshilflichen Komplikationen und analgetischer und anästhetischer Medikation nachweisen konnte, muß es als Problem betrachtet werden, daß Angst häufig als ein einheitliches Konstrukt behandelt wurde und so erfaßt wurde, als würde es sich um eine homogene Einheit handeln. Mögliche Differenzierungen wurden selten vorgenommen.

STANDLEY u. a. (1979) unternahmen erstmals den Versuch, vorgeburtliche Angst zu differenzieren. Aufgrund der Interviewdaten mit schwangeren Frauen definierten sie 3 Angstdimensionen:

1. Angst vor der Schwangerschaft und der sich nähernden Geburt.

2. Angst bezüglich der Pflege des Kindes und

3. psychiatrische Symptome.

Sie fanden einen signifikanten Zusammenhang zwischen Angst vor der Schwangerschaft und der sich nähernden Geburt, sowie Angst bezüglich der Pflege des Kindes mit verabreichter Anästhesie während der Geburt und der motorischen Reife der Neugeborenen. Signifikante Zusammenhänge zur psychiatrischen Symptomatik konnten nicht gefunden werden. Ein weiteres Ergebnis ihrer Arbeit war, daß ältere, gebildetere Frauen, die eine Geburtsvorbereitung besucht hatten, signifikant weniger Schwangerschafts- und Geburtsängste aufwiesen. In diesem Zusammenhang ist es besonders schade, daß ihre psychologischen Daten nur ein einziges Mal, im letzten Schwangerschaftsmonat erhoben wurden. Dadurch wird nämlich folgende wesentliche Unterscheidung erschwert:
Haben die Frauen aufgrund ihrer geringen Angst eine Geburtsvorbereitung besucht,* oder ist Geburtsvorbereitung imstande, Angst zu reduzieren. (Dieser Parameter wird später noch ausführlich besprochen werden). In einer Reihe von Arbeiten wurde

---

* (was unwahrscheinlich ist - die dürfte eher mit ihrem höheren Alter und der höheren Bildung zusammenhängen, wie viele, auch eigene Arbeiten (PAVELKA u. a., 1980, RINGLER u. a., 1984) zeigen.

mütterliche Angst auch mit der gravierendsten geburtshilflichen
Komplikation, nämlich dem intrauterinen Fruchttod und Totgeburt in Zusammenhang gebracht (LAUKARAN & VAN DEN BERG,
1980, DAVIDS & DE VAULT, 1962, MCDONALD, 1968). MYERS
(1979) referiert Arbeiten, bei denen der Einfluß von experimentell provoziertem Stress an schwangeren Affenmüttern auf
den arteriellen Sauerstoffgehalt der Feten demonstriert wird.
Psychischer Stress führt beim schwangeren Tier zu einer verringerten Sauerstoffversorgung des Feten als Folge der Konstrik-
tion der uterinen Blutgefäße und einem reduzierten mütterlichen
Blutzufluß zur Plazenta. Dies ist mit Veränderungen der fetalen
Herzaktion verbunden. So, wie provozierter psychischer Stress
die fetale Herzaktion zu reduzieren vermag, wird diese bei einem
positiven Reiz, z. B. der Lieblingsmusik der Mutter) erhöht
(SONTAG u. a., 1969). MYERS (1979) kommt nach einem weiten
Überblick zu dem Schluß, daß psychologischer oder medikamen-
töser Stress, sowie darauf folgende psychophysiologische Veränderungen, auch beim menschlichen Fetus zu intrauteriner
Asphyxie und Totgeburt führen können. Die geburtshilflich-
psychophysiologischen Arbeiten (SONTAG, 1941, MYERS, 1979,
MORISHIMA u. a., 1979) demonstrieren fetale und mütterliche
Veränderungen durch experimentell provozierten Stress. Bei
diesen experimentell provozierten Stressreizen handelte es sich
immer um Reize, die in ihrer Einwirkungsdauer begrenzt waren
(1 Min. - 20 Min.). Sie können uns also bestenfalls Hinweise auf

a) die Auswirkungen von Dauerstress und

b) die Konsequenzen angstauslösender Reize, die nicht behandelt
werden können, liefern.

MORRIS (1983) untersuchte 80 verheiratete europäische Frauen
mit dem Spielberger Angstfragebogen:

a) bei der Aufnahme zu Beginn der Geburt

b) bei einer Muttermundweite von 5 cm

c) zu Beginn der Austreibungsphase

d) 20 Min. nach der Geburt des Kindes.

Sie fassen die Ergebnisse zusammen:

1) Angst wächst stetig zwischen Geburtsbeginn, Eröffnung des
Muttermundes auf 5 cm und voller Eröffnung. 20 Min. nach
der Geburt fallen die Angstwerte dramatisch ab.

2) Geburtseinleitung war nicht mit erhöhten Angstwerten ver-

bunden. Er führt dies darauf zurück, daß die Frauen sorgfältig informiert wurden, warum eine Einleitung als notwendig
erachtet wurde.

3) Es fanden sich keine Hinweise, daß Angst dazu beiträgt, daß
die Geburt eingeleitet werden muß.

4) Die Verwendung von Syntocinon war nicht mit erhöhten Angstwerten verbunden.

5) Frauen, die sich in der Folge zu einer Epiduralanästhesie ent-
schlossen, wiesen zu Beginn höhere Angstwerte auf. Daraus
schließt MORRIS (1983), daß wenn es gelänge, Angst in der
Schwangerschaft zu reduzieren, die Häufigkeit von Epidural-
anästhesien gesenkt werden könne.

6) Wurde die Epiduralanästhesie vor der Eröffnung des Muttermundes auf 5 cm begonnen, dann sank die Angst dieser Frau-
en signifikant ab. D. h., daß Epiduralanästhesie eine angstreduzierende Wirkung hat.

7) Mußte einer Frau unter der Geburt mitgeteilt werden, daß ein
Kaiserschnitt nötig sei, so führte dies zu einem traumatischen
Angstanstieg. Daher fordert er, daß Frauen auch in der kurzen
Zeit, die zwischen der Entscheidung zum Kaiserschnitt und
dem tatsächlichen operativen Eingriff liegt, psychologisch
optimal unterstützt und betreut werden.

In seiner Untersuchung besteht keinerlei Beziehung zwischen
hoher Angst und folgenden geburtshilflichen Komplikationen:

1) Protrahierter Geburt und Wehendystokie

2) Fetal distress

3) eines notwendigen operativen Eingriffs durch Kaiserschnitt
oder

4) den kindlichen Apgarwerten nach der Geburt.

MORRIS (1983) drückt seine Enttäuschung über dieses Ergebnis
aus und meint, daß es eventuell auf methodische Probleme zurückgeführt werden müsse. Diese methodischen Probleme sind
leider aus seiner Darstellung nicht ersichtlich.

GORSUCH & KEY (1974) fanden keine Korrelationen zwischen
geburtshilflichen Komplikationen, Angst und psychosozialem Stress,
wenn dieser schon vor der Schwangerschaft bestand. Wenn sich
hingegen während der Schwangerschaft Angst und psychosozialer

Stress verstärkten, dann war dies signifikant mit Schwanger-
schafts-, Wehen- und Geburtskomplikationen verbunden.

SPIELBERGER & JACOBS (1979) kommen in ihrer sehr sorg-
fältigen Analyse zu dem Schluß, daß Angst eine wichtige Rolle
in der Ätiologie geburtshilflicher Komplikationen spiele.

In einer eigenen Untersuchung (RINGLER u. a., 1981a) konnten
wir Verlaufsformen von schwangerschafts- und geburtsspezi-
fischen Ängsten gemessen mit dem Spielberger State-Trait-
Angstfragebogen und dem Geburtsangstfragebogen demonstrieren.
Dabei geht eine signifikante Reduktion dieser Ängste im Verlauf
des 3. Trimenons (aufgrund einer verhaltenstherapeutischen Geburtsvorbereitung) mit einer signifikant kürzeren Preßperiode
(ROEMER u. a., 1977) einher.

5.3.3 Schlußfolgerungen

Wie immer wieder angeklungen ist, müßte in zukünftigen For-
schungsarbeiten verstärkter Wert auf Verlaufsanalysen gelegt
werden. D. h., Angst und psychosozialer Stress sollten während
der Schwangerschaft mindestens 3 mal erhoben werden. Auf diese
Weise wäre es möglich, nicht nur Einblick in spezifische Schwangerschaftsängste zu bekommen, sondern vielmehr ihre normalen und
pathologischen Verlaufsformen kennenzulernen und ihre Zusammenhänge zu geburtshilflichen Komplikationen (SRABSTEIN u. a.,
1978). Einige Arbeiten weisen darauf hin, daß sowohl die Qualität der belastend erlebten Ereignisse (GORSUCH & KEY, 1974,
PRILL u. a., 1971, SPIELBERGER & JACOBS, 1979), aber auch
der subjektiv erlebte Angstanstieg während der Schwangerschaft und Geburt (MYERS, 1979, MORISHIMA u. a., 1979,
GORSUCH & KEY, 1974) eine wesentliche Rolle spielen, wobei
schwangerschafts- und geburtsspezifische Ängste in ihrem Verlauf während der Schwangerschaft besonders bedeutsam sein
dürften. (STANDLEY u. a., 1978, RINGLER u. a., 1981).

Werden diesen Forderungen stärker als bisher von psychologischer
Seite nachgekommen, so wird dieses Bemühen nur dann zielführend sein, wenn auch die geburtshilfliche Dokumentation entsprechende Standards einhält, also Geburtsverläufe genau auf-
zeichnet und möglichst viele verschiedene, gutdefinierte Parameter gleichzeitig verwendet. Dennoch dürfen diese Forschungs-
vorhaben niemals die Bedürfnisse der Gebärenden vernachläs-
sigen und selbst iatrogen zu Störfaktoren werden.

6. GEBURTSANGST

Unter Geburtsangst verstehe ich allein jene Ängste, die sich
vor, während und nach der Schwangerschaft auf den Akt der
Entbindung, die Geburt des Kindes, also eben den Geburtsvorgang beziehen. Ich möchte sie von Schwangerschaftsängsten
ebenso deutlich abgrenzen, wie von Ängsten, die sich auf die
spätere Elternrolle beziehen. Es ist unwahrscheinlich, daß diese
drei genannten Angstdimensionen voneinander unabhängig sind.
Dennoch ist eine Vermischung der 3 Bereiche wenig sinnvoll,
wenn wir die Phänomenologie und den Einfluß dieser Ängste
besser verstehen möchten. Im Gegensatz zu Schwangerschaftsängsten, denen ein gewisses Odium anhaftet, da sie nicht in
das sozial zulässige positive Bild einer Schwangerschaft passen,
werden Ängste vor der Geburt allgemein akzeptiert. Roemer
(1967, S. 636) meint sogar, daß es keine Frau gäbe, die
emotional unbelastet der Geburt ihres ersten Kindes entgegen-
sieht. Dagegen ist Mayer (Zit. n. ROEMER, 1967) der Ansicht,
daß es junge und unbefangene Erstgebärende gäbe, die aufgrund ihrer Unerfahrenheit gänzlich angstfrei entbinden würden.

6.1 Häufigkeit von Geburtsängsten

Nach Lukeschs Übersicht (1981) schwankt die Häufigkeit von Geburtsängsten zwischen 35% und 75% aller Gebärenden. Er selbst
gibt zu bedenken, daß Geburtsangst aber in all diesen Untersuchungen noch sehr global erfaßt wurde, angstauslösende
Situationen nicht detailliert befragt wurden. WENDERLEIN (1977)
ermittelte, daß 24% der von ihm Befragten unter starker Angst
vor der Entbindung gelitten haben. Von 42% der Frauen wurde
mäßige Angst eingestanden. Allerdings interviewte er schwangere
Frauen und Wöchnerinnen, also unterschiedliche Patientenpopulationen,da unserer Erfahrung nach der Meßzeitpunkt eine wichtige Einflußvariable darstellt (RINGLER & PAVELKA, 1982). In
einem unstrukturierten, also offenen Interview identifizierten
ARESKOG u. a. (1981) 23% der Schwangeren einer Zufallspopulation als geburtsängstlich. 6% davon zeigten Geburtsangst in
einem solchen Ausmaß, daß sie in ihren täglichen Lebensvoll-
zügen und Wohlbefinden beeinträchtigt waren. Die übrigen 17%
gaben Angst vor der Geburt an, ohne beeinträchtigt zu sein.

In den Folgeuntersuchungen (ARESKOG u. a., 1982, 1983 a,b)
wurden aber dann durch einen zusätzlichen Fragebogen 67% der
Erstgebärenden und 49% der Mehrgebärenden als unter vorgeburtlicher Geburtsangst leidend, diagnostiziert.

LIGHT & FENSTER (1974) befragten 202 Wöchnerinnen mittels
eines Fragebogens, worüber sie sich in der Schwangerschaft
Sorgen gemacht hätten.

Folgende Ergebnisse sind in diesem Zusammenhang erwähnens-
wert: Sorgen bezüglich der Schmerzen bei der Geburt sind
häufiger bei Frauen (a) mit niedrigerem Bildungsniveau und
(b) Erstgebärenden. 87% aller Wöchnerinnen gaben an, sich
wegen der Gesundheit des Babys gesorgt zu haben. In der
Studie von ARESKOG u. a. (1982) wurde nach den in Tabelle 1
dargestellten Ängsten gefragt.

Tab. 1: Häufigkeit der Zustimmung im Geburtsangstfragebogen
von ARESKOG u. a. (1982) in % (N = 139).

1. Ich habe oft Schwierigkeiten, mich zu entspannen,
weil ich an die Geburt denken mußte .   7%

2. Ich würde einen Kaiserschnitt einer normalen Geburt vorziehen.   9%

3. Ich habe Angst, daß ich während der Geburt in
unkontrollierter Weise schreien werde.   6%

4. Ich habe Angst, daß es mich bei der Geburt zerreißt.   35%

5. Ich habe Alpträume wegen der Geburt.   9%

6. Manchmal glaube ich, daß ich während der Geburt
sterben werde.   14%

7. Ich habe Angst, bei der Geburt die Kontrolle zu
verlieren.   17%

8. Ich habe Angst vor schmerzhaften Injektionen und
Stichen bei der Geburt.   21%

9. Ich habe mich schon immer vor der Geburt gefürchtet.   10%

10. Ich habe Angst, bei der Geburt panisch zu werden.   14%

11. Ich habe Angst, das Kind könnte bei der Geburt verletzt werden oder sterben.   60%

12. Ich habe Angst, die Hebamme wird bei der Geburt
    für mich nicht genügend Zeit haben.   20%

13. Manchmal frage ich mich, ob mein Kind so groß wird,
    daß es steckenbleibt und nicht herauskommen kann.   14%

14. Ich habe Angst, daß ich bei der Geburt nicht mit-
    helfen kann.   25%

15. Ich habe Angst, daß ich mein Kind nicht gleich
    lieben kann, wenn die Geburt schwierig sein sollte.   8%

16. Die Geburt ist eine positive Erfahrung (Verneinung)   9%

17. Manchmal denke ich, die Geburt ist etwas Unnatür-
    liches.   6%

18. Ich habe Angst, daß die Hebamme nicht ordentlich
    auf mich aufpaßt.   12%

19. Ich habe Angst, daß mein Kind behindert sein könnte. 71%

Die Bedeutung dieser Ergebnisse liegen darin, daß

a) Schwangere, nicht Wöchnerinnen

b) zum gleichen Untersuchungszeitpunkt (31-33 Schwangerschaftswoche)

c) es sich dabei um eine Zufallspopulation handelt und

d) das Ereignis Geburt bereits in Einzelsituationen differenziert
   wird.

In einer eigenen Untersuchung (RINGLER, unpubliziert) fanden
sich bei Frauen und ihren Männern, die eine gemeinsame Geburtsvorbereitung besucht haben, folgende Häufigkeiten, die in
Tab. 2 und Tab. 3 wiedergegeben sind.

Tab. 2: Häufigkeiten von offen eingestandener Angst im Geburtsangstfragebogen von RINGLER bei schwangeren Frauen,
die im letzten Trimenon eine Geburtsvorbereitung besucht haben
(N = 92).

Tab. 3: Häufigkeiten von offen eingestandener Angst im Geburtsangstfragebogen von RINGLER, bei werdenden Vätern, die
im letzten Trimenon eine Partnervorbereitung besucht haben
(N = 85).

Die Häufigkeiten von Geburtsängsten ist also enorm, wobei bereits deutlich wird, daß verschiedene Aspekte und Situationen, Items genannt, unterschiedlich häufig angstauslösend wirken.

Die Schlußfolgerungen, die wir daraus ziehen müssen sind folgende:

1) Ein gewisses Ausmaß an Geburtsängsten muß schon aufgrund der Häufigkeit als normal betrachtet werden (auch hat die Angst vor einem behinderten Kind sehr reale Aspekte).*

2) Es ist notwendig, Geburtsangst hinsichtlich ihrer quantitativen und qualitativen Eigenschaften näher zu untersuchen, um eventuelle Zusammenhänge zu Geburtskomplikationen bestimmen zu können.

3) Erst dadurch wird es möglich (eine) eventuelle Risikopopulation(en) frühzeitig zu erkennen und zielorientierte therapeutische Hilfen anzubieten.

4) Eine mögliche Selektion von Risikogruppen, die auf situationsspezifischen Kriterien beruht, vermeidet eine Etikettierung der betroffenen Frauen als (a) psychopathologische und (b) wird die problemorientierte Hilfe eher akzeptiert werden können.

---

* im Gegenteil, es scheint fraglich "was mit jenen Eltern los ist", die sich davor nicht fürchten.

Tab. 2: Beantwortung der Einzelitems des GAF-Geburtsangst-
fragebogens von Frauen, die eine Geburtsvorbereitung
besucht haben (Häufigkeit in %).

N = 92 Ich habe Angst (da-)vor	überhaupt nicht	wenig	deutlich	stark	sehr stark
1. der Geburt	32	48	14	4	1
2. den Wehen	25	49	21	4	–
3. möglichen Komplikationen	15	47	23	8	7
4. daß die Geburt lange dauern könnte	24	49	18	8	1
5. bei der Geburt zu sterben	74	18	4	3	–
6. starken Schmerzen	21	53	21	4	1
7. eine Narkose zu bekommen	57	26	5	7	5
8. in einer fremden Umgebung allein zu sein	43	25	18	4	10
9. von fremden Menschen angesehen und untersucht zu werden	64	23	7	3	3
10. im Spital zu liegen	62	25	4	3	5
11. etwas falsch zu machen	38	49	10	2	–
12. anderen Gebärenden zusehen und zuhören zu müssen	53	30	11	4	1
13. daß mein Körper durch den Geburtsvorgang Schaden erleidet ..	55	35	7	2	1
14. daß man grob mit mir umgehen könnte	46	35	9	7	3
15. daß die Geburt nicht normal verlaufen könnte	18	52	18	8	3
16. daß mein Kind bei der Geburt verletzt wird....................	20	46	14	13	8
17. schlecht behandelt zu werden	52	34	9	4	–
18. einem vorzeitigen Blasensprung...	53	38	5	2	1
19. einem Kaiserschnitt	36	35	14	9	7
20. einer Zangengeburt	22	31	23	16	8
21. einer möglichen Steißlage........	33	29	16	13	9
22. starken Blutungen	43	39	7	9	2
23. der Nachgeburt.................	78	21	1	–	–

	überhaupt nicht	wenig	deutlich	stark	sehr stark
24. dem Durchtritt des kindlichen Kopfes ...	59	26	10	3	1
25. ein totes Kind zu bekommen	27	33	17	9	15
26. bei der Geburt häßlich zu sein	79	17	2	-	1
27. mich während der Geburt nicht beherrschen zu können	52	35	8	5	-
28. schreien oder weinen zu müssen	53	38	5	3	-
29. ein behindertes Kind zu gebären	16	31	23	10	20
30. fachlichen Fehlern des Geburtshelfers ..	43	8	39	7	3
31. der Situation nicht enfliehen zu können .	53	4	36	5	1
32. den Preßwehen	42	14	40	4	-
33. einen Einlauf zu bekommen	53	13	27	2	5
34. kraftlos, erschöpft zu werden	39	15	41	4	-
35. daß die Wehen ausbleiben	51	32	10	7	1
36. der Ungewißheit was passieren wird	40	18	31	9	3
37. mich Anordnungen fügen zu müssen, hilflos zu sein	47	14	30	7	2
38. direkte Anweisungen nicht befolgen zu können...............................	50	15	34	1	-
39. der zunehmenden Häufigkeit und Stärke der Wehen	37	14	45	3	1
40. den körperlichen Veränderungen	63	7	26	3	1
41. die Übungen, die ich in der Geburtsvorbereitung gelernt habe, nicht einsetzen zu können	44	11	38	3	2
42. der Ungewißheit wie lange die Geburt dauert	34	18	45	3	-
43. daß ich die Vorgänge in meinem Körper nicht beeinflussen kann	49	15	34	2	-
44. einem Dammschnitt	36	14	31	11	8
45. möglichen Folgeerscheinungen	34	15	41	5	4
46. meine Sorge nicht ausdrücken zu können	53	8	36	2	1
47. nicht verstanden zu werden	47	10	38	3	1
48. mich kritisiert zu fühlen	56	11	30	2	1
49. daß ich die Auswirkungen dieses Ereignisses gar nicht abschätzen kann	59	32	4	3	1
50. an intimen Körperteilen berührt zu werden	78	5	16	1	-
51. der Rasur der Schamhaare	73	2	19	3	3

Tab. 3: Beantwortung der Einzelitems des GAF-Geburtsangst-
fragebogens von Männern, die eine Geburtsvorbereitung
besucht haben (Häufigkeit in %).
N = 85

Ich habe Angst (da-) vor	überhaupt nicht	wenig	deutlich	stark	sehr stark
1. der Geburt	48	49	2	—	—
2. den Wehen	53	43	2	1	—
3. möglichen Komplikationen	16	58	18	6	2
4. daß die Geburt lange dauern könnte ..	30	39	11	2	—
5. daß meine Frau bei der Geburt sterben könnte	49	27	2	2	—
6. daß meine Frau starke Schmerzen hat und leidet	14	40	19	13	2
7. in einer fremden Umgebung mit ihr allein zu sein	88	10	1	1	—
8. daß meine Frau von fremden Menschen angesehen und untersucht wird	86	14	—	—	—
9. etwas falsch zu machen	37	51	10	2	—
10. daß mein Kind bei der Geburt verletzt wird	35	48	15	2	—
11. schlecht behandelt zu werden	62	16	4	2	—
12. einem vorzeitigen Blasensprung	50	38	10	2	—
13. dem Durchtritt des kindlichen Kopfes .	70	25	5	—	—
14. ein totes Kind zu bekommen	46	33	13	4	2
15. fachlichen Fehlern des Geburtshelfers .	54	33	6	5	—
16. der Ungewißheit was passieren wird ...	42	43	13	1	—
17. mich Anordnungen fügen zu müssen	87	11	2	—	—
18. mögliche Folgeerscheinungen	52	37	10	1	—
19. meine Sorgen nicht ausdrücken zu dürfen	83	14	2	—	—
20. mich kritisiert zu fühlen	88	10	1	1	—
21. daß ich die Auswirkungen dieses Ereignisses gar nicht abschätzen kann......	62	25	11	2	—
22. mit meiner Frau im Kreißsaal allein zu sein	92	5	2	1	—
23. daß ich unerwünscht bin	81	16	2	—	—
24. daß ich zusehen muß, wie meine Frau leidet	35	41	19	4	1
25. hilflos zu sein	48	36	12	5	—

Ich habe Angst (da-)vor

	überhaupt nicht	wenig	deutlich	stark	sehr stark
26. nicht helfen zu können	38	29	12	7	1
27. die Geburt unappetitlich zu empfinden	77	19	2	1	–
28. weggeschickt zu werden	78	17	4	1	–
29. das alles nicht aushalten zu können...	70	25	2	2	–
30. Blut zu sehen	84	14	1	–	–
31. ohnmächtig zu werden	87	11	1	1	–
32. mich überflüssig zu fühlen	71	23	4	2	–
33. vor Ärzten und anderen Betreuungs-personen	94	5	1	–	–
34. dem Geschehen ausgeliefert zu sein ..	60	32	6	2	–
35. mich ungeschickt anzustellen	55	38	5	2	–
36. Folgen für die Beziehung zu meiner Frau	86	13	1	–	–
37. die Vorgänge nicht beeinflussen zu können	51	39	7	1	–
38. selber zu leiden	77	20	1	1	–
39. möglichem Ekel	83	16	1	–	–
40. nicht so gut unterstützen zu können, wie ich sollte	35	45	15	5	–
41. vor Schuldgefühlen	84	15	1	–	–
42. ihr nichts abnehmen zu können	48	41	7	4	–
43. bei der Geburt zuzusehen	86	13	1	–	–
44. zu denken, daß ich das meiner Frau angetan habe	91	5	4	–	–
45. der Situation nicht entfliehen zu können	86	8	2	2	–
46. Kaiserschnitt oder Zangengeburt	19	48	26	7	–
47. dem Dammschnitt	54	40	2	2	1
48. zuzusehen	84	14	1	1	–
49. die Übungen, die ich in der Geburts-vorbereitung gelernt habe, nicht ein-setzen zu können	57	30	11	–	–

6.2 Die Erfassung von Geburtsängsten und ihre Inhalte

Im Fragebogen zur Einstellung zu Schwangerschaft, Sexualität
und Geburt von LUKESCH & LUKESCH (1976) wird Geburtsangst und Verletzungsangst noch sehr global beschrieben. Die
Items sind redundant und beziehen sich ausschließlich auf
Schmerzhaftigkeit, Komplikationen, allgemeine Ängstlichkeit,
sowie Verletzungen des Kindes aufgrund des Geburtsvorganges
durch die Mutter. Auch sind sie in der unpersönlichen ("man")
Rede gestellt (z. B. komplizierte Geburten sind häufiger als
man denkt; alle Frauen haben große Angst vor der Geburt).
Bei derartigen Formulierungen kann (a) das persönliche Erleben ausgeklammert werden und (b) steht dahinter die problematische Annahme, daß die Wirklichkeit so wahrgenommen wird,
wie man sich selbst erlebt, d. h. daß eigenes Denken und Empfinden auf die Umwelt projiziert wird. Dies trifft aber sicher
nur für eher gestörte Persönlichkeiten zu. (c) wird ein un-
nötiger Widerstand beim Befragten provoziert. Insbesondere intelligente und differenzierte Frauen lehnen sich meiner Erfahrung
nach gegen eine solche Art der Befragung auf. Daher sind
Fragenformulierungen, die sich direkt an die befragte Person
wenden, vorzuziehen. Selbstverständlich müssen (und werden)
sie nicht immer wahrheitsgetreu beantwortet. Geburtsangst sollte
daher durch Interviews und Gespräche, und/oder persönlich
formulierte Fragebögen erfaßt werden. Meiner Erfahrung nach
fühlen sich die Frauen von der Thematik so angesprochen, daß
Verweigerungen ganz selten sind. Die zwei Verweigerer, die ich
selbst erlebt habe (ein Mann und eine Frau), argumentierten
beide gleich, nämlich daß sie durch den Fragebogen mit angstauslösenden Inhalten konfrontiert würden (die sie sonst ver-
drängen könnten). Der männliche Verweigerer (ein werdender
Vater) erklärte nach einiger Zeit (er besuchte eine Geburtsvorbereitung) spontan, den Fragebogen nun doch ausfüllen zu
wollen.

Ein weiteres Problem stellt der Meßzeitpunkt dar. Es ist keineswegs gleichgültig, zu welchem Zeitpunkt der Schwangerschaft
ein Fragebogen vorgegeben wird. So fanden wir in einer eigenen
Untersuchung (RINGLER & PAVELKA, 1982) zwar eine konstante
Faktorenstruktur der Geburtsangst, aber die Wertigkeit der Faktoren veränderte sich im Laufe der Schwangerschaft.

Neuere verhaltenstherapeutisch orientierte Untersuchungen (HAAS,
1975, ZETTLER & MÜLLER-STAFFELSTEIN, 1977, PAVELKA u. a.,
1980) haben die Geburtssituation hinsichtlich der zum Geschehen
beitragenden Elemente untersucht. HAAS (1975) unterschied
zwischen 61 verschiedenen Situationen (z. B. von Fremden

halbnackt gesehen zu werden, dem ersten Anblick des Kindes,
Abfahrt von zu Hause in die Klinik usw.) ZETTLER & MÜLLER-
STAFFELSTEIN führten 39 Items an. (z. B. Verlust der Selbst-
kontrolle, Gefühl der Ausweglosigkeit, Gerüche von Medikamenten
usw.).

Die erste Fassung des Geburtsangstfragebogens von RINGLER
(PAVELKA u. a., 1980) enthält 29 Items und einige Leerfelder
für nicht angeführte Situationen. Er ist im Anhang dargestellt.
Die Items werden auf einer fünfstufigen Skala hinsichtlich ihrer
angstauslösenden Qualität (1 - überhaupt nicht, 5 -sehr stark)
befragt. Die Neufassung dieses Geburtsangstfragebogens enthält jetzt 51 Items für Frauen und 49 Items für Männer. Diese
sind aus den Tab. 2 und 3 ersichtlich. Die Faktorenanalyse der
Erstfassung (RINGLER & PAVELKA, 1982), siehe Tab. 4 und 5,
ergab 6 Faktoren der Geburtsangst. Geburtsangst bei
schwangeren Frauen ist demnach durch (1) Verletzungsangst
(selbst verletzt zu werden, oder daß das Kind verletzt würde),
(2) Angst vor Geburtskomplikationen, (3) Angst, dem Geschehen
ausgeliefert zu sein, (4) Angst vor der Geburtsarbeit und den
körperlichen Begleiterscheinungen, (5) Angst, die Kontrolle zu
verlieren und (6) Angst vor dem Unbekannten erklärbar. Wie
schon erwähnt, ändert sich die Wertigkeit der Faktoren in den
letzten 3 Schwangerschaftsmonaten. Verletzungsangst ist der
wichtigste Faktor 12 Wochen vor der Geburt (er erklärt 62% der
Varianz), während knapp vor der Geburt die Angst vor der Geburtsarbeit und ihren körperlichen Begleiterscheinungen diese
Stelle einnimmt (64% der Varianz werden erklärt) und Verletzungsangst zum dritten Platz absinkt. Eine ostdeutsche Studie konnte
diese Ergebnisse weitgehend replizieren (DRESCHER, persönl.
Mitteilg., 1983).

Die Faktorenstruktur der überarbeiteten Neufassung, die insbesondere auf geburtsbedingte Folgeängste (Angst vor möglichen
Folgeerscheinungen, daß ich die Auswirkungen dieses Ereignisses gar nicht abschätzen kann, usw.) einzugehen bemüht war,
unterscheidet sich nur unwesentlich (RINGLER, in Bearbeitung).
Nochmals erwähnt sei hier die schon ausführlich dargestellte Arbeit von ARESKOG u. a. (1982), deren Inhalte (siehe Tab. 1)
sich vielfach mit meiner eigenen Arbeit decken.

ARESKOG u. a. (1983 b) untersuchten die Hintergrundfaktoren
von Geburtsangst. Sie fanden, daß Frauen mit hoher Geburtsangst mehr (a) negative Lebenserfahrungen aufwiesen (b) mehr
negative sexuelle Erfahrungen, (c) mehr negative Kindheitser-
lebnisse, (d) größere Angst vor Schmerzen hatten.

Tabelle 4:
ERGEBNISSE DES GEBURTSFRAGEBOGENS NACH RINGLER,
Faktoren der Geburtsangst, ihre Gewichtung 12 Wochen vor der Geburt (Zeitpunkt 1) und wenige
Tage vor dem Geburtstermin (Zeitpunkt 2)

FAKTOREN/BENENNUNG	ZEITPUNKT 1			ZEITPUNKT 2		
	Ordnungszahl	Eigenvalue	% d. Varianz	Ordnungszahl	Eigenvalue	% d. Varianz
Verletzungsangst	1	11.21670	62.0	3	1.65802	8.8
Angst vor Geburtskomplikationen	2	2.18482	12.1	4	1.37350	7.3
Angst dem Geschehen ausgeliefert zu sein	3	1.69397	9.4	2	1.90135	10.1
Angst vor der Geburtsarbeit u. körperlichen Begleiterscheinungen	4	1.13524	6.3	1	12.06013	64.0
Angst, die Kontrolle zu verlieren	5	1.03283	5.7	5	1.05409	5.6
Angst vor dem Unbekannten	6	0.81480	4,5	6	0.80405	4.3

Tabelle 5:

Items, aus welchen sich die 6 Faktoren der Geburtsangst zu-
sammensetzen, sowie deren Gewichtung ("Ladung") zu zwei
verschiedenen Zeitpunkten vor der Geburt

T_1 = 12 Wochen vor dem Geburtstermin

T_2 = wenige Tage vor dem Geburtstermin

Nicht gekennzeichnete Items "laden" 0.40 in dem betreffenden
Faktor.

* diese Items laden 0.70 in dem betreffenden Faktor

\+ diese Items laden 0.40 zu diesem Zeitpunkt im betreffenden
Faktor

VERLETZUNGSANGST

T_1	T_2	Item
*		daß die Geburt nicht normal verlaufen könnte
*	+	bei der Geburt zu sterben
*		daß mein Kind bei der Geburt verletzt wird
		fachliche Fehler des Geburtshelfers
	*	ein behindertes Kind zu gebären
	*	mögliche Komplikationen
		ein totes Kind zu gebären
		schlecht behandelt zu werden
		in fremder Umgebung allein zu sein

ANGST VOR GEBURTSKOMPLIKATIONEN

T_1	T_2	Item
*	*	Zangengeburt
*	*	mögliche Steißlage
		Kaiserschnitt
		starke Blutungen
	+	totes Kind

ANGST DEM GESCHEHEN AUSGELIEFERT ZU SEIN

T_1	T_2	Item
*		daß man grob mit mir umgehen könnte
	*	anderen Gebärenden zusehen und zuhören zu müssen
		schlecht behandelt zu werden
		vorzeitiger Blasensprung
	+	daß die Geburt lange dauern könnte
		fachlichen Fehlern des Geburtshelfers
+		von fremden Menschen angesehen und untersucht zu werden
+		Nachgeburt
+		im Spital zu liegen
+		in fremder Umgebung allein zu sein
+		bei der Geburt häßlich zu sein
+		bei der Geburt zu sterben

ANGST VOR DER GEBURTSARBEIT UND KÖRPERLICHEN BEGLEITERSCHEINUNGEN

T_1	T_2	Item
*	*	den Wehen
	*	starke Schmerzen
		daß die Geburt lange dauern könnte
	*	dem Durchtritt des kindlichen Kopfes
	*	der Geburt
	+	Nachgeburt
+		starken Blutungen

ANGST DIE KONTROLLE ZU VERLIEREN

T_1	T_2	Item
*	*	schreien oder weinen zu müssen
*	*	mich während der Geburt nicht beherrschen zu können
	+	vorzeitiger Blasensprung
+		etwas falsch zu machen

ANGST VOR DEM UNBEKANNTEN

T_1	T_2	Item
*	*	eine Narkose zu bekommen
	+	im Spital zu liegen
	+	in fremder Umgebung allein zu sein
	+	von fremden Menschen angesehen und untersucht zu werden

Die Autoren diskutieren aber, daß möglicherweise kein ursächlicher Zusammenhang besteht, dagegen geburtsängstliche Frau-
en negative Erinnerungen einschließlich der Geburt eher erinnern, wohingegen Frauen, die nicht an Geburtsangst leiden,
negative Erinnerungen und Erzählungen von Geburtstraumen
eher als irrelevant betrachten.

6.3 Auswirkungen von Geburtsangst

Untersuchungen, die sich mit situationsspezifischer Geburtsangst
befassen, sind noch rar. Da die meisten Arbeiten, die auf situationsspezifische Geburtsangst eingehen, im Zusammenhang mit
der Evaluation geburtsvorbereitender Maßnahmen entstanden
sind, müssen solche Ergebnisse vorsichtig beurteilt werden,
wenngleich sie imstande sind, Hinweise zu liefern.

Nach der Untersuchung von ARESKOG u. a. (1982), bei der
keine Überprüfung von Geburtsvorbereitung involviert war, hat
Geburtsangst einen signifikanten Einfluß auf das Geburtserleben.
Frauen mit einem hohen Ausmaß an vorgeburtlicher Geburtsangst
erlebten die Geburt signifikant negativer und hatten später
Schwierigkeiten in der Beziehung zu ihren Kindern unmittelbar
nach der Geburt. ZETTLER & MÜLLER-STAFFELSTEIN (1977)
und unsere eigene Arbeit (PAVELKA u. a., 1980) fanden ebenfalls, daß geringere situative Geburtsangst mit einem positiveren
Geburtserleben verbunden war.

Die Auswirkungen auf geburtshilfliche Komplikationen sind weniger gut belegbar, wenngleich der Unterschied in der Sectio-
frequenz bei ARESKOG u. a. (1983a) 8% bei den als nicht ängstlich eingestuften Frauen betrug und 17% bei den vorgeburtlich
ängstlichen. Situative Angst hatte eine negative Wirkung auf den
physiologischen Status des Kindes (Blutgaswerte) bei ZETTLER &
MÜLLER-STAFFELSTEIN (1977).

Die physiologischen Arbeiten leiden vielfach daran, daß vorgeburtliche Geburtsangst meist kurz vor der Geburt, nicht aber
während der Geburt gemessen wurde. Hier scheinen die endokrinologischen Forscher weniger Skrupel als die Psychologen zu
haben, die Frauen in der Situation Geburt , Fragebögen ausfüllen lassen.

Die Ergebnisse der Arbeiten, die in Kapitel 5, Abschn. 2 u. 3
besprochen sind, sprechen aber für einen negativen Einfluß
situationsspezifischer Angst (MORISHIMA u. a., 1979). Derzeit
fehlen Arbeiten, die vorgeburtliche Geburtsangst und tatsächlich
bei der Geburt aufgetretene Angst vergleichen. RINGLER u. a.

(1981a) haben dies retrospektiv zu erfassen versucht und es zeigte sich, daß Frauen, deren Angst bis knapp vor der Geburt signifikant gestiegen war, dann auch während der Geburt signifikant häufiger Angst erlebten. Bei diesen Frauen fanden wir auch eine signifikant längere Preßperiode, ebenso eine Tendenz zu vermehrter operativer Geburtsbeendigung (PAVELKA u. a., 1980).

Die Ergebnisse weisen also darauf hin, daß Geburtsangst, wenn sie situationsspezifisch gemessen wird, negative physiologische und psychologische Auswirkungen hat. Diese betreffen die Schwangerschaft,* die Geburt und die Mutter-Kind-Beziehung.

---

* Frauen mit EPH-Gestose haben meiner Erfahrung nach Geburtsängste, und zwar oft schon vor dem Auftreten der EPH-Gestose (RINGLER, 1983a).

7. GEBURTSSCHMERZEN

Die Angst, bei der Geburt Schmerzen zu leiden und selbst verletzt zu werden, spielen eine bedeutende Rolle in der Ätiologie
von Geburtsängsten (RINGLER & PAVELKA, 1982, ARESKOG
u. a., 1982, 1983a, b).

Ich habe dies im vorangegangenen Kapitel zur Geburtsangst dargestellt. Die Vorstellung der Geburt als schmerzhaftem Vorgang
ist in unserer Kultur tief verwurzelt. Schmerzen haben eine
wichtige Funkion im menschlichen Organismus. Sie sind ein Warn-
signal, das eine Gefährdung anzeigt und die betroffene Person
motiviert, Gegenmaßnahmen zu ergreifen, z. B. einen Arzt auf-
zusuchen. Schmerz wird neuerdings nicht mehr als einfaches
neurophysiologisches Signal betrachtet, sondern als komplexes
psychophysiologisches Phänomen, mit vielen untereinander zusammenhängenden Parametern, über die wir nur wenig wissen
(TURSKY u. a., 1982). An psychologischen Einflußparametern
sind kulturelle Einflüsse, Einflüsse sozialer Modelle, Persön-
lichkeitsfaktoren und instrumentelles Verhalten zu nennen
(TURSKY u. a., 1982). Die individuelle Schmerzwelle korreliert
stark mit emotionalen Variablen (WOLFF, 1980, DAVIES-OSTER-
KAMP, 1977). So sind hohe emotionale Labilität und Ängstlichkeit mit einer verringerten Schmerztoleranz verbunden. Das
Schmerzerleben bedarf einer Reizung der Schmerznerven an einer bestimmten Stelle des Körpers, von wo der Reiz zum Gehirn
weitergeleitet wird. Erst dadurch kann er ins Bewußtsein gelangen. Die Schmerzleitung erfolgt immer in etwa der gleichen
Weise. Das Schmerzerleben dagegen, also das bewußte psychische
Schmerzsubstrat ist individuell verschieden. Es unterliegt dem
individuellen Wahrnehmungsverhalten (LUDERER & BISCHOFF,
1978). Eine vorurteilsfreie Wahrnehmung ist unmöglich. Schmerz
bei der Geburt ist an die Uteruskontraktionen-Wehen* gekoppelt.
(Bereits der deutsche umgangssprachliche Ausdruck beinhaltet
die Schmerzhaftigkeit). Der physiologische Geburtsschmerz ist
also zeitlich gekennzeichnet durch den Rhythmus der uterinen
Kontraktionen. Bei diesen handelt es sich um einen zielorientier-
ten Vorgang (nämlich die Eröffnung des Muttermundes), an dessen

---

* aber im englischen auch "pains"

78

Ende die Geburt des Kindes steht. Aus diesen kurzen Ausführungen wird bereits deutlich, daß es möglich ist, die begleitenden Schmerzempfindungen unterschiedlich zu interpretieren.

Die Schmerzempfindung bei der Geburt kann nämlich auf der kognitiven Ebene auch positiv als zielführende Empfindung umgedeutet werden (diese Wirkung macht sich die Geburtsvorbereitung zunutze bzw. sollte sich jede gute Geburtsvorbereitung zunutze machen).

7.1 Die Häufigkeit von Geburtsschmerzen

MORRIS (1983) berichtet, daß 5% der Frauen der Untersuchungspopulation angaben, keine oder nur sehr geringe Schmerzen bei der Geburt verspürt zu haben. Weiteren 10% bis 20% der Frauen verursacht die Geburt mäßige Schmerzen, die keinerlei Beunruhigung hervorruft. DICK-READ entwickelte seine Gedankengänge aufgrund der seltenen Beobachtung völlig schmerzfrei entbindender Frauen.

In meiner eigenen Praxis sind mir ebenfalls sehr vereinzelt Frauen begegnet, die meinten, daß Schmerz nicht der richtige Ausdruck für das Empfundene sei. Auffällig war, daß diese Frauen deutlich wahrnehmen und fühlen konnten, wie "ihr Muttermund bei jeder Wehe auseinandergezogen wurde." Die Geburten in diesen Fällen waren sehr kurz. Wie MORRIS (1983) feststellt, dürfen uns die wenigen Frauen, die schmerzfrei entbinden, nicht dazu verleiten, Geburtsschmerz als rein psychologisches Phänomen zu betrachten. Weiterhin darf daraus nicht die Forderung abgeleitet werden, daß es den anderen (weniger glücklichen) Frauen ebenso ergehen müsse. Dies führt nämlich dazu, die immer reale subjektive Schmerzempfindung und Schmerzäußerung als "Getue" zu interpretieren und sich in der Folge uneinfühlsam zu verhalten.

Abbildung 1:

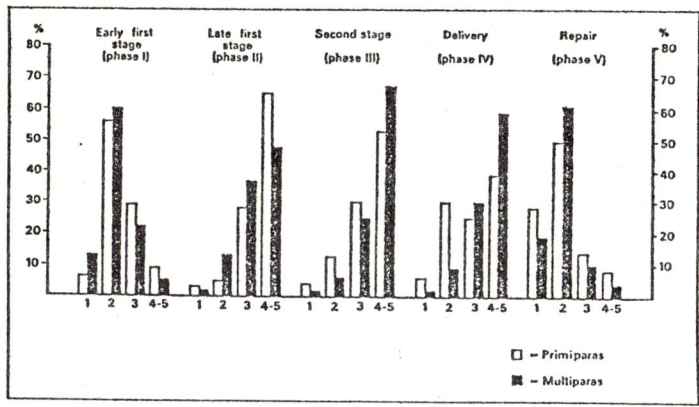

Gradation of pain by primiparous and multiparous patients during the five
phases of labour: (1) no pain; (2) slight pain; (3) moderate pain; (4) severe pain, and (5)
very severe pain.

nach ZADOR u. a., 1975

ZADOR u. a. (1975) untersuchten die Schmerzintensität zu 5
Zeitpunkten (1) in der frühen Eröffnungsperiode (Muttermundweite 5 cm), (2) am Ende der Eröffnungsperiode (Muttermundweite 10 cm), (3) in der Austreibungsperiode, (4) bei der Geburt, (5) 2 1/2 Stunden nach der Geburt. Sie fanden, daß
84% der von ihnen untersuchten Frauen (N=318) angaben, starken oder sehr starken Schmerz während der Geburt empfunden
zu haben. Die höchsten Schmerzintensitäten wurden von verschiedenen Frauen zu verschiedenen Zeitpunkten angegeben
(siehe auch Abb. 1).

In einer eigenen Untersuchung (RINGLER, HUBER, SMEKAL,
REINOLD, 1982) erfragten wir die Intensität des Wehenschmerzes in Relation zum erwarteten Wehenschmerz (Tab. 6).

Tab. 6: Intensität des Wehenschmerzes in Beziehung zum
erwarteten Wehenschmerz (N=80). RINGLER u. a.,
1982.

Wehenschmerz	PP *	MP **
stärker	69%	56%
schwächer	31%	44%

Tab. 6 gibt uns Auskunft, daß weit über die Hälfte der Frau-
en den Wehenschmerz stärker erleben, als sie sich erwartet haben. Interessanterweise sind die Unterschiede zwischen Erst-
und Mehrgebärenden gering (d. h., daß die vorangegangene
Erfahrung einer Geburt nur geringen Einfluß auf die Erwartungs-
haltung gegenüber dem Wehenschmerz hat. Eine mögliche Interpretation wäre die, daß demnach für Erst- und Mehrgebärende
unterschiedliche psychologische Mechanismen verantwortlich sind.
Handelt es sich bei Erstgebärenden wahrscheinlich um ein Er-
fahrungsdefizit, (als meist gesunde junge Frauen haben sie ja
auch aus anderen Körperbereichen kaum Erfahrung mit Schmerzen), so scheinen Mehrgebärende eher zu erwarten, daß die
ihnen ("statistisch") versprochene schnellere Geburt auch mit
geringeren Schmerzen verknüpft sei (was sich dann nicht be-
wahrheitet). MORRIS (1983) stellte zwischen Erst- und Mehrgebärenden erhebliche Unterschiede hinsichtlich Erleben und Erwartung fest. Dies mag entweder auf eine unterschiedliche Geburtsvorbereitung zurückgeführt werden, oder wahrscheinlicher
auf die unklare Definition, worauf sich die Erwartung bezog, die
bei ihm sehr allgemein gehalten wurde als "Erwartung der Entbindung". Mehrgebärende wissen natürlich besser, was auf sie
zukommt. Ich führe dieses Beispiel deswegen an, weil es einmal
mehr die Wichtigkeit präziser problemorientierter Definitionen
verdeutlicht. Aus dem bisher Gesagten ist zu ersehen, daß
Wehenschmerz ein übliches Phänomen ist. Es wird von der Mehrzahl der Frauen, insbesondere Primiparae, stärker als erwartet
erlebt.

---

* PP = Erstgebärende
** MP = Mehrgebärende

7.2 Geburtsschmerz und Angst

Grantley Dick-Read (1933, 1958) wies als erster auf die negativen Begleiterscheinungen von Angst bei der Geburt hin. Sein
Angst-Spannung-Schmerz Paradigma ist aus der geburtshilflichen Geschichtsschreibung, sowie der prophylaktischen Geburtsvorbereitung nicht wegzudenken. LUKAS (1959) hat die
DICK-READ'SCHEN Überlegungen zur Schmerzentstehung in dem
folgenden Bild anschaulich dargestellt.

Abbildung 2:

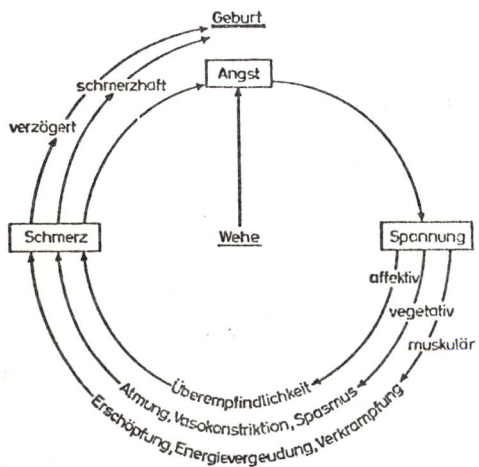

nach LUKAS, 1959, 1976, S. 24

LUKAS (1959, S. 23) billigt der Angst folgenden Stellenwert zu:

1) Die affektive Spannung führt, sobald sie eine bestimmt Höhe
erreicht hat, von sich aus zu einer Beteiligung der vegetativ ver-
sorgten Organe und der willkürlichen Muskulatur, die wiederum
den anatomisch-funktionellen Ausgangspunkt für das Schmerzer-
lebnis im Gehirn bildet.

2) Die Heftigkeit des Schmerzeindrucks wird weitgehend von der Art und Intensität des Affekts bestimmt. (S. 24).

Wie aus der Abbildung ersichtlich, beginnt bei Lukas der negative Kreislauf mit dem Auftreten der Gebärmutterkontraktionen - Wehen.

Die Vorstellung ist dahingehend auszuweiten, als vor der Geburt zwar nicht Schmerz, aber Angst und Spannung bereits durch die Vorstellung der Geburt (d. h. ihre kognitive Repräsentation) erhöht werden. Außerdem ist es nicht nur die Wehe oder ihre Vorstellung in der Fantasie, die Angst hervorzurufen vermag, sondern auch andere mit der Geburt assoziierte Geschehnisse vermögen Angst zu provozieren, wie in den Kapiteln zur Geburtsangst und zur Technik im Kreißsaal demonstriert wird.

ZICHELLA u. a. (zit. n. SPIELBERGER & JACOBS, 1979) fanden, daß Schmerzen und situationsspezifische Angst im Laufe der Geburt ansteigen. Die beiden Variablen waren in regelmäßigen Intervallen von 30-40 Minuten gemessen worden (N=77). ZICHELLA u. a. folgerten, daß der verstärkte Schmerz eher aus der durch Angst erniedrigten Schmerzschwelle resultiere, als von einer tatsächlich vermehrten schmerzhaften Reizung. Auch in der experimentellen Schmerzforschung wird Angst als psychologische Vermittlervariable des Schmerzerlebens identifiziert (BARBER, 1959, MEDERT-DOENSCHEIDT, 1978, DAVIES-OSTERKAMP, 1977) Je ängstlicher oder furchtsamer ein Patient, desto heftiger wird der Schmerz erlebt. Ist er entspannt und fürchtet sich nicht vor der Situation, dann ist der Schmerz weniger heftig. (TURK & GENEST, 1979). Daraus schließen einige Autoren, daß die Angstreduktion allein die Schmerzwahrnehmung verringern könnte BEECHER, 1966, DICK-READ, 1959, LUKAS, 1959). Daraus folgerten manche Anhänger der Psychoprophylaxe, daß kein Schmerz auftreten würde, wenn es gelänge, Angst zu eliminieren. Diese Konfusion kann nicht nur den Übersetzern angelastet werden. Hier scheint vielmehr der Wunsch, Vater des Gedankens zu sein. So heißt die deutsche Übersetzung G. DICK- READs "Childbirth without Fear" - "Mutter werden ohne Schmerz". Die französische Lamaze- Technik, ein direkter Abkömmling der russischen psychoprophylaktischen Methode (VELVOVSKI, 1954, 1972, NIKOLAJEV, 1961) betitelt sich "Painless Labour: A French Method" (VELLAY, 1972). Physiologische (BONICA, 1980, MORISHIMA u. a., 1979, BAYER & HOFF, 1959) sowie neuere psychologische Arbeiten (NORR, 1977, DOERING u. a., 1980, RINGLER u. a., 1981, RINGLER u. a., 1982) spiegeln deutlich wider, daß die Zusammenhänge zwischen Angst und Schmerz wesentlich komplizierter sind, und wir weit davon entfernt sind, auch nur annähernd Bescheid zu wissen.

7. 3 Geburtsschmerz und Geburtsvorbereitung

MORRIS (1983, S. 292) nennt als eine folgenschwere Reaktion von Geburtsschmerz den "Kontrollverlust" während der Geburt. In seiner Untersuchung gaben etwa 30% der Frauen an, zu irgendeinem Zeitpunkt der Geburt, die Kontrolle verloren zu haben, dafür wurde in über der Hälfte der Fälle Geburtsschmerz verantwortlich gemacht. "Kontrollverlust" gilt in unserer Gesellschaft als peinlich und beschämend und wird mit sozialen Sanktionen belegt. (Daher ist anzunehmen, daß viel mehr Frauen bei der Geburt die Kontrolle zu irgendeinem Zeitpunkt verlieren – und wieder gewinnen – als dies sich selbst und anderen gegenüber eingestanden wird. "Angst, die Kontrolle zu verlieren" (d. h. Kontrolle ist vorhanden) erklärt 5,7% der Varianz der Geburtsangst (RINGLER & PAVELKA, 1982). Die Angst, keine Kontrolle über das Geschehen zu besitzen, ist dagegen eine emotionale Komponente aller anderen Faktoren der Geburtsangst (Verletzungsangst, Angst vor Geburtskomplikationen etc, siehe S. 72-74).

Allen Geburtsvorbereitungsstrategien ist gemeinsam, daß sie Fähigkeiten vermitteln wollen, die es ermöglichen sollen, das subjektive Gefühl der Kontrolle zu bewahren und darüber angstreduzierend zu wirken.

Jene Autoren, die ihrer Geburtsvorbereitung schmerzeliminierende Wirkung zuschreiben, haben der Geburtsvorbereitung keinen guten Dienst erwiesen, denn auch die meisten der so vorbereiteten Frauen erlebten Schmerzen bei der Geburt, was bei den Geburtshelfern Zweifel über die Effektivität von Geburtsvorbereitung provozieren mußte. Die betroffenen Frauen dagegen hegten seltener Zweifel an der versprochenen Wirkungsweise, als an ihren eigenen Fähigkeiten, die vermittelten Techniken zu erlernen und richtig anzuwenden. So extrem trifft dies klarerweise nur für eine kleine Anzahl von Frauen zu, meist solche, die ohnedies ein verringertes Selbstwertgefühl besitzen und/ oder solche mit extremen Leistungsansprüchen an sich selbst.

HERMS & KUBLI (1978) nennen als die drei wesentlichen therapeutischen Prinzipien der geburtshiflichen Psychoprophylaxe

1) Minderung des Geburtsschmerzes durch Affektentzug

2) Minderung des Schmerzerlebnisses durch Einengung des Bewußtseins und

3) Geburtserleichterung durch Tonusregulierung.

Über die Fähigkeit der Geburtsvorbereitung, Schmerzen zu redu-
zieren finden wir unterschiedliche Ergebnisse. KONDAS &
SCETNICKA (1972) fanden einen positiven Zusammenhang zwischen
Geburtsvorbereitung und HENNEBORN & COGAN (1975) zwischen
Geburtsvorbereitung, Anwesenheit des Mannes und reduziertem
Schmerzerleben. In anderen Untersuchungen wird kein derarti-
ger Zusammenhang nachweisbar (NORR et.a., 1977), ZEIDNER,
1982). In der sehr differenzierten Untersuchung von DOERING
u. a. (1980) können Geburtsvorbereitung und Anwesenheit des
Ehemannes 5% der Varianz des Schmerzerlebens erklären, und
sie folgern daraus, daß Geburtsvorbereitung und die Anwesenheit des Vaters eine geringe positive Wirkung auf den erlebten
Schmerz haben.

Tab. 7:   Intensität des Wehenschmerzes in Beziehung zur An-
          wesenheit des Partners bei der Geburt (n. RINGLER
          u. a., 1982), N = 80.

Wehenschmerz	Partner anwesend	
PP	ja	nein
stärker	70%	64%
schwächer	30%	36%

Wehenschmerz	Partner anwesend	
MP	ja	neine
stärker	54%	57%
schwächer	46%	43%

Tab. 8:   Intensität des Wehenschmerzes in Beziehung zum Be-
          such des Schwangerenturnens (n. RINGLER u. a.,
          1982), N = 80.

Wehenschmerz	Schwangerenturnen	
PP	ja	nein
stärker	69%	70%
schwächer	31%	30%

Wehenschmerz	Schwangerenturnen	
MP	ja	nein
stärker	54%	57%
schwächer	46%	43%

Tab. 9: Intensität des Wehenschmerzes in Beziehung zum Wissen und die Bedeutung des intrapartalen Kardiotokogramms (CTG) (n. RINGLER u. a., 1982), N = 80.

Wehenschmerz	Wissen um CTG*	
	ja	nein
stärker	60%	68%
schwächer	40%	32%

Auch eine eigene Untersuchung RINGLER u. a. (1982), in der 80 Frauen befragt wurden, weist darauf hin, daß weder die Anwesenheit des Partner (Tab. 7) noch das Schwangerenturnen als Geburtsvorbereitung (Tab. 8), sowie das Wissen um die Bedeutung des CTG (Tab. 9), das Schmerzerleben beeinflussen. Wir folgerten aus diesen Ergebnissen, "daß andere Faktoren dafür maßgeblich sind. Diese herauszufinden muß als dringendes Ziel einer Prophylaxe bezeichnet werden." (RINGLER u. a., 1982, S. 184).

7. 4   Physiologische Aspekte des Geburtsschmerzes

Angstauslösende und schmerzauslösende Reize bewirken eine Tonuserhöhung des Uterus, wobei starke Isthmuskontraktionen überwiegen. Dadurch kommt es zu einer Hemmung bzw. Erschwerung des Geburtsablaufes (BAYER & HOFF, 1959, KELLY, 1962, MORISHIMA u. a., 1979).

"Der Geburtsschmerz hat eine somatische Grundlage (BONICA, 1980) und kann bei erniedrigter Schmerzschwelle und protrahierter Geburt zu erhöhtem Sauerstoffverbrauch (SANGOUL u. a., 1975), zu Hypoxie und Azidose des Fetus (MORISHIMA u. a., 1981), sowie zur Belastung von Kreislauf und Zentralnervensystem führen." (NEUMARK, 1982, S. 5).

---

* CTG = die Bedeutung des intrapartalen Kardiotokogramms

Die somatische Grundlage des Geburtsschmerzes dürfte somit
dafür verantwortlich sein, daß das Schmerzerleben durch Geburtsvorbereitung und Anwesenheit des Partners nur gering-
fügig beeinflußt wird.

7. 5 Psychologische Konsequenzen des Schmerzerlebens bei
der Geburt

Schmerzreize sind unbedingte Auslöser für Angstreaktionen
(FÜRNTRATT, 1974, S. 49). Dies bedeutet, daß andere Reize,
die gemeinsam mit ihnen auftreten nun die Funktion als be-
dingte Auslöser übernehmen können. Dies erklärt die massiven
Angstreaktionen Mehrgebärender (vor und während der
Schwangerschaft), die eine traumatische Entbindung erlebt
hatten. Das subjektive Geburtserleben (das in einem eigenen
Abschnitt diskutiert wird) ist schwer beeinträchtigt (DOERING
u. a., 1980, ZADOR u.a., 1975, NORR u. a., 1977). Der von
Geburtsschmerz beeinflußte Kontrollverlust wurde bereits diskutiert. Damit geht aber auch ein Gefühl des Ausgeliefertseins
an die Umwelt einher, das Gefühl, in den Schmerzäußerungen
nicht verstanden zu werden ("andere Frauen schaffen das
auch"), sich selbst überlassen zu sein, und die Reaktionen der
Mitmenschen nicht beeinflussen zu können. Extremfälle sind
selten, aber häufiger als man denkt. Immerhin gab in
WENDERLEIN & WILHELM's (1979) Untersuchung 1% der Frauen
mit Spontangeburt an, diese als sehr belastend und 20% gaben
an, sie als belastend, (weniger belastend 77%, keine Angabe 2%)
erlebt zu haben.

7.5.1 Fallgeschichte

Frau N., eine 30jährige Lehrerin, will eine Beratung, ob sie
eine zweite Schwangerschaft eingehen soll. Die erste Schwangerschaft und Geburt erlebte sie wie folgt: Das Ende der Schwangerschaft fiel mit dem Abschluß ihres Studiums zusammen, sie habe
wenig Zeit gehabt, sich mit sich selbst und dem Kind zu beschäftigen. Sie machte sich ("normale") Sorgen wegen der Entbindung, wurde hier vom Ehemann wenig unterstützt, weil doch
eine "Geburt ein ganz normaler Vorgang" sei.*

---

* mangelnde Unterstützung seitens des Partners in Bezug auf
Geburtsängste tauchen bei Problempatienten häufig auf.

Ihr wurde die Schwägerin und deren zwei rasche und komplikationsfreie Hausgeburten als "Modell" hingestellt, wie eine Geburt abzulaufen habe. So plante sie trotz des emotional schlechten Kontakts zur Hebamme eine Hausgeburt. Nachdem trotz Wehen die Geburt lange nicht weiter fortschritt, wurde sie in eine Klinik eingewiesen. Sie fühlte sich bereits müde und erschöpft und als totaler Versager. Ihr Versuch, diese Situation an das Betreuungspersonal zu vermitteln, mißlang. Weder wurden Analgetika noch wehenfördernde Hormone verabreicht. Nach insgesamt 39stündiger ununterbrochener Wehendauer, gebar sie total erschöpft ein Mädchen. Beschämt erzählte sie, daß sie das Kind die ersten Tage überhaupt nicht sehen und sich ausschließlich erholen wollte.+ Sie habe etwa ein Jahr gebraucht, bis sich nach ihrem Gefühl die Beziehung zu diesem Kind normalisiert habe. Ich denke, aus dieser kurzen Fallgeschichte wird deutlich, daß bei Frau N. einiges schiefgelaufen ist. Dennoch hätte es von seiten des Betreuungspersonals bei aufmerksamer Betreuung Möglichkeiten gegeben, rechtzeitig einzugreifen und das massive Trauma zu vermeiden.

7. 6 Die Messung von Geburtsschmerzen

Die Messung von Geburtsschmerzen wirft große Probleme auf. In der Mehrzahl der Untersuchungen wird die subjektive Schmerzäußerung eingeschätzt. Die subjektiv erlebten Schmerzen werden meist auf einer Skala mit den Endpunkten unerträglich – keine Schmerzen, belastend – unbelastend, etc. eingestuft.

Mit ist aus dem geburtshilflichen Bereich keine Untersuchung bekannt, die differenzierte Meßmethoden, wie z. B. von TURSKY u. a., 1982 beschrieben, verwenden. Sie unterscheiden das Schmerzerleben hinsichtlich ihrer qualitativen Komponente, (stechend, ziehend, bohrend, etc.), der psychischen Reaktion (erträglich, unerfreulich, unbequem, etc.,...) und der Intensität (schwach, mäßig, sehr stark, etc.).

Wir selbst erarbeiten derzeit im Rahmen einer Untersuchung über die Auswirkungen der Telemetrie ein Konzept, den Geburtsschmerz auf 5 Ebenen einschätzen zu lassen, nämlich 1) die Intensität – stark – schwach, 2) die Dauer, ununterbrochen,

---

+ Sie fühlt sich deswegen als schlechte Mutter. Dies wurde ihr auch von den Kinderschwestern vermittelt.

ganze Wehe, Wehenmittel, etc... 3) die Schmerzqualität
(ziehend, usw.), 4) die kognitive Reaktion - z. B. das schaf-
fe ich, hoffentlich ist es bald vorüber etc. und 5) die Bedroh-
lichkeit.

TURSKY u. a., (1982) heben die Relevanz differenzierter Meßmethoden im Hinblick auf die Untersuchung der Wirksamkeit
pharmakologischer Schmerzbeeinflussung hervor.

7. 7 Schlußfolgerungen

Geburtsschmerz hat sich als relativ unbeeinflußbar gegenüber
herkömmlichen Geburtsvorbereitungen und der Anwesenheit des
Partners bei der Geburt erwiesen. Dies bedeutet, daß die positiven Wirkungen nicht auf Schmerzreduktion beruhen. Dies
wird besser verständlich, wenn man bedenkt, daß Geburtsschmerz (1) eine somatisch-physiologische Grundlage hat und
(2) herkömmliche Geburtsvorbereitungen, Wehenkontrollstrategien in unsystematischer Weise lehren, d. h. sich ungenügend
an jenen, vor allem aus dem verhaltenstherapeutischen Bereich
stammenden kognitiven und Verhaltenstechniken zur Schmerzreduktion orientieren. Hinzu kommt, daß auch für die Messung des subjektiven Schmerzerlebens differenzierte Meßmethoden gefunden werden müssen. Möglicherweise beruhen negative
Ergebnisse zwischen Geburtsvorbereitung und Schmerzerleben
auf den oben erwähnten psychoprophylaktisch-therapeutischen
und methodischen Meßproblemen. Schmerz muß situationsspezifisch, sowohl hinsichtlich seiner Intensität, Empfindungsquali-
tät und gefühlsmäßigen Reaktionen gemessen werden. Dies
würde ermöglichen, verschiedene Analgetika nicht nur hinsichtlich der für den Geburtshelfer beobachtbaren Wirkung, sondern
auch im Hinblick auf die Reduktion des subjektiven Schmerzerlebens zu überprüfen. Auch würden sich dadurch genauere
Aufschlüsse über die Wirksamkeit vorhandener psychologischer
Schmerzbewältigungsstrategien ergeben. In der weiteren Folge
könnten dann neue psychologische Schmerzbewältigungsstrategien für den Geburtsschmerz entwickelt werden.

8. DAS GEBURTSERLEBEN

Soziologen und Anthropologen haben die unterschiedlichen Geburtszeremonien und -praktiken eingehend beschrieben, meist aus einer kulturvergleichenden Perspektive. Mediziner entwickelten zunehmend diagnostische und therapeutische Verfahren, um die Geburt für Mutter und Kind sicherer zu gestalten. Psychosomatisch orientierte Mediziner und Psychologen beschäftigten sich mit den Einflüssen individueller Einstellungen und Persönlichkeitsmerkmalen auf den Geburtsvorgang. Hingegen haben sich nur wenige Forscher damit beschäftigt, wie die betroffenen Frauen die Geburt tatsächlich erleben und womit die unterschiedlichen Erlebnisweisen zusammenhängen und wovon sie abhängen. Sichere Empfängnisverhütungsmethoden sowie die Liberalisierung des Schwangerschaftsabbruches erlauben es heute, daß Frauen den Zeitpunkt einer Schwangerschaft bewußter* wählen können, somit eine Schwangerschaft und Geburt als positives Ereignis planbar geworden ist. Erst diese Ausgangssituation erlaubt es, ohne zynisch zu sein, jene Parameter zu erforschen, die einem positiven Geburtserleben förderlich sind.

Die Beschreibung des Geburtserlebens erfolgt immer durch Wertungen, wie positiv-ambivalent-negativ, Lust-Unlust, schmerzvoll, lang-kurz, freudlos-freudvoll, umsorgt-verlassen, unkontrollierbar-kontrollierbar usw. Ich zähle hier nur die geläufigsten Erlebniskategorien auf, die in jedem Gespräch über das Geburtserleben auftauchen.**

So sehr Psychologen ein subjektiv positives Geburtserleben wichtig erachten, und es eine implizite Zielvorstellung jeder Schwangeren und ihres Partners ist, wenn sie sich auf die Geburt vorbereiten, so schlecht ist eben dieses begriffliche Konstrukt definiert und insbesondere individuell verschieden.

----

* Ich wähle absichtlich den Terminus "bewußter", weil auch bei bewußt geplanten Schwangerschaften unbewußte Motive den bewußten Wunsch fördern oder behindern können.
** NORR et al. (1977) haben hinsichtlich des Geburtserlebens Schmerz und Freude als zwei unabhängige Dimensionen unterscheiden können.

90

Es gibt Frauen, deren primäres Ziel eine schmerzlose Geburt
ist und die die Geburt als äußerst positiv erleben, d. h. stim-
mig, wenn ihnen dies durch eine Periduralanästhesie ermöglicht wurde. Andere Frauen haben die Zielvorstellung, daß sie
die eigenen Körpervorgänge und/oder die Geburt ihres Kindes
möglichst bewußt erleben möchten, ohne Verabreichung irgend-
welcher Analgetika oder Anästhetika. Möglicher Schmerz spielt
für sie eine untergeordnete Rolle. Es ist nicht so, daß Schmerz
nicht auftritt und als äußerst unangenehm bis unerträglich erlebt wird, aber er kann einer anderen Zielvorstellung unterge-
ordnet werden.

Viele Frauen wollen heute die Geburt mit ihrem Partner erleben,
aber ein noch immer nicht zu vernachlässigender Prozentsatz
von Frauen will lieber allein sein. Für das subjektive positive
Geburtserleben ist das Motiv,* das hinter allen diesen Wünschen
steht, gleichgültig. Nicht gleichgültig ist dagegen, ob der bewußt vorgetragene Wunsch (so dieser erfragt wird und Verhal-
tenskonsequenzen nach sich zieht) wahr und echt ist, also bewußt und unbewußt stimmt. Ich denke da an jene Frauen, denen
von ihrer Bezugsgruppe eine "natürliche Geburt" (was immer darunter verstanden wird) abgefordert wird, die sich aber ein
solches Verhalten nicht wirklich zutrauen.

NEWTON (1974) und SEIDEN (1978) diskutieren den negativen
Einfluß der Desexualisierung der Geburtserfahrung auf das Geburtserleben. Dadurch würde die spontane Freude eingeschränkt
und in der Folge zu schwierigen Geburten und Stillstörungen
beigetragen. Sowohl von Frauen, wie von Geburtshelfern wird
selten zugegeben, daß der eigentliche Geburtsakt ein äußerst
lustvolles Erlebnis sein kann.** (s. auch die Ergebnisse von
DOERING u. a., 1980). Das Hinausgleiten des Babys durch den
Geburtskanal wird manchmal als "Geburts-Orgasmus" bezeichnet,
von vielen Frauen aber, wenn Scham- und Angstbarrieren dies
erlauben, als lustvolles Empfinden erlebt. So läßt sich wohl auch
erklären, daß Frauen, die eine Durchtrittsnarkose erhielten,

---

* Z. B. Angst vor Schmerzen, Angst vor Kontrollverlust, Scham
und Angst, von anderen leidend erlebt zu werden etc....

** Und zwar sowohl für die Gebärende als auch den zusehenden
Geburtshelfer.

vor allem, wenn sie unvorbereitet sind, sich "betrogen" fühlen.
D. h., die Geburt beinhaltet auch eine reale sexuelle Erfahrung,
wobei die Möglichkeit, diese bewußt zu erleben, von zwei Faktoren mitbestimmt wird, nämlich (1) davon, wie sehr sich die
betroffene Frau selbst, und (2) wie sehr die Geburtshelfer ihr
dies zugestehen können. (Schließlich gilt es in unserer Kultur
als ungehörig, sexuelle Erfahrungen offen vor Fremden zu erleben). Auch geburtsmedizinische Handlungsabläufe können
interferieren, wenn die Frau oder das Paar nicht oder ungenügend vorbereitet sind, d. h. daß sie nicht informiert wurden
und ihnen keine Entscheidungsmöglichkeit zugebilligt wurde.*
(LIPSON & TILDEN, 1980, WENDERLEIN & WILHELM, 1979).

Gleichfalls darf das äußerliche, dem Beobachter als ruhig oder
unruhig imponierende Verhalten einer Gebärenden oder eines
Paares, nicht mit subjektiv positivem Erleben gleichgesetzt werden. So kann eine Frau durch geeignete Medikation zwar sediert
werden, ob sie diesen Zustand aber positiv erlebt, bleibt unge-
wiß. Gewiß hingegen ist, daß der Beobachter meint, sich nun
wohler fühlen zu dürfen, und es häufig auch tut, wenn die Gebärende ruhig erscheint. Und es handelt sich dabei ja auch
nicht um eine reine Fiktion: denn tatsächlich ist dem Kliniker
gut bekannt, daß sich eigene Ruhe, Geduld und Sicherheit sowie ihr Gegenteil auf die Patientin übertragen und umgekehrt.
Befragt werden müssen die Mittel, wie das erwünschte Ziel erreicht werden kann, wem und wie sie dienen.

Aus den bisherigen Ausführungen wurde also deutlich, daß sich
die Wertung, positiv oder negativ, immer aus erwünschten Zielen
und der Erreichung dieses Zielzustandes ergibt. Daraus geht
weiter hervor, daß wir es nicht mit einem gleichbleibenden objektiven Tatbestand zu tun haben, sondern einem äußerst variablen Erlebnisbereich. Optimale Sicherheit und Gesundheit für
Mutter und Kind (Eltern-Kind) sind nicht hinreichende Bedingungen für ein positives Geburtserleben seitens der Gebärenden.**

*In diesem Zusammenhang darf nicht unerwähnt bleiben, daß die
Anzahl der Arbeiten, die individuelle Patientenmerkmale und Motive im Zusammenhang mit geburtshilfl. Parametern untersuchten,
enorm ist. Dagegen existieren fast keine Arbeiten, die geburtshilfl. Parameter und ihren Zusammenhang zur Patient-Betreuungs-
personal-Beziehung untersucht.
**"Paradoxically, further improvements in obstetrics will probably
further reduce the impact of obstetrical factors in the subjective
birth experience. (NORR et al., 1977, S. 270)".

Die meisten Arbeiten, die das subjektive Geburtserleben einschätzen, haben sich nicht oder wenig bemüht, den Begriff
näher zu erläutern, sondern überließen die Einordnung dem
Interviewer und eventuellen unabhängigen Beurteilern. Ein solches Vorgehen ist zwar pragmatisch, aber insofern problematisch,
als es ideologischen Wahrnehmungsverzerrungen Tür und Tor
öffnet. Denn letztlich hat ja jeder, der in diesem Bereich arbei-
tet, seine persönlichen Einstellungen.

8. 1 Geburtserleben und Angst

Der Zusammenhang zwischen Angst und negativem Geburtserleben ist ebenso, wie der Einfluß von Schmerz , dem Verständnis
des Beobachters am unmittelbarsten zugänglich. ARESKOG u. a.
(1983a) fanden, daß das Geburtserleben von Frauen mit vorgeburtlicher Angst eher negativ ausfallen wird. Bei RINGLER u.a.
(1981a) schätzten die Interviewer das Geburtserleben aufgrund
eines halbstandardisierten Interviews 3-5 Tage nach der Entbindung in positiv, ambivalent und negativ ein. Für die Einordnung in diese 3 Erlebniskategorien war sowohl die unmittelbar
erste Reaktion auf die Frage nach der Geburt ausschlaggebend,
sowie die Schilderung des Befindens während der Geburt. Eine
positive Zuordnung wurde vorgenommen, wenn wir aufgrund des
Tiefeninterviews den Eindruck hatten, das Geschehene und Erlebte könnte von der Frau gut in ihre Erwartungen und Vorstellungen und ihren Lebensplan integriert werden. Negatives
Geburtserleben war umgekehrt definiert. Ambivalentes Geburtserleben wurde dann notiert, wenn hinsichtlich der oben genannten Erlebnisparameter starke Schwankungen auftraten
(z. B. "ich habe es mir anders vorgestellt" und die Bemerkung
folgte, "aber es war nicht so schlimm", also eine Beschwichti-
gung zur Verarbeitung der Diskrepanz zwischen Erwartung und
Erlebnis notwendig ist, und/oder die Auseinandersetzung mit
dem Erleben nicht offen und bewußt erfolgen kann).

Die Ergebnisse können folgendermaßen zusammengefaßt werden:

1) Aufgetretene Angst bei der Entbindung wirkt sich auf die
nachträgliche Einschätzung von Geburt, Schwangerschaft und
das Allgemeinbefinden (gemessen mit den Spielberger State-
Trait-Fragebögen), (SPIELBERGER u. a., 1970) negativ aus.

2) Frauen, die die Geburt später positiv erlebten, reduzierten
im letzten Schwangerschaftsdrittel die Angst vor der Schwangerschaft und Geburt signifikant. Ihr Allgemeinbefinden verbesserte sich. Bei Frauen, die die Geburt negativ erlebten, stiegen
die Angstscores im gleichen Zeitraum signifikant über den

Erwartungswert an. Jene Frauen, deren Geburtserlebnis als
ambivalent beurteilt worden war, antworteten auch beim Ausfüllen der Fragebögen entsprechend. Es ist keine einheitliche
Richtung erkennbar.

3) Bei Frauen aller Gruppen war zu verschiedenen Zeitpunkten
der Geburt Angst aufgetreten. Jene, die die Geburt positiv erlebten, konnten aber ihre Angst während der Geburt bewältigen. (RINGLER u. a., 1981a).

8. 2 Geburtserleben und Schmerz

Dem Schmerzerleben bei der Geburt wird eine wesentliche Bedeutung für das Geburtserleben zugeschrieben. Auch die Verbreitung und Erforschung von schmerzreduzierenden Mitteln in der
Geburtshilfe muß (u. a.) unter diesem Gesichtspunkt gesehen
werden.

ARESKOG u. a. (1983a) weisen dem Ausmaß des Schmerzerlebens eine wesentliche Rolle beim negativen Geburtserlebnis zu.
Diese Schlußfolgerung aus ihrer Untersuchung ist insofern problematisch ,als die Schmerzintensität bereits eine wesentliche
Rolle bei der Einschätzung des Geburtserlebens in negativ oder
positiv spielte. NORR u. a. (1977) ließen 249 Wöchnerinnen
Freude bei der Geburt auf einer 7-Punkte Skale einschätzen.
(sehr unerfreulich (1) - extrem erfreulich und aufregend (7).
Dieser Einschätzung war ein Gespräch über Gedanken und Gefühle bei der Geburt vorausgegangen. Die Auswertung der Daten ergab, daß (1) Freude vorwiegend bei der Geburt des Babys
empfunden wird (2), starker Schmerz, Freude reduziert (3),
eine nicht unbedeutende Anzahl von Frauen, sowohl großen
Schmerz und große Freude , ebenso (4) Frauen geringen Schmerz
und geringe Freude verspüren, (5) Schmerz etwas mehr als die
Hälfte der Varianz von Freude zu erklären vermag. Nach
DOERING u. a. (1980) reduziert Schmerz die Qualität des Geburtserlebens. Diese Wirkung sehen sie allerdings indirekt vermittelt, indem größerer Schmerz zu höherer Medikation und somit geringerer "Awareness" führt. Die referierten Untersuchungen
weisen darauf hin, daß weder das Ausmaß von Angst oder
Schmerz als Erklärungen für das Geburtserleben ausreichen.
Daher werden im weiteren, andere vermittelnde Bedingungen
diskutiert.

8. 3 Geburtserleben und Awareness

DOERING und ENTWISLE (1975) untersuchten erstmals den Zustand "Awareness". Darunter wird eine aufmerksame Wachheit
bei vollem geistigen und körperlichen Bewußtsein verstanden.

Sie diskutieren, daß es nicht allein um geistige Wachheit gehe,
die ja bei vielen modernen geburtshilflichen Leitungsanästhe-
sien möglich sei (z. B. Periduralanästhesie). Im Gegensatz zu
häufig geäußerten Befürchtungen, wenn man bei der Geburt
alles fühlen würde, würden negative Einstellungen zur Geburt
und zum Neugeborenen provoziert, ergab ihre Untersuchung,
daß jene Frauen, die alles fühlen und wahrnehmen konnten, die
Geburt positiver erlebten. Vor allem die für das Erleben wichtigen Momente von Leistung und Kontrolle werden hervorgehoben. "...they describe working very hard to push out their
own babies and feel afterward, that they have truly given birth."
(DOERING & ENTWISLE, S. 835). Sie diskutieren dieses Ergebnis im Sinne der Theorie der kognitiven Dissonanz (FESTINGER,
1957). Diese besagt, daß eine Sache, für die man sich stark
einsetzen muß und die "Opfer" verlangt, höher bewertet wird,
(unabhängig von ihrem tatsächlich meßbaren Wert, so dieser
meßbar ist), als etwas, wofür man wenig tun mußte. In einer
Folgeuntersuchung (DOERING u. a., 1980) fanden sie, daß das
psychologische Erleben dasselbe ist, gleichgültig, ob (1) der
Körper durch die Anästhesie taub und das Bewußtsein unge-
trübt ist, oder (2) das Bewußtsein durch die Anästhesie ge-
trübt und der Körper wach ist.

Der Zustand der "Awareness" wird durch Geburtsvorbereitung
gefördert. Dennoch ist der direkte Zusammenhang zwischen Geburtsvorbereitung und positivem Geburtserleben gering. Als
entscheidende einzelne Einflußvariable auf das positive Geburtserleben ging die Anwesenheit des Ehemannes bei der Geburt
hervor, mit der geringere Medikation einhergeht. Sowohl Geburtsvorbereitung, wie die Anwesenheit des Ehemannes, haben
keine bedeutsame Auswirkung auf den stärksten erlebten
Schmerz.

Daraus schließen die Autoren erneut, daß "Awareness" die wichtigste Einflußvariable eines positiven Geburtserlebens ist.
"Awareness" vermag mehr als die Hälfte der Varianz des positiven Geburtserlebens zu erklären. Diese Wirkung von "Awareness" wird damit erklärt, daß die Gebärenden im geistig und
körperlich wachen Zustand die Kontrolle über das Geschehen zu
behalten vermögen. Geburtsvorbereitung wirkt insofern förderlich, als dort Kontrollstrategien vermittelt werden, deren Anwendung durch die Anwesenheit des Partners erleichtert wird,
weil er emotionale Hilfestellungen gibt (erfahrungsgemäß auch
reale Hilfestellung, (d. Autorin), wenn er eine Geburtsvorbereitung besucht hat. s. RINGLER u. a., 1984). Es sei darauf
hingewiesen, daß die beschriebene Erlebnisqualität "Awareness"
dieselbe ist, die von feministischen und alternativen Kreisen

hervorgehoben wird. Zu Recht oder Unrecht wird der geburtshilflichen Schulmedizin der Vorwurf gemacht, jene Bedingungen,
die mit "Awareness" hochkorrelieren, nämlich Geburtsvorbereitung, Anwesenheit einer wichtigen Beziehungsperson, keine
Medikation bzw. sorgfältigste Indikation für dieselbe als Hilfestellungen nicht konsequent einzuplanen.

Abschließend seien noch einige Probleme zum Zustand "Awareness"
diskutiert, die in diesem Zusammenhang relevant sind.

"Awareness" ist kein bewußtseinsmäßiger Zustand, den alle Frau-
en wünschen, im Gegeneteil, fast scheint es so, als ob viele
Frauen "lieber nichts wissen wollen". WENDERLEIN (1977) fand,
daß von insgesamt 383 Frauen, 1/3 die Geburt nicht bewußt
miterleben wollte. Der Wunsch nach "Awareness" wird sicher von
der Stärke der Verdrängungs- und Verleugnungsmechanismen
bei jeder einzelnen Schwangeren abhängen. Der Wunsch nach
"Awareness" ist gebildeteren und einer höheren sozialen Schicht
angehörenden Frauen scheinbar eher zugänglich, weshalb sie
sich häufiger auf die Geburt vorbereiten. Aber auch in diesen
Schichten gibt es genügend Frauen, die sich nicht auf die Geburt vorbereiten und möglicherweise sind Frauen niederer sozialer Schichten, die eine bewußte und wache Geburt wünschen,
jene Informationswege, die dazu nötig sind verschlossen, weshalb sie seltener in diesem Zustand entbinden (DOERING &
ENTWISLE, 1975). Hinzu kommt, daß eine in die Entbindungsklinik integrierte Geburtsvorbereitung, wie sie an der I UFK*
angeboten wird, sowohl die bewußte Wahrnehmung der Entbin-
dungsrealität fördert, als auch die Entbindungsklinik dadurch
als emotional hilfreiche Unterstützung (social support factor)
wahrgenommen werden kann. Diese Wirkungsweise ist dem Kliniker ja aus der Betreuung von Privatpatienten ebenfalls wohl
bekannt.

8. 4 Geburtserleben, Geburtsdauer und geburtshilfliche Kompli -
     kationen

Eine andere gängige Vorstellung ist die, daß die Dauer der Geburt einen entscheidenden Einfluß auf das subjektive Geburtserleben habe. Aus meiner eigenen Erfahrung kann ich nur sagen, daß dies nur bedingt zutrifft. So kenne ich eine Reihe von
Frauen, die gerade einen sehr raschen Geburtsvorgang als
äußerst unangenehm beurteilen (obwohl ihnen, wenn sie Erstgebärende sind, die Erfahrungen einer längerdauernden Geburt
fehlt!). Diese Frauen fühlen sich meist von der raschen Abfolge

---

* I. Universitätsfrauenklinik

sowie der sich rasch steigernden Intensität der Wehen überrumpelt. In ihren Vorstellungen hatten sie eher erwartet, sich
auf das Geburtsgeschehen einstellen, sozusagen "mitlernen" zu
können. Was ihnen die unangenehmen Gefühle bereitet, kann
ich nur als Gefühl des Kontrollverlustes bezeichnen, nämlich das
Gefühl, daß das Geschehen ihnen "entgleitet" und sie mit den
erlernten Kontrollstrategien nicht so rasch mithalten können.

PETERS & ROEMER (1979) befragten 180 Frauen eine Stunde
nach der Geburt. Es wurde erfragt, inwieweit sich die Frauen
belastet gefühlt hätten. (s. Tab. 10).

Tab. 10: Geburtshilfliche Variable und subjektive Geburtsbe-
lastung bei PETERS und ROEMER (1979)

	vag.op. Entbind. %	N	Alter $\overline{X}$	Pari-tät	Ges. Geb. dauer	AZ*d. Preß-wehen	Austrei-bungs-periode, min.	Preßperiod. in min.
Geburt ent-sprach Lei-stungsfähig-keit	14,5	62	26	1,9	6,5h	5	23	11
Grenze der Belastungs-fähigkeit erreicht	24	100	26,9	1,8	7,7h	6,4	34	15,4
körperlich überfordert	33	18	29	1,9	7,6h	8	35	19

---

* AZ = Anzahl

ROEMER & PETERS (1979) schließen daraus, daß allein die Dauer der Preßperiode einen entscheidenden Einfluß auf das Erleben der werdenden Mutter hat. Hier ist allerdings zu bedenken, daß allein geburtshilfliche Parameter als abhängige Variable untersucht wurden. Auffallend ist weiter die steigende Anzahl vaginal operativer Entbindungen in den einzelnen Gruppen, die ja auch mit erhöhter Medikation verbunden gewesen sein müssen.

Ihre Ergebnisse befinden sich in Übereinstimmung mit NORR u. a. (1977), die ebenfalls fanden, daß sich lange Geburtsdauer und Geburtskomplikationen negativ auf das Erleben auswirken. In unserer schon erwähnten Untersuchung (RINGLER u. a., 1981a) fand sich zwischen der Dauer der Geburt und der Einschätzung des Geburtserlebens keinerlei Zusammenhang. Zwar verlängerte sich die Dauer der Preßperiode, je mehr die Angstwerte vor der Geburt über dem Erwartungswert lagen (was auch mit negativem Geburtserleben korreliert war), es ergab sich aber kein Zusammenhang zwischen der Preßperiodendauer und der Einschätzung von Schwangerschaft, Geburt und Allgemeinbefinden nach der Geburt. Somit bleibt fraglich, ob das subjektiv erlebte Ausmaß der körperlichen Beanspruchung, wenn ein gewisses Ausmaß nicht überschritten wird, als für das Geburtserleben wichtige Einflußvariable gelten kann. In einem Vergleich des Geburtserlebens von vorbereiteten und unvorbereiteten Elternpaaren bei der Geburt (RINGLER u. a., 1984) fanden wir, daß vorbereitete Paare auch einen komplikationsbeladenen Geburtsverlauf (z. B. lange Geburtsdauer oder problematisches Kardiotokogramm mit geburtshilflicher Folgeindikation zur schnelleren Geburtsbeendigung, Sectio etc.) positiv erleben konnten. Entscheidenden Einfluß hatte dabei die gründliche Vorbereitung der Paare, die auch eine Vorbereitung auf mögliche Geburtskomplikationen, sowie deren Handhabung einschließt. Auch wissen beide Partner, daß im Falle einer notwendigen Vollnarkose der Partner vom Geburtsgeschehen nicht plötzlich ausgeschlossen ist, sondern im Gegenteil das Neugeborene "in Empfang nehmen darf", bei der Versorgung des Neugeborenen zugegen sein darf und soll.

SEIDEN (1978) kommt zu dem Schluß, daß für ein positives Geburtserleben das Gefühl ausschlaggebend sei, die Geburtssituation, angemessen gemeistert zu haben. Sie sagt: "A woman cannot achieve a sense of mastery if she is either at high risk of severe pain or death or, on the other hand, if she is treated as an ill or incompetent patient when, in fact, she is not. SEIDEN, 1978, S. 89/90)".

Aus allem bisher Gesagten geht hervor, daß "Awareness" das Gefühl, die Geburtssituation gemeistert (oder bewältigt) zu haben,

fördert. Wir können die negative psychologische Wirkung von
Anästhesie darauf zurückführen, daß eben dieses Gefühl behindert wird, die Gebärende in die Situation gelangt "entbunden
zu werden", anstatt bei der Entbindung begleitet und überwacht
zu werden. Viele Frauen lehnen sich heute offen dagegen auf.
Dies hängt sicher eng mit neuen weiblichen (manche sagen feministischen) Rollenvorstellungen zusammen. Dennoch kommt die
Auflehnung gegenüber Entbindungspraktiken, die die passive
Haltung verstärken auch darin zum Ausdruck, wo Frauen sich
ängstlich erkundigen, ob sie bei der Entbindung wohl festge-
bunden würden und erleichtert zur Kenntnis nehmen, daß dies
nicht geschieht. Und wie SEIDEN (1978, S. 93) feststellt: "A
healthy adult does not wish to be rendered helpless and immobile
during a significant life event, unless there are enormous
compelling reasons".

Daraus läßt sich auch die positive Bewertung des tragbaren
Kardiotokographen verstehen, der es den Frauen ermöglicht,
bei der Entbindung umherzugehen und überwacht zu werden.

Die genannten Beispiele (PETERS & ROEMER, 1979, DOERING,
u. a., 1980, NORR u. a., 1977, RINGLER u. a., 1984) weisen
auf die wichtigen Einflüsse von Geburtsvorbereitung hin, die
auch in einem eigenen Abschnitt behandelt werden. Im Zusammenhang mit der uns momentan beschäftigenden Problematik ist ein
Hinweis insofern bedeutsam, als wir sehen können, daß kognitive und emotionale Information und Informationsverarbeitung in
Untersuchungen zum Geburtserleben immer mituntersucht werden
sollten.

8. 5 Das Geburtserleben bei Kaiserschnitt

Eine nicht unbedeutende Anzahl von Laien und Professionellen
kritisiert eine steigende Kaiserschnittfrequenz. Auf die unterschiedlichen Argumente und die häufig unsachlich geführten
Diskussionen möchte ich mich hier keineswegs einlassen.

WENDERLEIN & WILHELM (1979) diskutieren dieses Problem eingehend und weisen insbesondere darauf hin, daß religiös-welt-
anschauliche und legislative Faktoren, mehr als bei anderen
Operationen bedeutsam sind. Es besteht das Faktum, daß Kaiserschnittentbindungen aus mütterlichen wie kindlichen Indikationen durchgeführt werden. Eine nicht unbeträchtliche Anzahl von Frauen, nämlich jede 8. - 10. junge Mutter ist davon
betroffen.
Da unsachliche Diskussionen Wahrnehmungsverzerrungen und Befürchtungen fördern, möchte ich jene Variablen diskutieren, die
(1) das Erleben beeinflussen, und (2) was Frauen vor und

nach dem Kaiserschnitt erleben. Die Betrachtung des Geburtserlebens bei Kaiserschnittentbindung hat von 2 Perspektiven zu
erfolgen, nämlich

- das Erleben der Geburtssituation durch die Mutter und
- der erste (direkte) Eltern-Kind-Kontakt. Diese Frage wird
  später im Abschnitt "Eltern - Kind -Kontakt" behandelt.

LIPSON & TILDEN (1980) weisen darauf hin, daß die intrapsychische Integration des Geburtserlebens bei Frauen nach Kaiserschnitt oft länger dauert und die Mutter mit spezifischen
Schwierigkeiten konfrontiert sei. Sie führen ihre Überlegungen
auf die Arbeit mit Frauen nach Kaiserschnittentbindungen zurück, die in eigenen Gruppen (caesarean support groups) Hilfe
und Unterstützung suchten. Sie nennen folgende Variablen, die
das subjektive Erleben einer Kaiserschnittentbindung beeinflussen:

- Plan und Erwartungen der Schwangeren bezüglich einer natürlichen Geburt

- die Qualität der Beziehung zu ihrem Arzt
- das Ausmaß von Zeit, daß der Schwangeren zur Verfügung
  steht, um sich auf die Geburt vorzubereiten

- die Gründe (gemeint ist die Indikation zum Kaiserschnitt)

- das Ausmaß vorangegangener Wehendauer

- die Anwesenheit des Ehemannes während der Operation und
  anschließenden postoperativen Erholung

- ihr Kontakt zum Neugeborenen

- und alle medizinischen (Folge-) Komplikationen.

LIPSON & TILDEN (1980) folgern aus ihrer Erfahrung, daß
Frauen, die auf Kaiserschnittentbindung gut vorbereitet waren,
damit gefühlsmäßig wesentlich besser zurecht kamen. Am
schlechtesten schnitten jene Frauen ab, die sich ausschließlich
auf eine sogenannte "natürliche Geburt" eingestellt hatten und
in deren Geburtsvorbereitung die Möglichkeit einer Kaiserschnittentbindung nicht oder als abartiges Ereignis dargestellt wurde.
Dieses Ergebnis entspricht voll eigenen Erfahrungen. Je speziel-
lere Vorstellungen eine Frau/Paar bezüglich des Ablaufes einer
Geburt mitbringt, desto weniger Handlungs- und Verlaufsalter-
nativen vorstellbar sind, desto eher wird die Integration der
realen Geburtserfahrung Schwierigkeiten bereiten. Dies gilt
nicht allein für Kaiserschnittentbindungen, sondern für alle
alternativen Erfahrungen des Ereignisses Geburt.

LIPSON & TILDEN (1980) folgern weiter: "Our data suggest
that a supportive interpersonal atmosphere and a familycentred
focus in the surgical suite and recovery room can significantly
enhance a woman's experience. We think that, if at all possible,
a woman should be awake for the birth of her infant (durch
Epiduralanästhesie, d. A.), that she should be allowed to see
and touch the infant immediatly and that her husband should be
present for the delivery if the couple desires". (S. 607).
Sie beschreiben 5 Phasen des nachgeburtlichen Erlebens:

Phase 1: Die unmittelbaren postoperativen Stunden sind gekenn-
zeichnet durch gedämpftes Bewußtsein aufgrund der kombinierten
Wirkung von Angst, Erschöpfung, Anästhesie und Analgesie.
Jeder Moment kann nur als solcher aufgefaßt werden, größere
Bezüge werden nicht hergestellt. Durch Verdrängung und Ver-
leugnung werden die überwältigenden Gefühle in handhabbaren
Grenzen gehalten. Bei Notfallsectiones ist dieses Zustandsbild
stärker ausgeprägt.

Phase 2: Das Gefühl, eben zurecht zu kommen, kennzeichnet das
Wochenbett. Es wird allmählich vom Gefühl der Enttäuschung ab-
gelöst, eine natürliche Geburt versäumt zu haben (dies kann nur
für Frauen gelten, die sich eine solche vorgenommen haben, d.
Autorin). Folgende Gefühle treten auf: Erleichterung, Schuld,
Ärger, Enttäuschung, Neid auf andere Frauen, die eine normale
Geburt hatten. Manche Frauen übertragen ihre Enttäuschung auf
das Baby (siehe den beschriebenen Fall). Die psychische Energie
fließt vorwiegend in Aufgaben, wie bewegungsfähiger zu werden,
Schmerzen zu kontrollieren, Essen, Schlafen etc. (Alle jene Aufgaben, die nach jeder schweren Operation nötig sind - zusätzlich zur Aufgabe, zum Baby Kontakt zu finden, d. Autor). Die
Frauen sind für das Ausmaß und die Qualität der Unterstützung
vom Betreuungspersonal hochempfindlich.

Phase 3: In der Zeit zwischen Spitalsentlassung bis etwa 8 Wochen
nach der Geburt fühlen sich die Frauen in einem bewußten Konflikt zwischen Erholung nach der Operation und den Bedürfnissen, die das Neugeborene an sie Tag und Nacht stellt. Die Frau-
en möchten selbst umsorgt und bemuttert werden. Damit geht
eine Erfahrung der Enttäuschung bezüglich der Fähigkeiten,
selbst Mutter zu sein einher, weil deren Entwicklung durch die
postoperative Erholung verzögert wurde. Häufig wird die Kaiserschnittentbindung für normale Schwierigkeiten dieser Periode
verantwortlich gemacht.

Phase 4: Das weitere Jahr postpartum ist durch wiederholtes
Ringen, das Geburtserlebnis zu verstehen und zu akzeptieren
gekennzeichnet. Es ist charakterisiert durch das sich allmählich
wieder einstellende Gefühl subjektiven Wohlbefindens, das Er-
starken der Mutter-Kind-Beziehung und erhöhtes Vertrauen in

die mütterlichen Fertigkeiten, die Kombination von Verdrängung und Verleugnung negativer Aspekte der Geburtserfahrung und die zunehmende Bewältigung aller damit zusammenhängenden Gefühle und Empfindungen.

Phase 5: Die Geburtserfahrung sollte mitsamt all den einhergehenden Gefühlen akzeptiert und in den künftigen Lebenszusammenhang integriert werden. D. h., daß Erinnerungen zwar reproduziert werden können, aber nicht in demselben Ausmaß affektgeladen sind. Die Aufarbeitung ist analog der Trauerarbeit bei Beziehungsverlusten zu sehen. D. h., sie wird nie vollständig sein, aber sie sollte eine neue und vor allem realistischere Einschätzung des Verlorenen ermöglichen. LIPSON & TILDEN'S (1980).

Konzept wird von mir deswegen so ausführlich beschrieben, weil es einige wesentliche psychische Erlebnisvariablen in einem größeren Zusammenhang darstellt. Dies geschieht bei ihnen anhand des "pathologischen Ereignisses Kaiserschnitt". Dennoch gelten alle beschriebenen psychischen Mechanismen in ähnlicher Weise für Frauen mit einer "normalen Geburt", oder anderen Pathologien des Geburtsverlaufes. Das Ausmaß der Pathologie, vielmehr aber noch das Ausmaß , in dem die Geburt von der Frau als pathologisch wahrgenommen wird, bestimmt, wie rasch einzelne Phasen durchlaufen werden können, wie stark die Intensität der auftretenden Gefühlsqualitäten ist und welche Verarbeitungs- und Bewältigungsstrategien einsetzen können. Außerdem weist das Modell deutlich auf die Bedeutung freundschaftlicher und professioneller emotionaler Unterstützung bei der Aufarbeitung dieses Lebensereignisses hin.

Auch LIPSON & TILDEN (1980) weisen darauf hin, daß nicht jede Frau mit Kaiserschnitt diesen als Mißerfolg, Versagen oder Verlust erlebt und daß ihre Beobachtungen sicher davon beeinflußt sind, daß sie mit Frauen sprachen, die wegen dieser Erfahrung Hilfe suchten. WENDERLEIN & WILHELM (1979), die Frauen nach Sectio mehrere Jahre später zur Nachuntersuchung einluden, kommen zu verschiedenen, aber dennoch nicht so unähnlichen Ergebnissen:

Frauen mit höherem Intelligenzniveau, höherem Schulabschluß und extravertierten Persönlichkeitseigenschaften glauben signifikant häufiger, daß eine Spontangeburt für das Kind belastender sei. Jede 10. Frau bezeichnete eine Kaiserschnittentbindung als "sehr belastend". Die Hälfte aller Frauen wünschen sich eine ausführlichere Aufklärung über Sectio - Risiken. Frauen mit Volksschulabschluß lehnen eine erneute Schwangerschaft signifikant öfter ab, wenn diese wieder durch Kaiserschnitt erfolgen müßte. Und mehr als doppelt so viele Frauen nach einer Spontangeburt wünschen sich ein weiteres Kind als Frauen nach

102

Sectio (15%). D. h., eine vorangegangene Kaiserschnittentbindung entmutigt Frauen viel öfter, sich ein weiteres Kind zu
wünschen. Dies bedeutet, daß ein Kaiserschnitt als sehr belastend erlebt wird, und je geringer die Information und die
Fähigkeit, sich diese Information zu verschaffen ist, desto belastender wird der Kaiserschnitt erlebt. Die Autoren folgern:
"Durch belastende Persönlichkeitseigenschaften ist das nicht
erklärbar. Vielmehr sind soziologische Faktoren, wie mangelndes
Wissen über Sectio und Re-Sectio dafür verantwortlich" (WENDER-
LEIN & WILHELM, 1979, S. 458).
Dem muß noch hinzugefügt werden, daß dieselben Faktoren, die
das Ausmaß der Information maßgeblich beeinflussen, auch die
Fähigkeit/Kompetenz mitbeeinflussen, sich Informationen und ein
emotional unterstützendes soziales Milieu zu organisieren. Schließlich muß noch darauf verwiesen werden, daß es nicht dasselbe
bedeutet, ein Ereignis belastend oder negativ zu erleben. So
kann ein Ereignis zwar objektiv belastend sein, aber positiv erlebt werden, wie das häufig bei Frauen zu finden ist, die aufgrund vorangegangener Sterilitätsprobleme oder Schwangerschaftskomplikationen, den Kaiserschnitt als Schutzmaßnahme für das
Baby akzeptieren, ja die häufig allzu bereitwillig einwilligen,
weil sie eine Spontangeburt als weiteres Risiko fürchten und der
Kaiserschnitt ihnen risikoärmer erscheint. NACHTIGAL u. a.,
(1982) verglichen 240 Frauen mit Schnittentbindung und 240 rando-
misierte Frauen mit vaginaler Entbindung, mittels eines postalisch
versendeten Fragebogens. Frauen, die durch Kaiserschnitt entbanden, erinnern die Geburt signifikant ängstlicher, trauriger
und mit mehr Unbehagen verbunden. Angst und Aufregung verstärken sich im Geburtsverlauf, während vaginal entbundene
Frauen diese Gefühle deutlich reduzieren 28% der Sectio-Patientinnen fanden das Ausmaß der Aufklärung und Information unter
der Geburt "gut", 32% "ziemlich gut", 40% erklärten, überhaupt
nicht aufgeklärt worden zu sein. Jede 4. Frau beider Gruppen
findet, daß sie besser informiert hätte werden müssen, was mit
ihr geschieht. Die Entbindung wird von Frauen mit Sectio häufiger als schlimmer als erwartet erlebt, von Frauen mit vaginaler
Entbindung häufiger als weniger schlimm. Die Angst vor einer
Re-Sectio bei Sectio-Patientinnen ist deutlich ausgeprägter (46%)
als die Angst vor einer neuerlichen Spontangeburt bei vaginal
entbundenen Frauen (12%).

Alle referierten Arbeiten leiden an dem Mangel, daß die Indikation und insbesondere der Zeitpunkt der Indikation zum Kaiserschnitt nicht als Einflußparameter mituntersucht wurde. Dies
kann aber keinesfalls gleichgültig sein. Schließlich muß es einen
enormen Unterschied ausmachen, ob es sich um eine primäre

Sectio, oder um eine Notsectio nach langer und erschöpfender Wehendauer handelt. Insgesamt gesehen zeigt die Untersuchung deutlich auf, daß hinsichtlich der emotionalen Betreuung, des Ausmaßes an Information und Aufklärung keine Unterschiede zwischen den Gruppen bestehen, die Situation liegt insgesamt im Argen, denn 1/3 aller Frauen beider Gruppen geben an, daß im Kreißsaal ein Gefühl der Verlassenheit und Angst vorherrscht.

8.6 Fallgeschichte

Fall O.: Frau O., verheiratet, 30 Jahre alt, 22. SSW sucht Hilfe, weil sie das Kind ablehnt, auch überlegt, es zur Adoption freizugeben. Sie ängstigt sich, dem Kind eine schlechte Mutter zu sein, wobei Impulse, das Kind zu mißhandeln, vorhanden sind. Vor allem ein männliches Kind ist sehr unerwünscht. Hinter diesen Ängsten ist deutlich der Wunsch spürbar, eine gute Mutter sein zu können, sowie das geringe Selbstwertgefühl, diese Rolle ausfüllen zu können, von sich selbst enttäuscht zu werden.

Anamnestisch findet sich eine schlechte Elternbeziehung, die eigene Mutter, die die Kinder im Erleben der Patientin vernachlässigt hat, der Vater Alkoholiker, sowie ein jüngerer Bruder, mit dem die Patientin extrem konkurriert und der viele Verhaltenauffälligkeiten zeigt. Seine Nichtanpassung wird von Frau O. gleichzeitig verabscheut und bewundert.
Eine besondere Sorge Frau O.s galt der Geburt. Sie befürchtete, daß die Geburtsschmerzen in ihr starke Aggressionen gegen das Kind auslösen würden. Im Einvernehmen mit dem Gynäkologen erfolgte die Geburt unter Periduralanästhesie. So konnte Frau O. die Geburt als "Bilderbuchgeburt" erleben, ein "Baustein", sich als kompetente und wertvolle Mutter zu erleben. Von besonderer Wichtigkeit war für diese Patientin auch das Rooming-In, wo sie im Schutz der Institution ihr Kind langsam kennenlernen konnte. Der neugeborene Bub war von ihr anfangs völlig abgelehnt worden, als sie 6 Tage post partum nach Hause ging, hatte sie nach eigenen Aussagen bereits eine Bindung zu ihm hergestellt und das Kind liebgewonnen.

Dieser Fall zeigt, daß institutionelle Bedingungen, sowie eine flexible Handhabung ärztlicher Techniken imstande sind, eine "psychotherapeutische" Wirkung zu entfalten. Natürlich sind

Frau O.s Probleme damit nicht erledigt, und es liegen noch viele Hürden vor ihr. Dennoch hat das Geburtsmanagement ermöglicht, ihr das Gefühl zu vermitteln, positive, mütterliche Fertigkeiten zu besitzen, was die weitere Mutter-Kind-Interaktion in positiver Richtung begünstigen wird, weil Frau O. Selbstvertrauen gewinnen konnte, doch keine so schlechte Mutter zu sein.

9. TECHNIK IM KREIßSAAL

Ihre feste Verankerung verdankt die Spitalsgeburt heute der Reduktion der mütterlichen und kindlichen prae-, sub- und postnatalen Mortalität (Familienbericht 1979, REIFFENSTUHL & STAUDACH, 1982a, REINOLD & PAVELKA, 1982, NAGL, 1982). Die Erhöhung der Sicherheit für Mutter und Kind involviert hochspezialisierte diagnostische Verfahren. Dazu zählen vor allem jene Überwachungsgeräte, die die fetale Herzfrequenz und die mütterliche Wehentätigkeit aufzeichnen und eventuell auf einen Bildschirm in einen anderen zentral gelegenen Raum übertragen. Daneben hat sich heute die Technologie der kontinuierlichen Wehenmittelgabe (Perfusor) weiterentwickelt, wie auch eine routinemäßige Blutgasanalyse seit kurzem möglich geworden ist (SALING, 1982). Ich werde mich in meinen Ausführungen ausschließlich auf die Kardiotokographie beschränken, weil es sich hier

1. um das meistdiskutierte Diagnoseverfahren moderner Geburtshilfe handelt.

2. einzig dazu einige wenige psychologische Arbeiten existieren.

9. 1 Das Kardiotokogramm

Der Einzug der subpartalen Kardiotokographie in den Kreißsaal begann in den 60er Jahren dieses Jahrhunderts (CALDEYRO-BARCIA u. a., 1966, HAMMACHER, 1962, HON & WOHLGEMUTH, 1961). Heute bestehen kaum wissenschaftliche Zweifel an der Wertigkeit dieser Untersuchungsmethode (RÜTTGERS, 1974, EDINGTON u. a., 1975, LEE & BAGGISH, 1976, STAUDACH & LABACHER, 1982) zur Früherkennung subpartaler Risiken und zur damit einhergehenden Senkung der perinatalen Mortalität. Dennoch haben sich die Kritiken an der Krankenhausentbindung gerade am routinemäßigen Einsatz des fetalen Kardiotokogramms entzündet (PRILL, 1978). So haben die Mitarbeiter der berühmten Cleveland-Gruppe (z. B. M. A. TRAUSE, J. H. KENNELL, M. H. KLAUS) festgestellt: "In attempting to improve true physical health of mother and infant, perinatal medical management has unwittingly interfered with the beginnings of their mutual involvement" (LOZOFF u. a., 1977, S. 87).

Andere Vorwürfe, insbesondere jene in den Massenmedien kolportierten lauten, daß die Geburt zu einem pathologischen Vorgang würde, der natürliche Ablauf der Geburt behindert werde,*
die Anzahl der operativen Entbindungen würde sich erhöhen,**
die Möglichkeit, die Geburt als positives Ereignis zu erleben,
würde vermindert,*** die Gebärende würde in ihrer Bewegungsfreiheit eingeschränkt und behindert,**** und durch die laufende Kontrolle verunsichert.
Schon aus diesen angeführten Argumenten und meinen in Fuß-
noten vermerkten Gegenargumenten wird deutlich, daß hier
keine objektiven Befunde diskutiert werden. Aber warum eignet
sich diese Kreißsaaltechnologie so sehr zum Mittelpunkt der Diskussion für und wider Spitalsgeburt?

1. Die Fronten zwischen Gegnern und Befürwortern sind härter
als anderswo.
Die Befürworter sind klarerweise nicht bereit, entgegen ihrem
wissenschaftlichen Erkenntnisstand zu handeln (EDINGTON u. a.,
1975, LEE & BAGGISH, 1976, RÜTTGERS, 1974). Im Gegenteil,
die Ergebnisse sprechen für einen Ausbau, nicht eine Einschränkung von Überwachungseinrichtungen (SALING, 1982).

---

* Wenn man sich die früheren hohen Ziffern kindlicher und
mütterlicher perinataler Mortalität vor Augen hält, fällt es
schwer, an die Ungefährlichkeit dieses physiologischen Vorgangs
zu glauben. Man kann eher sagen, daß Gebären heutzutage un-
gefährlich geworden ist.

** Siehe dazu STAUDACH & LABACHER, 1982.

*** Warum eigentlich? Keiner dieser Kritiker lehnt es ab, Musik
aus einer Musikanlage zu hören, im Gegenteil, je besser die
Technologie, dest höher der Kunstgenuß.

**** Dies ist zumindest real unrichtig. Sowohl in liegender
Haltung ist prinzipiell volle Bewegungsfreiheit möglich, als
auch in ambulanter, aufrechter Haltung durch den Einsatz der
Telemetrie (z. B. BAHRDT u. a., 1982).

Die Gegner sind davon scheinbar unbeeindruckt und fürchten
die Vereinnahmung unserer Lebensvollzüge durch die Technologie und die mögliche Reduktion zwischenmenschlicher Kommunikation. Solche Befürchtungen sind bei mißbräuchlicher Handhabung nicht unbegründet.

2. Die Schwangere/Gebärende tritt bei der Kardiotokographie
über einen längeren Zeitraum in direkten Kontakt mit der Diag-
nosetechnologie, eine mögliche Gefährdung des Feten unter der
Geburt kann schwerer verleugnet werden.

3. Die Interpretation der fetalen Herzaktionsfrequenz bedarf
einer eingehenden Auseinandersetzung mit allen interferierenden
Parametern und setzt einen eingehenden Lernprozeß beim An-
wender voraus.

4. Die Messung bedarf zwar der menschlichen Interpretation,
muß aber nicht mehr , wie die diskontinuierliche akustische
Herzfrequenzmessung mittels Hörrohr, in räumlichem und tak-
tilem Berührungskontakt vorgenommen werden. Dadurch könnte
mißbräuchlich der Gesprächskontakt verringert werden. Dazu
kommt, daß wir die metakommunikative Bedeutung naher
Hautkontakte, wie sie bei Verwendung des Hörrohres entstehen,
nicht übersehen dürfen. Er ist auch sicher durch nichts zu ersetzen.

9. 2 Psychologische Auswirkungen der Technologiediskussion auf Geburtshelfer

Der Geburtshelfer hat heute von der Warte verschiedener Gruppen aus scheinbar die Wahl, als "Technologe" zu gelten und
routinemäßig den Kardiotokographen zu verwenden (seit kurzem
auch Mikroblutgasanalysen hinzuzufügen) oder als "guter Mensch".

So kommt es, daß sich einige Geburtshelfer darauf beschränken,
den Kardiotokographen nicht routinemäßig, sondern nur nach
"Bedarf" einzusetzen. Da allein ein routinemäßiger Einsatz gute
Kenntnisse über normale und pathologische Verläufe lehren kann,
hat hier die Schwangere aus medizinischer, aber auch aus psychologischer Perspektive das Nachsehen. Schließlich macht es er-
lebensmäßig einen Unterschied, ob es sich um eine Routinemaßnahme oder ein Notfallinstrument handelt. Eine Notfallhandlung,
wenn sie als solche erkennbar ist, muß immer Angst auslösen.

9. 3 Auswirkungen der Kreißsaaltechnologie auf die Schwangere

Die Schwangere und ihre nächsten Angehörigen werden durch
die bereits erwähnte Diskussion einerseits verunsichert, andererseits gezwungen, sich mit dem Geburtsmanagement von Entbindungskliniken (so sie eine Wahl haben) auseinanderzusetzen.

D. h., die Frau kann sich entscheiden, ob sie eine kardioto-
kographisch überwachte Geburt wünscht oder nicht. Die allgemeine Verunsicherung der Frauen durch diese öffentliche
Diskussion wird vor allem von geburtsmedizinischer Seite immer
wieder betont (SALING, 1982, NEUMARK, 1982) und eine Ablehnung geburtshilflicher Überwachungsgeräte implizit angenommen.
Daher haben in den letzten Jahren psychologische Untersuchungen
zu diesem Themenkreis eingesetzt. Dabei ging es nicht nur um
die Akzeptanz, sondern auch um das intrapsychische Erleben
der Methode Kardiotokographie (CTG).

9. 4. Untersuchungen zum Erleben der Kardiotokographie

Erstmals wurde in einer amerikanischen Studie (STARKMAN,
1976) eine Reihe positiver und negativer Reaktionen auf das
fetale Kardiotokogramm (CTG) untersucht. Positiv vermerkten
die Frauen den Wert des CTG als wichtige Information für die
Geburtshelfer und als Hilfe, sich auf die Wehen vorzubereiten.
Dagegen beanstandeten sie die Unannehmlichkeiten, die durch
die Elektroden entstanden, sowie die auferlegte Bewegungsein-
schränkung. Ängste im Zusammenhang mit der fetalen Kopf-
schwartenelektrode wurden geäußert. Frauen, die schon einmal aus verschiedenen Gründen ein Kind verloren hatten, beurteilten das CTG eher positiv. Die Autoren wiesen in ihrer
Diskussion auf die Bedeutung der Information über das CTG,
insbesondere der Kopfschwartenelektrohde, hin. Sie stellten
fest, daß die Angst vieler Frauen daher kam, daß sie die Bedeutung des CTG nicht verstanden und nicht wußten, warum
es vorgenommen worden war (STARKMAN, 1976, 1977, STARK-
MAN & YOUNG, 1980).

KITZINGER (1975) berichtete 1975, also ebenfalls eine Arbeit
aus der Anfangszeit der Kardiotokographie, über negative
Reaktionen bei Ausfall des Gerätes und Uneinigkeiten des Betreuungspersonals über die Interpretation der vorhandenen Daten. Als positiv wurde von den Eltern auch in ihrem Bericht
vermerkt, daß sie über den Zustand des Babys Bescheid wußten.
Manche Frauen beklagten sich, daß ihre Männer sich mehr um
das Gerät, als um sie gekümmert hätten. Eine neue Arbeit von
JACKSON u. a. (1983) fand in Übereinstimmung mit eigenen
Untersuchungen (RINGLER u. a., 1981, 1982), daß das CTG
vorwiegend positiv und Sicherheit vermittelnd erlebt wird.
JACKSON u. a. (1983) strichen hervor, daß die Frauen die Vor-
derseite des Monitors sehen wollten und ihn, wenn dies der
Fall war, besser erinnerten. Das CTG vermittelte dann auch
größere Sicherheit. Die Sicherheit war auch dann größer, wenn
der Mann bei der Geburt anwesend war und die Frau eine

Geburtsvorbereitung besucht hatte. Die beiden letztgenannten
Ergebnisse haben allerdings m. E. wenig mit dem CTG, vielmehr dafür mit der vorausgegangenen Information und der Anwesenheit des Partners (s. Kap. 10) zu tun.

In unserer Untersuchung konnten wir den Befund STARKMANs
(1980), daß das CTG bei der Wehenveratmung helfen könne,
nur in sehr geringem Umfang bestätigen.

Tab. 11: Das CTG als Hilfsinstrument bei der Wehenverarbeitung
(alle Angaben in %). (nach RINGLER u. a., 1981).

CTG und Wehen	genau		stimmt ziemlich		stimmt etwas		stimmt gar nicht	
	PP	MP	PP	MP	PP	MP	PP	MP
die CTG-Überwachung ließ mich Wehen- schmerz leichter er- tragen	18	12	11	15	34	27	37	46
die CTG-Überwachung half, nur die Wehen zu veratmen	11	10	16	12	26	20	47	58

Das heißt, daß einige wenige Frauen sich das Instrument CTG
zunutzemachen können, um mit dem Wehenschmerz zurechtzukommen. Die Hoffnungen, diese Möglichkeit durch psychoprophy-
laktisch geeignete Informationen und Anleitungen auszubauen
(RINGLER u. a., 1982) sind nur dann gerechtfertigt, wenn hier
systematische Forschungsarbeit einsetzt, die vor allem die Variable der "personal control" (DOERING u. a., 1980) in den Vordergrund rückt. In der Arbeit von JACKSON u. a. (1983) wurde Sorge am häufigsten durch Variationen in der fetalen Herzfrequenz hervorgerufen. Dies ist eine Angst, die sich durch
Erklärungen fetaler Herzaktionsmuster vermeiden lassen müßte,
wobei zu bedenken ist, daß eine einmalige Information zwar als
Erklärungsmaßnahme ausreicht, aber keine laufende Kontrolle
darstellt, wie eine Erfahrung psychisch verarbeitet wird.

Die überwältigende Zustimmung zum CTG (90% aller Frauen)

in unserer Untersuchung (RINGLER u. a., 1981) sollte nicht darüber hinwegtäuschen, daß diese Methode ebenso sehr Angst auslösen kann, wenn sie ungenügend erklärt und daher nicht verstanden wird (STARKMAN, 1976, 1977, 1980, RINGLER u. a., 1982). JACKSON u. a. (1983) fanden, daß negative Reaktionen dort auftraten, wo entweder die Maschine plötzlich nicht mehr funktionierte (was ja immer mit einem totalen Ausfall der Herzfrequenz verbunden ist) und daher, wenn die Frau nicht vorbereitet ist, Angst auslösen muß, bzw. wenn sich das Betreuungsteam über die Diagnose uneinig war (siehe auch KITZINGER, 1975). In beiden Fällen handelt es sich um Situationen, die wohl nicht vermeidbar sind, denen aber vorgesorgt werden kann. Insbesondere Uneinigkeiten dürfen niemals vor dem Patienten ausgetragen werden.

In einer eigenen Arbeit (RINGLER u. a., 1981) konnten wir zeigen, daß die Ängstlichkeit und Sorge im Zusammenhang mit dem Kardiotokogramm signifikant von der Information, ihrem Wissen um die Bedeutung des CTG (Tab. 12, 13, 14), die die Gebärende über die Methode hat, abhängt. Wir fanden sowohl bei den Erst- und bei den Mehrgebärenden eine überwältigende Zustimmung zu dieser Form der geburtshilflichen Überwachung. Eine Gruppenbildung hinsichtlich des Merkmals, Einstellung zu geburtshilflichen Überwachungsgeräten konnte aufgrund der mangelnden Anzahl von Frauen, die die Überwachung ganz (3%) oder teilweise (14%) ablehnen, nicht vorgenommen werden.*

Dies wäre eine ganz wichtige Variable, weil ja durch die Einstellung das Erleben mitbeeinflußt wird. Allerdings zeigte sich in unserer Arbeit bei den ablehnend eingestellten Frauen, daß sie sich eher gestört und behindert fühlten. Sonst bestanden keine sichtbaren Unterschiede; interessanterweise nicht einmal bei der Frage, ob sie bei der nächsten Geburt wieder ein CTG wünschen. Keine einzige Erstgebärende und 8% der Mehrgebärenden fanden die Überwachung überflüssig. Möglicherweise ist diese Diskrepanz darauf zurückzuführen, daß ablehnend eingestellte Frauen, eher das Vorurteil der Behinderung kennen und sie daher auch erleben, i. S. der selffullfilling prophecy.

---

* Möglicherweise suchen sich Frauen mit einer ablehnenden Einstellung zum CTG eine andere Entbindungsklinik, wo das CTG keine Routinemaßnahme ist.

Tab. 12: Zusammenhang zwischen Wissen (+) und Nicht-Wissen
(-) um die Bedeutung des CTG und der Angabe, sich verwirrt
gefühlt zu haben in % der jeweiligen Population n. RINGLER
u. a., 1981, N = 80.

Ich war verwirrt	CTG +	CTG -
stimmt genau	2	17
stimmt ziemlich	6	11
stimmt etwas	28	39
stimmt gar nicht	64	33

Tab. 13: Zusammenhang zwischen Wissen (+) und Nicht-Wissen
(-) um die Bedeutung des CTG und der Angabe, durch diese
Maßnahme aufgeregt und verstört worden zu sein in % der jeweiligen Population (N = 80).

Ich war aufgeregt und verstört	CTG +	CTG -
stimmt genau	9	47
stimmt ziemlich	15	10
stimmt etwas	30	10
stimmt gar nicht	46	33

Tab. 14: Zusammenhang zwischen Wissen (+) und Nicht-Wissen
(-) um die Bedeutung des CTG und der Angabe, durch diese
Maßnahme ängstlich geworden zu sein, was wohl passiert sein
mochte in % der jeweiligen Population. (N = 8=)

Ich war ängstlich, was wohl passiert sein mochte	CTG +	CTG -
stimmt genau	11	17
stimmt ziemlich	5	28
stimmt etwas	15	16
stimmt gar nicht	69	39

Am Beispiel der psychologischen Arbeiten zur Überwachung der fetalen Herzaktion unter der Geburt lassen sich folgende Schlußfolgerungen ableiten:

1. Bei der oft zitierten Ablehnung technischer Überwachungsgeräte handelt es sich keineswegs um eine weitverbreitete Ansicht.

2. Der Wert technischer Überwachungsgeräte wird auch von den Gebärenden anerkannt.

3. Wird ihre Hilfsfunktion genau erkärt und die Bedeutung der Erklärung überprüft, dann vermittelt das CTG Sicherheit und reduziert Angst, was psychosomatisch sehr bedeutsam ist.

4. Im Falle, daß die Bedeutung des CTG nicht bekannt ist, kann es Angst hervorrufen. Daher muß eine eingehende Information und Erklärung gefordert werden, bei der der subjektive Bedeutungsgehalt des Gesagten und Verstandenen überprüft wird.

10. DER WERDENDE VATER

Unsere Kenntnisse über die psychologischen Auswirkungen einer Schwangerschaft auf den werdenden Vater sind gering. Daß er sich mit einer Reihe von Problemen auseinanderzusetzen hat, wird schon aus der Vielfalt der Witze (FREUD, 1905, 1968, STROTZKA, 1956, 1957) deutlich. Kerninhalt dieser (meist sind es Bilderwitze) Witze ist ein zitternder, aufgeregter Vater, sowie eine Hebamme oder ein Arzt.

Ein anderes Klischee schickt den werdenden Vater ins Wirtshaus trinken (Alkoholkonsum ist eine in unserer Kultur hochakzeptierte Form zur Angstreduktion). Daraus läßt sich schließen, daß für den werdenden Vater relativ wenige Möglichkeiten bestehen, sich mit seinen Ängsten und Sorgen auseinanderzusetzen und dabei ernstgenommen zu werden.

Über die notwendige Regression für die schwangere Frau ist viel geschrieben worden (KESTENBERG, 1976, MOELLER-GAMBAROFF, 1980, BENEDEK, 1970a). Ihr Bedürfnis, sich zurückzuziehen, geschont und gepflegt zu werden, wird allgemein anerkannt. Zumindest die körperliche Schonung wird ihr (in verschiedenen Ländern in verschiedenem Ausmaß) sogar gesetzlich garantiert. Die Ignoranz gegenüber den Problemen werdender Väter geht so weit, daß hierzu ganz wenige Arbeiten existieren (z. B. PILOWSKY, 1972). Die Erklärungen hierfür sind sicherlich in soziokulturellen Eigenheiten zu finden.*

Nachdem die Witze über werdende Väter noch nicht wissenschaftlich aufgearbeitet sind, können wir das Wissen über die Probleme werdender Väter derzeit vorwiegend aus folgenden Quellen beziehen:

---

* Starke Männer haben keine Probleme, Vater werden bedeutet stärker werden (auf jeden Fall, wenn man einen Sohn bekommt oder bekommen soll) und in ökonomischer Hinsicht muß der Familienvater wohl auch stark sein, wenn er seine Familie versorgen will. Denn Armut bedeutet immer Schwäche.

114

1. Untersuchungen zum Symptom Couvade (TRETHOWAN, 1972, 1968, TYLOR, 1965),

2. psychiatrische (TRETHOWAN, 1968, DAVENPORT & ADLAND, 1982, TOWNE & AFTERMANN, 1955, BUCOVE, 1964, ZILBOORG, 1931), psychoanalytische und psychotherapeutische Untersuchungen.

FREUD (1972, S. 182) betrachtet die Couvade als extremste Form, Zweifel an der Paternität zu mindern und das Prinzip der Legitimität zu betonen.

Eine andere Intention liegt darin, die bösen Geister von der Gebärenden abzulenken (MALINOWSKI, 1929, S. 160). So gesehen ist es eine Geste des Schutzes für Frau und Kind.

10. 1 Untersuchungen zum Symptom Couvade

Couvade ist ein in manchen primitiven Kulturen vorkommendes magisches Ritual, das vom Anthropologen Sie EDWARD TYLOR, 1865 erstmals beschrieben wurde. In ihm simuliert der Ehemann um die Zeit der Geburt, die Geburt und /oder das Wochenbett. NEWTON & NEWTON (1972) interpretieren die Couvade als ein Ritual, das das Überleben garantieren soll. Diese Wirkung komme dadurch zustande, daß eben durch das Ritual die väterliche Rolle und Verantwortung hervorgehoben werde. Sie helfe dem Vater,auch sich mit der Mutter und dem Kind zu identifizieren.

Das Symptom Couvade dagegen ist eine psychogene Reaktion auf die Schwangerschaft der Frau bzw. die Geburt (TRETHOWAN & CONLON, 1965) und äußert sich in physischen Symptomen. Ein freiwilliges Ausagieren ist dabei nicht möglich. Im Gegenteil: Der Zusammenhang zwischen der Angst der Männer ob der Schwangerschaft ihrer Frau und physischen Symptomen, insbesondere Zahnschmerzen ist sehr häufig (eine Interpretation dazu findet sich bei TRETHOWAN, 1972), aber auch jede andere Art körperlicher Beschwerden läßt sich finden. Der Zusammenhang mit der Schwangerschaft wird von den Betroffenen nicht wahrgenommen. Die Symptome verschwinden spätestens nach der Geburt. Die Wahrscheinlichkeit für einen Mann, bei der Schwangerschaft seiner Frau Couvade Symptome zu entwickeln ist hoch (TRETHOWAN, 1972). TRETHOWAN (1972) gibt die Inzidenz mit 20-25% aller Schwangerschaften an.

10.2 Psychiatrische, psychoanalytische und psychotherapeutische Untersuchungen

Hier ist erneut die umfassende Arbeit TRETHOWAN's (1968) zu

nennen, die ja psychiatrisch-psychoanalytisch fundiert ist. 40%
der werdenden Väter (N=186) gaben an, ängstlich zu sein. Davon hatte etwa die Hälfte (21%) psychiatrische Probleme, wie
Depression, Schlafstörungen, Spannung, Reizbarkeit usw. Aber
auch 1/3 jener Männer, die keine Angst angegeben hatten,
zeigten körperliche Symptome. Er interpretiert dies dahingehend,
daß bei diesen Männern, neben nicht-psychogenen Ursachen dennoch viele Symptome als konversions-neurotischer Natur anzusehen sind, also Symptome, die durch Verdrängung zustande
kommen. Dagegen sei bei jenen, die die Angst offen zugaben,
dieselbe Ausdruck des emotionalen Zustandes (TRETHOWAN,
1972). Aber auch post-partum sind psychiatrische Erkrankungen
bei Männern beschrieben worden (ZILBOORG 1931, TOWNE &
AFTERMAN 1955, BUCOVE 1964, DAVENPORT & ADLAND 1982).
LUKESCH (1977) befragte 104 Partner von Wöchnerinnen (also
post hoc) über ihr Schwangerschaftserleben. Eine positive Haltung gegenüber der Schwangerschaft wiesen jene Männer auf,
die ihre Herkunftsfamilie als intakt erlebten. Insbesondere
spannungsreiche Familienbeziehungen wirken sich negativ aus.
Die geringste Allgemeinbelastung fand sich bei jenen Männern,
die angaben, alles gemeinsam mit der Partnerin zu besprechen
und dabei zu befriedigenden Lösungen zu gelangen, d. h.
"Konflikte bei Entscheidungen in der Familie sind mit einer allgemein negativen Haltung gegenüber der Schwangerschaft verbunden" (LUKESCH, 1977, S. 130).

ZILBOORG (1931) beschreibt 30 Männer mit depressiven Reaktionen auf die Schwangerschaft ihrer Frau und führt Furcht vor
Inzest, einen tiefen unbewußten Haß dem eigenen Vater gegenüber, sowie gegen das Kind gerichtete Rivalitätsgefühle an.
FREEMAN (1951) betont in seinen Ausführungen, daß die
Schwangerschaft nicht als ätiologisches Agens, aber als be-
günstigendes Ereignis betrachtet werden kann. TOWNE & AFTER-
MAN (1955) heben zusätzlich hervor, daß sich die Männer in
ihrem Schutz- und Anlehnungsbedürfnis durch das neue Fami-
lienmitglied bedroht fühlen. Psychoanalytische Arbeiten versuchen
insbesondere eine Interpretation neurotischer Symptome werdender
Väter; als Deutungen werden "Gebärneid" und aggressive Impulse hervorgehoben (JONES, 1942, REIK, 1931, FREEMAN,
1952!).

Ich denke, daß die möglichen psychiatrischen Auswirkungen von
Schwangerschaft auf werdende Väter, Anlaß sein sollten, sich
mit dem Fragenkreis mehr zu befassen. Insbesondere ist uns un-
bekannt, wie sogenannte "normale", nicht neurotische Männer
die Schwangerschaft und Geburt bei ihren Frauen erleben. Diese
Fragen bekommen umso größere Bedeutung, je mehr wir die
jungen Väter in die perinatale Betreuung im Krankenhaus miteinbeziehen.

10.3 Väter bei der Geburt

Zunehmend wird im deutschen Sprachraum in den letzten Jahren
der Kindesvater in den Geburtsvorgang einbezogen. Auf einer
breiten Basis handelt es sich dabei um eine relativ neue Entwicklung. Ihre Verbreitung verdankt sie der offenen Diskussion
in den Massenmedien, insbesondere einzelnen Zeitschriften (z. B.
"Eltern"), in jüngster Zeit auch dem Schneeballsystem zufriedener Elternpaare, die ihre Erfahrungen an ihren Freundes- und
Bekanntenkreis weitergeben.
Ähnlich wie bei der Inanspruchnahme geburtsvorbereitender Maßnahmen, wird auch diese Möglichkeit des Geburtserlebens vorwiegend von Angehörigen höherer sozialer Schichten genutzt.
Die I. Universitätsfrauenklinik (Tab. 15) stellt damit keine Ausnahme dar. (PAWSON & MORRIS, 1972, DOERING u. a. 1980,
NORR, 1977).

Die Anwesenheit des Vaters ist keineswegs eine Selbstverständlichkeit. In der jüdisch-christlichen Tradition waren die Männer
vom Geburtsvorgang ausgeschlossen. Aber auch in anderen Kulturen gehört die direkte Beteiligung des Mannes eher zur Ausnahme (NEWTON & NEWTON, 1972). Das in diesem Zusammenhang
oft angeführte Couvade-Syndrom muß eher als Ausdruck eben
dieser Ausgeschlossenheit aus dem Geschehen angesehen werden
und als Versuch, doch einbezogen zu werden. Der Vater wartet
auf sein Kind, er bekommt es von seiner Frau "geschenkt". In
Anbetracht der früher üblichen hohen Säuglingssterblichkeit,
scheint eine solche Denkweise auch nicht ganz verfehlt. Waren
doch sowohl das Wissen um die Ursachen derselben, wie auch die
kurativ-therapeutischen Möglichkeiten gering. Fantasien und
Mythen überwogen bei weitem das Wissen der Menschen. Soziologische Ursachen dieser neuen Entwicklung können in folgenden
Aspekten gefunden werden:

1. Zunehmend leben wir heute in Ein- und wenn Kinder dazukom-
men – in Zweigenerationenhaushalten.

2. Dadurch sind die Partner in der Erfüllung ihrer psychischen
Bedürfnisse stärker als je zuvor auf ganz wenige Bezugspersonen,
meist eben nur einen erwachsenen Partner, beschränkt.

3. Durch die heute übliche Kleinfamilie kann aber auch die Fähigkeit, sich Geborgenheit bei anderen Personen zu verschaffen,
nicht mehr in demselben Ausmaß geübt werden, wodurch sich
die Abhängigkeit von einzelnen Personen massiv weiter verstärkt
(siehe auch REITER, 1983).

Tab. 15 gibt die Zahlen von Mai 1980 wieder, die aus einer Stich-
probe komplikationsfreier Geburten in diesem Zeitraum gewonnen

wurde. Aus Tab. 16a und 16b ist die neue Entwicklung bis zum Jahre 1982 zu ersehen.
Wie wir sehen, wuchs die Zahl der Väter, die die Geburt ihres Kindes gemeinsam mit ihrer Frau erleben wollen, in allen sozialen Schichten. 3 Frauen (C-Schicht, 6%) entbanden mit einer anderen Bezugsperson. Ähnliches gilt für den Besuch von Geburtsvorbereitungen. In beiden Stichproben handelt es sich um Zufallspopulationen. Am häufigsten besuchen jene Frauen eine Geburtsvorbereitung, die dann auch mit dem Partner entbinden. Besucht eine Frau keine Geburtsvorbereitung, so wird sie umso eher allein entbinden.

Tab. 15 (Väter bei der Geburt) im Jahre 1980 an der I. Universitätsfrauenklinik (alle Angaben in %).

Soz. Schicht	Partner anwesend	Schwangeren-turnen	Schwangeren-turnen + Partner	keine
A	60	60	20	0
B	41	37	22	44
C	21	26	11	63
D	4	4	0	92

(nach Ringler u. a. 1982)

Tab. 16a: Soziale Schicht, Anwesenheit des Partners bei der Geburt (N=95) und Besuch einer Geburtsvorbereitung, Schwangerenturnen (N=101), Sommer 1983, (alle Angaben in %).

Soziale Schicht	Partner anwesend	Schwangerenturnen
A	75	75
B	91	92
C	47	36
D	36	23

118

Tab. 16b: Anwesenheit des Partners bei der Geburt und Besuch
einer Geburtsvorbereitung, Schwangerenturnen (N=95),
Sommer 1982, (alle Angaben in %).

Partner bei Geburt	Geburtsvorbereitung Schwangerenturnen	
	ja	nein
ja	60	40
nein	19	81
and.	33	67

Enge positive Beziehungen zu anderen und erfahrenen weiblichen
Beziehungspersonen sind selten. Dies mag auch erklären, warum
nur ganz vereinzelt Frauen die Möglichkeit in Anspruch nehmen,
sich statt des Partners eine Freundin als Begleitperson in den
Kreissaal mitzunehmen.* In den von mir geleiteten Frauengruppen
machte ich die Erfahrung,daß nur ganz wenige Frauen eine so
enge Freundin hatten, bei der sie sich vorstellen konnten, daß
sie ihnen eine Stütze sein könnte. Dies bedeutet, daß die Lebens-
partner enger zusammenrücken und ihr Leben partnerschaftlicher
organisieren müssen, wollen sie ihre psychischen Bedürfnisse be-
friedigen. Derart strukturelle Veränderungen von Beziehungsmustern lassen sich in einer sicheren ökonomischen Situation, wie
sie für die höheren sozialen Schichten charakteristisch ist,
leichter, schneller und weniger bedrohlich durchführen. Dadurch,
daß diese Personen auch gesellschaftliche Einflußträger sind
(KATZ und LAZARSFELD, 1955) läßt sich die Dominanz höherer
sozialer Schichten und die erst allmähliche Ausbreitung der Idee,
die Geburt gemeinsam zu erleben, in niederen sozialen Schichten
besser verstehen.

---

* An der I. Universitätsfrauenklinik konnte ich beobachten, daß
jugoslawische Gebärende häufig von der Schwiegermutter begleitet werden. In Ermangelung jugoslawischer Sprachkenntnisse
kann ich nur vermuten, daß dies eng mit spezifischen interfami-
liären Beziehungsmustern zusammenhängt.

Dies wird durch zwei Untersuchungen bestätigt: NORR u. a. (1977), ebenso wie DOERING u. a. (1980), fanden, daß Paare dann die Geburt gemeinsam vorbereiten und erleben, wenn die Frau einen höheren Sozialstatus, weniger traditioneller Einstellungen zu Geschlechtsrollen hat und die Paarbeziehung besser ist.

Ebenso wie derartige Entwicklungen aus einer ganz bestimmten gesellschaftlichen Dynamik heraus entstehen, fördern sie weitere kulturelle und psychologische Veränderungen. Diese wird der nächste Abschnitt behandeln.

Eine weitere Bedingung begünstigt ebenfalls diesen Trend. Die Geburt im Krankenhaus-Kreißsaal ist immer ein Herausgehobensein aus einer bekannten, gewohnten und vertrauten Umgebung. Für viele Menschen ist der Aufenthalt in einem Krankenhaus mit der Vorstellung von Verletzung, Behinderung oder gar Verstümmelung verknüpft. Kein Wunder, daß dies Ängste auslöst.*

Dazu kommt, daß nur in ganz seltenen Ausnahmefällen, die Frau durchgehend von einer anderen Person, sei es Arzt oder Hebamme betreut wird. Nicht nur, daß bei Dienstwechsel die medizinischen Helfer wechseln, auch sonst bleibt sie die meiste Zeit allein. Allein mit ihr selbst bei bester Vorbereitung, unbekannten und schmerzhaften Körpervorgängen. Nachdem es einer Klinik aus ökonomischen Gründen nicht möglich sein kann, jeder Gebärenden eine Begleitung aus dem Klinikpersonal zur Verfügung zu stellen, bieten sich die nahen Bezugspersonen der Frau als ideale Hilfe an. Bei Frauen, die allein im Kreißsaal gelegen haben, dominieren die Einsamkeits- und Verlassenheitsgefühle. In gleicher Weise wird von jeder Frau, die eine Begleitperson im Kreißsaal hatte, spontan angegeben, daß sie sich sicher und geborgen gefühlt habe (RINGLER u. a., 1984).

So gesehen bietet die Einbeziehung von Beziehungspersonen bei Geburten die Möglichkeit, sich Frauen, die aus verschiedenen Gründen alleine kommen müssen, dann besonders intensiv zu widmen.

---

*In meinen Gruppen konnte ich immer wieder beobachten, daß Frauen mit großen Ängsten vor Spitalsaufenthalten und insbesondere Angst vor Narkose, traumatische Kindheitserfahrungen haben, wo sie unvorbereitet und von der Familie getrennt operiert wurden.

10.4 Das gemeinsame Geburtserlebnis

Anwesenheit des Vaters bei der Geburt kann vielerlei bedeuten.
Zeitlich gesehen, umfaßt dieser Begriff ein weites Spektrum.
Zu unterscheiden ist

1. eine durchgängige Anwesenheit, beginnend mit der Klinik-
   aufnahme, endend mit einem ungestörten Zusammensein mit
   Frau und Kind, im Anschluß an die Geburt.

2. Eine teilweise Anwesenheit über einen gewissen, längeren
   Zeitraum. Z. B. nur in der Eröffnungszeit, nur zur eigent-
   lichen Geburt oder nur anschließendes Zusammensein mit
   Frau und Kind.

Daneben ist es heute möglich, daß die Partner (aber auch andere enge Beziehungspersonen) in den Kreißsaal "auf Besuch
kommen", ähnlich einem Krankenhausbesuch. Diese Form der An-
teilnahme kann nicht als Anwesenheit des Vaters bei der Geburt
im Sinne eines gemeinsamen Geburtserlebnisses gesehen werden.
Die meisten Untersuchungen differenzieren nicht zwischen einer
durchgängigen und einer teilweisen Anwesenheit. Meiner Erfahrung nach ist die teilweise Anwesenheit auch selten. Selbst
wenn sie geplant wurde, weil auf seiten des Mannes Ängste, die
Entbindung des Babys zu erleben, bestanden, wird sie dann
selten durchgeführt. Das gemeinsame Erleben und Bewältigen
der Eröffnungszeit ist meist so überzeugend, daß die Partner
bleiben. Dagegen beruht die teilweise Anwesenheit gegen Ende
der Geburt, wie sie häufig bei Mehrgebärenden vorkommt, oft
auf Organisationsmängeln. So dauert die Geburt meist kürzer
als bei Erstgebärenden und der Vater hat dazu noch die Aufgabe, das/die erstgeborene(n) Kind(er) erst einmal zu versorgen. War dies nicht ausreichend vorgeplant, so passiert es
immer wieder, daß er dann "zu spät" kommt.

Die Zufriedenheit mit dem gemeinsamen Geburtserlebnis ist überwältigend (DOERING u. a., 1980, NORR, 1977, WIMMER-PUCHINGER,
1982 b, RINGLER u. a., 1984, PETERSON u. a., 1979, PAWSON
& MORRIS, 1972).

Dies gilt nicht nur für Paare, wo alles schön glatt und reibungslos verläuft. Auch wenn im Geburtsverlauf Komplikationen auftraten, wurde die Geburt von den Paaren noch immer positiv
erlebt (RINGLER, 1982a). Dies ist weniger selbstverständlich
als es scheint (PETERSON u. a., 1979). Aufgetretene Komplikationen werden von den Frauen sehr häufig als "Versagen" erlebt (PETERSON u. a., 1979, FORBES, 1972, siehe auch Fall
Kap. 7.5.1), mit all seinen negativen psychologischen Konsequenzen.

Diese Beobachtung beschränkt sich allerdings auf gut vorbereitete Paare, in deren Vorbereitung auch eine Vorbereitung auf
einen möglichen schwierigen Geburtsverlauf enthalten ist und
gilt nicht für Paare, wo aufgrund der sozialen Bezugsgruppe
und ihrer Normen ein schwieriger Geburtsverlauf nicht erlaubt
ist und daher nicht durchgearbeitet wird (siehe Fall N.,Kap.7.5.1).

DOERING u. a. 1980, NORR 1977, fanden in ihren Untersuchungen
einen direkten Zusammenhang zwischen der Qualität des Geburtserlebnisses und der Anwesenheit des Vaters bei der Geburt. Dagegen hatte die Anwesenheit des Vaters keinen Einfluß auf das
Schmerzerleben.
Viele Autoren streichen immer wieder den in dieser Erfahrung
enthaltenen Reifungsprozeß für den Mann hervor, wenn er den
Erfahrungen nicht davonläuft (FORBES, 1972, CERUTTI u. a.,
1975, ELSCHENBROICH, 1980, GURWITT, 1976, GARBARINO,
1980). Dafür sprechen auch die empirischen Befunde. GREENBERG
& MORRIS (1974) berichten, daß Väter, die bei der Geburt anwesend waren und in den ersten Tagen Gelegenheit hatten, sich
intensiv mit dem Kind zu beschäftigen, diese Erfahrungen als
wichtige Zäsur in ihrem Leben erfuhren und ihr Selbstwertgefühl angehoben wurde. PETERSON u. a. (1979) fanden in ihrer
Untersuchung, daß die Teilnahme des Vaters bei der Geburt und
seine Einstellung dazu, jene Variablen darstellten, aus denen man
die Zuneigung des Vaters zum Kind am besten vorhersagen kann.
Positives Geburtserleben ist mit größerer Zuneigung und Interaktion des Vaters mit dem Kind verbunden.
BRAZELTON (1982) bemerkt, daß viele Väter, die bei der Geburt anwesend waren darauf verweisen, daß sie sich nun nicht
nur dem Neugeborenen im Vergleich zu vorangehenden Kindern,
sondern auch ihrer Frau näher fühlten, die sie ein so intimes
und wichtiges Ereignis miterleben ließen. (KLAUS & KENNELL,
1982, S. 61).

Dies wird auch durch eine Reihe anderer Untersuchungen be-
stätigt (SOULE, 1974, COLMAN & COLMAN, 1972, CRONENWEIT
& NEWMARK, 1974, MUREELL & STACHOWIAK, 1965). Dabei ist
hervorzustreichen, daß es sich um ein bedeutungsvolles Ereignis
beider Eltern handelt (MUREELL & STACHOWIAK, 1965, PETERSON,
1979), wobei das aktive Miterleben der Geburt und ein intensiver
Vater-Kind-Kontakt eine wesentliche Voraussetzung dafür sind
(LEHR, 1978).
Die Bedeutung, die Geburt miterleben zu können, läßt für den
Vater eine spürbare Verbindung seiner Vaterfunktion und ihrer
Bedeutung für das Kind entstehen. Denn wie PAWSON & MORRIS
(1972) sagen: "from a purely biological point of view men
inevitably have only an indirect relationship with their offspring.
Unlike women they have no hormone changes, no remarkable

physical and emotional experience to help them to adapt to and
identify with their new child. It is a secondary form of
relationship".

Wenngleich diese Betrachtungsweise recht abwertend ist, so
ist sie sicher vielfach doch Mitursache für häufige Schwierigkeiten, die Männer im Zusammenhang mit Schwangerschaft und
Geburt ihrer Kinder berichten. Einer eigenen Untersuchung
(RINGLER u. a., 1984) von Paaren, die die Geburt gemeinsam
erlebten, können wir folgende Schlußfolgerungen entnehmen:

1. Alle Paare waren mit dem gemeinsamen Geburtserlebnis zu-
   frieden.

2. Keine einzige Frau bewertete die Anwesenheit des Partners
   negativ.

3. Im Gegenteil: die Frauen betonen, wie sicher sie sich fühlen.
   Verlassenheitsgefühle traten nicht auf.

4. Mehrgebärende Frauen, die die erste Geburt allein erlebten,
   weisen auf den großen Unterschied hin, den die Anwesenheit
   des Partners für sie bedeutete.

5. Die Väter erleben durch die Möglichkeit ihre Partnerin zu
   unterstützen, eine wichtige Bestätigung. Sie streichen hervor, wie wichtig es für sie war, einbezogen zu werden.

Wie HENNEBORN & COGAN (1975) fanden auch wir in unserer
Untersuchung einen deutlichen Trend, daß insbesondere vorbereitete Paare eine geringere anästhetische Medikation benötigten
(LANGER u. a., 1983).
Die Messung medizinischer Parameter als abhängige Variable,
stößt leider immer wieder auf dieselben Schwierigkeiten in der
Klinikroutine.
Alle diese Ergebnisse weisen darauf hin, daß heute eine Teilnahme
des Partners als wünschenswert betrachtet werden muß und gefördert werden sollte. Dennoch bleiben einige Fragen offen, die
auch in der Literatur immer wieder diskutiert werden:

1. Sollen alle Männer an der Geburt teilnehmen?

2. Welche Männer sollten nicht teilnehmen?

3. Gibt es mögliche Spätfolgen, die negativ wären?

Ich formuliere diese Fragen mit Absicht in dieser Form, weil sie
in jeder Diskussion auftauchen, obwohl manche davon schon bei
genauerem Hinhören absurd anmuten. So, wie es nicht sinnvoll

ist, Menschen irgendein Verhalten, das mit Zuneigung und Liebesbeziehungen verknüpft ist, zwingend vorzuschreiben, so ist es eben gerade auch hier.

Sicherlich wird ein Partner, der sich im Kreißsaal unwohl fühlt und sich vor den Vorgängen fürchtet, für seine Frau eher eine Belastung darstellen, denn eine Hilfe. Hier sind folgende Strategien zu überlegen:

1. Wird eine solche Situation frühzeitig erkannt bzw. will der Partner ohnedies nicht teilnehmen, so sollte die Frau ermuntert werden, sich eine andere wichtige Beziehungsperson (LÖSCHENKOHL & NEUMANN, 1982) mitzunehmen. Ist dies auch nicht möglich, weil eine solche nicht existiert, so sollte die Frau im Kreißsaal so wenig als möglich alleingelassen werden.

2. Erweist sich die Anwesenheit des Partners im Kreißsaal als hinderlich, so muß er ohne "Gesichtsverlust" für sich und seine Partnerin gehen können. (Ich pflege den Mann Kaffeetrinken oder Essen zu schicken und gehe eventuell auch mit). Selbstverständlich darf die Frau nicht alleingelassen werden.

Dieses Vorgehen erfordert sehr großes Einfühlungsvermögen und Takt und sollte mit den Betroffenen immer nachbesprochen werden, um eventuelle Versagensgefühle aufzuarbeiten.

Da ein Eingreifen in dieser Weise immer ein äußerst delikates Geschehen ist, bei dem sehr leicht Gefühle des Versagens auftreten, sollte man es besser vermeiden. Dies bedeutet, daß wir Kriterien erarbeiten sollten, mit deren Hilfe vorhersehbar ist, welche Paare für eine gemeinsame Entbindung ungeeignet sind.

CERUTTI u. a. (1976) kommen zu folgenden Schlußfolgerungen: Eine gemeinsame Entbindung sei dann zu befürworten, wenn der Ehemann

1. keine pathologische Persönlichkeit hat,

2. ein gutes emotionales Verhältnis zur Ehefrau besteht,

3. ein befriedigendes Sexualleben vorhanden ist,

4. gute emotionale Kontrolle und normale Angstwerte vorhanden sind und

5. die beiden einen Geburtsvorbereitungskurs besucht haben.

Mit solchen Bedingungen wird die Teilnahme des Vaters zu einem Hürdenlauf. Werden alle Punkte immer kontrolliert, muß das iatrogen Angst auslösen, (schließlich muß das etwas sehr Gefährliches sein, wenn solche Vorkehrungen nötig sind!).

Meiner eigenen Erfahrung nach, spielt die Beziehung des Paares
eine entscheidende Rolle. Was dabei im Geburtsverlauf zum Tragen kommt, ist, ob die beiden Partner imstande sind, sich gegenseitig zu stützen, Fehler des Partners in schwierigen Situationen zu akzeptieren, ohne sich gegenseitig abzuwerten und zu
kritisieren. Sich also gegenseitig zu verstehen geben können,
daß sie sich eine Hilfe sind, und sie die vor ihnen liegende Aufgabe meistern werden. Diese Möglichkeit, miteinander zu kommu-
nizieren ist natürlich für Paare, die die oben genannten 5
Punkte erfüllen leichter, aber sicher nicht alleinige Voraussetzung.*
In jedem Fall ist es schwierig, einen Mann, der gerne bei der
Geburt dabei sein möchte, auszuschließen, selbst wenn die negative Funktion, der diese Erfahrung dienen soll, deutlich auf
der Hand liegt. Hier muß ganz vorsichtig vorgegangen werden,
wie bei einem Paar, daß in der Vorbereitung dadurch auffiel,
daß es sich bei jeder Gelegenheit gegenseitig herabsetzte (er
warf ihr vor, daß sie die Übungen nicht richtig mache, sie warf
ihm vor, daß er das "Ganze" sowieso nicht aushalten werde).
Oder ein anderes Paar, wo sich herausstellte, daß es das "ge-
heime Ziel" der Frau war, ihrem Mann zu beweisen, was er ihr
Schreckliches angetan habe.
Wir haben auch sehr positive Erfahrungen gemacht mit dem gemeinsamen Geburtserlebnis bei Paaren, die wegen Eheschwierigkeiten und sexueller Probleme in der Schwangerschaft Hilfe
suchten (RINGLER & LANGER, 1983) und für die die geglückte
gemeinsame Bewältigung der Geburt einen Schritt in Richtung
Reifung bedeutete (siehe Fall G.).
Ein anderer wichtiger Punkt betrifft die Frage, was passiert mit
Paaren, die die Geburt gemeinsam erleben, aber dieses Erlebnis
negativ war? Eine einzige Untersuchung zu diesem Thema (PETER-
SON u. a., 1979) kommt zu dem Ergebnis, daß sich das Verhalten
der Väter, wie auch der Mütter gegenüber dem Kind dann eben
nicht von dem solcher Paare unterscheidet, die eine konventio-
nelle Krankenhausgeburt gewählt haben. Alle anderen Überlegungen bewegen sich im Bereich der Fantasien. Die beliebteste
davon ist die, daß die Männer später impotent werden.

---

* Für viele junge Paare ist das gemeinsame Geburtserlebnis das
erste wirkliche belastende gemeinsame Erlebnis. Und es ist zu
überlegen und zu untersuchen, ob bei einer entsprechenden
Vorbereitung hier eine Reifungschance für partnerschaftliche
Beziehungsmuster enthalten sind. Darauf verweisen ja jene wie-
derkehrenden Berichte von Paaren, daß sie sich nach diesem
Erlebnis einander näher fühlten.

Selbstverständlich handelt es sich dabei um ein Faktum, daß
keiner ohne weiteres weitererzählt und daher schwer überprüf-
bar ist. In abgeschwächter Form lautet das gleiche Argument,
daß das sexuelle Verlangen abnehmen würde. Ich denke, daß
dies im Anschluß an eine Geburt auch auf andere Variablen zurückgeführt werden kann. Z. B. ändert sich durch das Zu-
sammenleben mit einem Säugling, Kleinkind etc. der Lebens-
rhythmus und Schlafrhythmus der Eltern ganz wesentlich, d. h.
sie müssen auch neue Formen und Zeiten für ihre sexuelle
Aktivität suchen. Hinzu kommt, daß das Leben schlicht an-
strengender wird, was sich ebenfalls auf die Häufigkeit sexueller Aktivität negativ auswirkt.
Aber selbst bei Paaren, die später wegen Eheschwierigkeiten
in Psychotherapie kommen, wird ein gemeinsames Geburtserlebnis eher als positiver emotioneller Faktor der Beziehung erwähnt,
der dazu motiviert, etwas für die Beziehung zu tun, also bei
Schwierigkeiten Hilfe zu suchen.
Auffällig ist auch, daß solche Befürchtungen eher von Angehörigen der medizinischen Profession geäußert werden, wodurch
die Vermutung naheliegt, daß es sich eher um Ängste geburtshilflicher Betreuungspersonen handelt, daß ein "Fremder", der
Kindesvater in ihre Domäne einbricht, wodurch verschiedene
Kontrollängste belebt werden. Letztlich ist es eine Gewohnheits-
sache, ob und wie man darauf reagiert, wenn man das Gefühl
hat, jemand anderer sähe einem beim Arbeiten zu (STALLWORTHY,
1972). Im Falle, daß im Geburtsverlauf Schwierigkeiten auftreten,
muß es in der Entscheidung des Arztes liegen, ob er den Vater
wegschickt oder nicht. Unsere Erfahrungen zeigen, daß gut vorbereitete Paare sich auch in einer solchen Situation eine wichtige Stütze sind. Und wie SASMOR (1972) schreibt: "It is the
people who are excluded who make severe incriminations". (S.
279).

10. 5 Geburtsangst bei Vätern

Wenn Väter heute zunehmend die Geburt ihrer Kinder miterleben
wollen, dann interessieren klarerweise die Motivationen, Erwartungen und Ängste im Zusammenhang mit diesem Erlebnis. Im
Nachhinein sieht doch vieles anders aus, darauf allein kann man
keine gezielten Strategien zur Motivierung und Geburtsvorbereitung aufbauen. Auch Risikogruppen, die besser nicht teilnehmen
sollten, lassen sich so nicht finden. Meiner Erfahrung nach sind
es in den Vorbereitungsgruppen (und bei unvorbereiteten
Paaren dürfte der Prozentsatz noch höher liegen) etwa nur die
Hälfte der Männer, die von sich aus spontan die Geburt ihrer
Kinder miterleben wollen. Für die andere Hälfte gilt, daß sie
ihrer Frau zuliebe kommen, manchmal mehr gezogen und gescho-
ben, und sich für sich selbst eigentlich wenig Positives

126

erwarten.* In einer eigenen, noch laufenden Arbeit wurden auf
einer rein deskriptiv - phänomenologischen Ebene erste Anhalts-
punkte, wovor sich werdende Väter im Zusammenhang mit dem
Erlebnis Geburt fürchten, gewonnen. Die Ergebnisse beziehen
sich ausschließlich auf werdende Väter, die die Absicht hatten,
bei der Geburt ihres Kindes anwesend zu sein und eine Geburtsvorbereitung für Paare besuchten.
Die Auswertung der ersten 124 werdenden Väter ergab folgendes
Bild: (RINGLER, 1983c), Geburtsangst werdender Väter kann
durch sechs Faktoren beschrieben werden (Tab. 17).

Betrachten wir die einzelnen Faktoren genauer (Tab. 18-23) dann
fällt auf, daß sich die Männer weniger um sich selbst sorgen,
(wie die Frauen), es besteht auch keine unmittelbare körperliche
Bedrohung, dagegen sind alle Ängste sehr stark von ihrem
Beziehungshintergrund geprägt. Für die Männer ist also die Beziehung ein hervorragender Aspekt bei diesem Ereignis.

---

* Das macht den später zu beobachtenden "missionarischen Ei-
fer" von Vätern, die die Geburt ihrer Kinder miterlebten, besser verständlich. Wenn man sich so wenig Positives erwartet,
dann wird man klarerweise von den positiven Erfahrungen über-
wältigt.

Tab. 17: Faktoren der Geburtsangst werdender Väter, die die Absicht haben, bei der Geburt anwesend zu sein.

FAKTOR	BENENNUNG	% DER VARIABLE	EIGENVALUE
1	Angst,nicht helfen zu können	45,5	10,11162
2	Angst um Frau und Kind	14,5	3,21178
3	Angst, beim Geburtsgeschehen alleingelassen zu werden	13,8	3,06036
4	Angst vor beunruhigenden Gefühlen	11,4	2,53992
5	Angst vor Unverständnis des Betreuungspersonals	8,4	1,86060
6	Angst vor Hilflosigkeit	6,4	1,43096

128

Tab. 18: Beschreibung des Faktors 1
"Angst, nicht helfen zu können"

LADUNG	ITEM
0,72	nicht helfen zu können
0,70	ihr nichts abnehmen zu können
0,68	nicht so gut unterstützen zu können
0,66	hilflos zu sein
0,66	daß ich zusehen muß, wie meine Frau leidet
0,58	mich ungeschickt anzustellen
0,50	dem Geschehen ausgeliefert zu sein
0,43	Übungen, die in der Geburtsvorbereitung gelernt wurden, nicht anwenden zu können
0,42	die Vorgänge nicht beeinflussen zu können
0,41	etwas falsch zu machen

Tab. 19: Beschreibung des Faktors 2
"Angst um Frau und Kind"

LADUNG	ITEM
0,66	daß mein Kind bei der Geburt verletzt wird
0,61	fachliche Fehler des Geburtshelfers
0,60	ein totes Kind zu bekommen
0,59	vorzeitiger Blasensprung
0,58	mögliche Komplikationen
0,53	mögliche Folgeerscheinungen
0,52	etwas falsch zu machen
0,52	schlecht behandelt zu werden
0,52	Kaiserschnitt oder Zangenentbindung
0,49	dem Dammschnitt
0,46	daß meine Frau bei der Geburt stirbt

Tab. 20: Beschreibung des Faktors 3

"Angst beim Geburtsgeschehen, alleingelassen zu
werden"

LADUNG	ITEM
0,72	in fremder Umgebung mit meiner Frau allein sein
0,66	mit meiner Frau im Kreißsaal allein zu sein
0,47	der Situation nicht entfliehen zu können
0,44	daß meine Frau starke Schmerzen hat und leidet
0,44	daß ich die Auswirkungen dieses Ereignisses gar nicht abschätzen kann
0,44	die Geburt unappetitlich zu finden
0,43	daß die Geburt lange dauern könnte
0,42	Blut zu sehen
0,41	die Vorgänge nicht beeinflussen zu können
0,41	vor Schuldgefühlen

Tab. 21: Beschreibung des Faktors 4
"Angst vor beunruhigenden Gefühlen"

LADUNG	ITEM
0,80	bei der Geburt zuzusehen
0,79	zuzusehen
0,70	zu denken, daß ich das meiner Frau angetan habe
0,49	der Geburt
0,47	das alles nicht aushalten zu können
0,40	Blut zu sehen

Tab. 22:   Beschreibung des Faktors 5

"Angst vor Unverständnis des Betreuungspersonals"

LADUNG	ITEM
0,70	mich kritisiert zu fühlen
0,68	vor Ärzten und anderen Betreuungspersonen
0,63	meine Sorge nicht ausdrücken zu können
0,53	mich Anordnungen fügen zu müssen
0,47	mich überflüssig zu fühlen
0,43	weggeschickt zu werden
0,40	dem Geschehen ausgeliefert zu sein

Tab. 23:   Beschreibung des Faktors 6
             "Angst vor Hilflosigkeit"

LADUNG	ITEM
0,58	ohnmächtig zu werden
0,44	der Geburt
0,40	die Vorgänge nicht beeinflussen zu können

Unklar ist, ob die Dominanz des Faktors "Angst, nicht helfen
zu können" ein Artefakt der spezifisch untersuchten Gruppe
(Männer mit Teilnahmewunsch an der Geburt und Geburtsvorbereitung) ist, oder ein Charakteristikum aller Männer mit Teilnahmewunsch. Ebenso fraglich ist, wie die Situation für Männer,
die die Geburt nicht mit ihrer Frau erleben wollen, oder dies von
den betreffenden Frauen abgelehnt wird, aussieht.
Diese Frage wird eine künftige Untersuchung klären. Eine genaue Kenntnis der Geburtsangst von Männern und Frauen ermöglicht es, in den Geburtsvorbereitungsangeboten die Bedürfnisse der Teilnehmer besser zu berücksichtigen und relevante
Arbeitsschwerpunkte zu setzen. Ergebnisse des Geburtsangstfragebogens bestätigen jene Untersuchungen, die den Partner
als "social support factor" (DOERING u. a., 1980) einstufen.
WINNICOTT (1964) sieht die Rolle des Vaters darin, daß er
seiner Frau durch seinen Schutz ermöglicht, sich auf sich selbst
und das Kind zurückzuziehen, wodurch sie sich vorwiegend mit
dem Baby beschäftigen kann.
Offensichtlich betrachten die Männer ihre Anwesenheit aus eben
dieser Beziehungsperspektive. Auch scheinen sie sich der Bedeutung (TURNER & NOH, 1983, NORBECK & TILDEN, 1983,
COBB, 1976) des "social support factors" sehr genau bewußt
zu sein. Dagegen hat die Angst vor dem Krankenhaus einen
viel geringeren Stellenwert als vielfach angenommen wird. So bemerkt z. B. DANZIGER (1979), daß die Rolle des Vaters bei Geburten schlecht definiert sei. Sie seien vorwiegend damit beschäftigt, ihr Eindringen in die medizinische Umgebung auszu-
halten. Daher nehmen sie meist die Rolle des passiven Beobachters ein. Jenen, die aktiver wären, vor allem, wenn sie medizinische Prozeduren nachbefragten, würde feindlich begegnet.
Die Patienten verhielten sich dem Betreuungspersonal gegenüber
so, als ob sie Gäste in jemandes anderen Haus wären. Hinzugefügt werden muß aber wieder, daß es sich ja bei meinem Kollek-
tiv um Männer handelt, die eine Vorbereitung suchen und wissen,
daß sie als Begleitperson willkommen sind (sonst würde ihnen
die Klinik wohl keine Vorbereitung anbieten).
Aus psychoanalytischer Perspektive könnte die Dominanz des
Faktors "nicht helfen zu können" als Reaktionsbildung auf vorhandene Rivalitätsgefühle interpretiert werden.

11. GEBURTSERLEICHTERNDE MASSNAHMEN

Geburtserleichternde Maßnahmen stießen im christlichen Abendland bis zur Mitte des vorigen Jahrhunderts auf Widerstand, weil sie dem Wort Gottes nach dem 1. Buch Moses (1. 3. 16) widersprachen: "Und zum Weibe sprach er: Ich will dir viel Schmerzen schaffen, wenn du schwanger wirst: du sollst mit Schmerzen Kinder gebären;...".

Fast scheint es so, als wäre die Diskussion noch lange nicht vorüber. Pharmakologische wie nicht-pharmakologische geburtserleichternde Methoden werden in oft polemischer Weise kritisch betrachtet. Dort, wo die Vertreter der "natürlichen Geburt" mit allen Mitteln zu beweisen versuchen, daß Geburtsschmerzen entweder durch entsprechende Vorbereitung eliminierbar seien (d. h. auftretender Geburtsschmerz geht dann zu Lasten der Frau, im Sinne eines Leistungsversagens und Schuldverhältnisses), bzw. Frauen, die analgenisiert oder anaestesiert werden, hätten größere Schwierigkeiten eine positive Mutter-Kind-Beziehung aufzubauen, liegt auch heute noch der Verdacht nahe, daß hier kollektive unbewußte Schuld- und Bestrafungstendenzen wirksam sind. Ebenso dann, wenn einer Frau in der Klinik vom Betreuungspersonal eine vertretbare Geburtserleichterung verwehrt wird.

Geburtserleichternde Maßnahmen zielen auf:

1) Schmerzreduktion

2) Reduktion von Angst und Anspannung

Der Praktikabilität halber werde ich im folgenden zwei grobe Unterteilungen für die Diskussion treffen, nämlich

1) die psychologischen Auswirkungen pharmakologischer Agentien (soweit sie nicht schon in anderem Zusammenhang diskutiert wurden),

2) Auswirkungen geburtsvorbereitender Maßnahmen, wie Schwangerenturnen und dergleichen.

11. 1 Analgesie und Anaesthesie

Neumark weist darauf hin, "Durch den Schmerz, besonders bei
Erschöpfungszuständen nach protrahierten Geburten, findet man
bei unzureichender Analgesie verstärkt Hyperventilation, Hyper-
kapnie, Anstieg der Herzfrequenz und Herzminutenvolumen mit
Belastung des Herzens sowie Laktatämie und metabolische Azidose"
(NEUMARK, 1982, S. 81/82). BONICA (1980) diskutiert, daß die
Schmerzerleichterung bei der Geburt oft verweigert bzw. überhaupt vernachlässigt werde.
NEUMARK (1982) behauptet, eine geringfügige Analgesie (durch
milde Analgetika, TNS*, Akupunktur u. dgl.) habe eine geringere Bedeutung zur Reduktion der Schmerzen beim Geburtsvorgang,
als sich manche vorstellten. "Eine echte analgetische Wirkung hat
vermutlich nur dann eine Bedeutung, wenn ihr Ausmaß so stark
ist, daß sie einwandfrei vom Patienten erkennbar ist (z. B. bei
der Periduralanaestehsie)" (NEUMARK, 1982, S. 80). Aber auch
Analgesie und Periduralanaesthesie weisen Mißerfolge
auf und NEUMARK weist in diesem Zusammenhang auf die große
Bedeutung der Reduktion von Angst und Spannung hin. Die in
den Wehenpausen auftretende Dösigkeit bei der üblichen Medikation (Alodon und Avafortan) wird meist als angenehm erlebt.
Damit verbunden ist allerdings eine gewisse Schwierigkeit, sich
auf die kommende Wehe aktiv einzustellen.

Die Periduralanaesthesie ist wohl am heftigsten umstritten. Sie
ermöglicht in einer großen Zahl von Fällen (Versager zw. 3-15%,
nach NEUMARK, 1982) komplette Schmerzfreiheit.**

REVILL, 1980 (ROBINSON u. a., 1980) fanden, daß 12 (9 EP,
3 MP) von 45 Frauen mit Epiduralanaesthesie angaben, etwas ver-
mißt zu haben, wobei 7 der 9 Erstgebärenden sich auf den
Schmerz bezogen und darüber froh waren. Die übrigen 5 Frau-
en befanden, daß die Geburtserfahrung gefehlt habe. Dies ist
insofern nicht erstaunlich, als die Erfahrung der Körperveränderungen bei der Geburt auch positiv bewertet werden können
(i. S. zu erfahren, wie man funktioniert und was man dabei
erlebt). Da die Patienten zugestimmt hatten, an dieser Studie teil-
zunehmen, aber nicht hervorgeht, ob sie über Konsequenzen informiert waren (dies würde dem Ziel der Studie zuwiderlaufen)
ist anzunehmen, daß bei einer normalen klinischen Arbeit, wo
Patienten entsprechend informiert werden, solche Enttäuschungen
seltener vorkommen sollten.

---

* transkutane Nervstimulation
**auf medizinische Risiken gehe ich hier nicht ein.

RUBIN (1975) berichtet eine 1,5% Versagerquote der Epiduralanaesthesie zur Schmerzlinderung. Er berichtet, daß 4% aller
Patienten den Schmerz vermissen würden. Alle berichteten Arbeiten stammen von Anaesthesisten und/oder Gynäkologen. Der
unbestreitbare Wert der Periduralanaesthesie liegt darin, daß
die Mutter bei vollkommener geistiger Wachheit, ohne jegliches
Schmerzerleben, ihr Baby in Empfang nehmen kann, daß sie
es ohne erschöpft zu sein, versorgen kann und der Partner
keineswegs ausgeschlossen ist. Bei Diskussionen um die Periduralanaesthesie erlebt man neben breiter sachlicher Argumentation, immer wieder das Problem einer Frau zuzugestehen,
schmerzfrei und unbekümmert zu entbinden, aber auch das Problem der Frauen, dies für sich in Anspruch zu nehmen. In einem Seminar berichtete eine Jungärztin aufgebracht über Frauen,
die aufgrund der Periduralanaesthesie Romane lesend entbinden
und so tun, als ob nichts los wäre, eine Beobachtung, die sie
an einer geburtshilflichen Abteilung machte, an der Peridural-
anaesthesien zur Routine gehören. Sicherlich, das Beispiel be-
fremdet. Es weckt die Assoziation der von ihrem Körpergeschehen
distanzierten, ja entfremdeten Frau und Mutter, die "gefühllos",
sich selbst überlassen, die Zeit totschlägt und zuletzt nicht weiß,
wie sie ihr Kind geboren hat.
STARK (1977, S. 77) kritisiert, "das ist die total funktionali-
sierte, unmenschlich perfektionierte Geburt, die wieder einen
Baustein zum neurotischen Menschen der nächsten Generation
hinzufügt".
Das andere Extrem, nämlich die sich und ihren Schmerzen selbst
überlassene Frau, erschreckt zumindest in gleichem Maße. Nicht
allein wird Ablenkung mit Gleichgültigkeit gleichgesetzt, er-
schrecken mag auch die Möglichkeit, menschliche Vorgänge so
sehr verändern und beeinflußen zu können. Eines zeigt dieses
Beispiel deutlich, nämlich die fatale Auswirkung von Allein- und
sich Selbst-überlassen-Sein im Kreißsaal, selbst unter der Bedingung, keine körperlichen Empfindungen zu verspüren. Bei
solcher Kritik wird die meist als hilfreich erlebte Wirkung der
Periduralanaesthesie leicht übersehen und zu Makel und Schuld.
D. h., es gilt sinnvolle psychologische Kriterien zu erstellen,
wann eine Periduralanaesthesie aufgrund psychologischer Indikation angebracht erscheint.

11. 2 Geburtsvorbereitung

Der Besuch geburtsvorbereitender Kurse dient der Gefahrenkontrolle (siehe S. 49/50). Ihr Ziel liegt zumeist darin, Maßnahmen,
die der Angstkontrolle, -bewältigung dienen, zu vermitteln. Sie
sind heute in ihrem Wert unbestritten, wenngleich Kontrollunter-
suchungen im Hinblick auf ihre Wirksamkeit zu unterschiedlichen
Ergebnissen gelangen. (LUKESCH, 1981).

138

Liegt die Rate werdender Eltern, die Geburtsvorbereitungen besuchen, in manchen Teilen Schwedens bei 100% (ARESKOG u. a.,
1983b), so liegt sie in Österreich weit darunter, eine 100%ige
Beteiligung in unerreichbarer Ferne. Dies liegt nicht allein am
fehlenden Angebot, sondern an der mangelhaften Verbreitung
von Information über die Bedeutung und Wichtigkeit von Geburtsvorbereitung seitens der Experten. Auch viele betroffene Frauen
und ihre Partner sind der Geburtsvorbereitung gegenüber ablehnend eingestellt. Zwei Hauptprobleme erschweren diesen Zustand weiter:

1) Unter Geburtsvorbereitung wird sehr viel Verschiedenes verstanden, qualitativ: z. B. Elternschule, Schwangerenturnen,
Lamaze-Vorbereitung, Partnervorbereitung etc., und quanti-
tativ: es herrscht allgemein Uneinigkeit über das mindest notwendige zeitliche Ausmaß für geburtsvorbereitende Maßnahmen. ("Je mehr, desto besser", ist nicht nur ein ökono-
misch unvertretbarer Standpunkt, sondern auch hinsichtlich
seiner Wirksamkeit zweifelhaft).

Nach unseren eigenen Erfahrungen (PAVELKA u. a., 1980,
RINGLER u. a., 1981 b) sind mit 10 Doppelstunden, die einmal wöchentlich stattfinden, ausgezeichnete Resultate zu erzielen. Haben die Frauen zumindest das Schwangerenturnen
besucht, so lassen sich durch 2 Doppelstunden für Paare
gegenüber unvorbereiteten Paaren bereits signifikant bessere
Ergebnisse erzielen (RINGLER u. a., 1984). LUKAS (1959)
verweist auf die positive Wirkung seines "Tübinger Badege-
sprächs", also, daß selbst aufklärende und erklärende Worte
in "letzter Minute" besser sind als nichts.

2) Manche geburtsvorbereitende Methoden haben eine Art Glau-
benscharakter angenommen. (die "Read"- und die "Lamaze-
methode", das "Schwangerenturnen").
Alle Methoden beinhalten eine Vielzahl gemeinsamer Elemente,
wie die Vermittlung von Information, Entspannungs- und
Atemübungen. Dennoch kommen unterschiedlichste Verfahren
zur Anwendung, z. B. bei der Information: Dias, Filme, Diskussionen, Bücher, Vorträge etc.
beim Entspannungstraining: Progressive Muskelentspannung
(PME), oder autogenes Training, sowie Verkürzungen und
Kombinationen;
bei den Atemübungen: langsame, tiefe Bauch- und Brust-
atmung, schnelle, tiefe Atmung, oberflächliche kurz-lang-
sam-Atmung, Hecheln usw.

Wir haben es hier mit einer nahezu einmaligen Situation zu tun,
daß nie, wie es Anliegen einer therapeutischen Methode sein

müßte, die einzelnen Bestandteile im Hinblick auf ihren Beitrag zum Erfolg untersucht worden sind, oder qualitativ unterschiedliche Ansätze systematisch miteinander verglichen worden wären; geschweige welcher Patientengruppe welche Vorgangsweise zuträglicher ist, für wen welches Ausmaß an Vorbereitung sinnvoll ist etc.

Es mag scheinen, daß derartige Untersuchungen, die ein aufwendiges Design verlangen und auf vielfältige methodische Schwierigkeiten stoßen (die aus der Psychotherapieforschung gut bekannt sind), vom vorliegenden Problemfeld nicht gerechtfertigt werden können. Dennoch liegt gerade hierin eine enorme Schwäche der Geburtsvorbereitung. Geschieht dies nämlich auf die Dauer nicht, so wird

1) die Qualität einer Vorbereitung mehr auf der Intuition der Vorbereiter, denn auf gesichertem Wissen beruhen,

2) jeder Ausbau und jede Weiterentwicklung diverser Ansätze wird zum Privatvergnügen einiger engagierter Experten, ohne systematische Weitervermittlung und -entwicklungsmöglichkeiten, es sei denn, es handelt sich um so durchschlagskräftige Proponenten wie Read oder Lamaze. Dies ist insofern bedauerlich, als neuere vielversprechende Ansätze zur Geburtsvorbereitung, die lerntheoretische und verhaltenstherapeutische Ansätze konsequent miteinbeziehen (die im psychotherapeutischen Rahmen, wo sie entwickelt wurden, ihre Wirksamkeit erwiesen haben) wenig Beachtung finden und zu versanden drohen. (KONDAS & SCETNICKA, 1972, TEICHMANN, 1978, PAVELKA u. a., 1980, ZETTLER & MÜLLER-STAFFELSTEIN, 1977, PERREZ u.a., 1978, KOCHENSTEIN, 1980, HOLZ, 1980).

Mit Ausnahme unserer eigenen Arbeit (PAVELKA u. a., 1980) sind alle übrigen, oben zitierten Arbeiten Diplomarbeiten von Psychologen zum Abschluß ihrer universitären Ausbildung. Heute leiten mehr Psychologen denn je Geburtsvorbereitungskurse. Diese Entwicklung hat viel zu einem methodenkritischeren Einsatz von geburtsvorbereitenden Technizismen, sowie der Einbeziehung individueller (z. B. Angst) und interaktioneller (Eltern-Kind-Kontakt) emotionaler Komponenten geführt und die Qualität geburtsvorbereitender Angebote verbessert. Geburtsvorbereitung, insbesondere der Besuch von Kursen, die Angstbewältigungs- und Wehenkontrollstrategien vermitteln, wird dann häufig zur Alternative gegenüber pharmakologischer Geburtsbeeinflußung (z. B. Beschleunigung des Geburtsverlaufes,Schmerzlinderung bzw. Schmerzbeseitigung) erhoben, insbesondere von den Vertretern der natürlichen Geburt. Zwar geht Geburtsvorbereitung in den verschiedenen Studien in unterschiedlichem

140

Ausmaß - mit verschiedenen erwünschten geburtshilflichen Parametern einher, wie geringere Anaesthesie und Analgesie (YAHIA & ULIN, 1965, LANGER u. a., 1983, WIMMER-PUCHINGER, 1982 a), Abkürzung der Geburtsdauer und bessere Wehenkoordination (z. B. HÜTER, 1966, PRILL, 1962), geringere operative Geburtsbeendigung (z. B. PAVELKA u. a., 1980) und kürzere Austreibungszeit, hoch signifikante Unterschiede hinsichtlich der Komplikationsrate während der Austreibungsperiode, die zu operativer Geburtsbeendigung führten, signifikant geringere Anwendung des Vakuumextraktors, sowie die Häufigkeit von operativen Eingriffen in der Nachgeburtsperiode (KUCERA u. a., 1974). Geburtsvorbereitung erhöht die Komplikationsrate von Beckenend- und Querlagen, Blasensprunanomalien, Nabelschnurknoten und -umschlingungen nicht (GITSCH & TATRA, 1967). Neugeborene vorbereiteter Frauen wiesen bessere Blutgaswerte (ZETTLER & MÜLLER-STAFFELSTEIN, 1977), seltener Anoxie- und Hypoxieerscheinungen auf (CONRADT u. a., 1975). Der subjektive Wehenschmerz wird geringer eingeschätzt (WIMMER-PUCHINGER, 1982b), insbesondere das Geburtserleben wird positiv erlebt (PAVELKA u. a., 1980, WIMMER-PUCHINGER, 1982 b, RINGLER u. a., 1984, RINGLER u. a., 1981 a). Es handelt sich aber niemals um ursächliche Beziehungen, wenngleich angenommen werden muß, daß durch Geburtsvorbereitung solche Prozesse gefördert werden, die psychologisch und physiologisch positive Resultate hervorrufen.
Es dürfte sich hier insbesondere um die angstreduzierende Wirkung von Geburtsvorbereitung handeln (PAVELKA u. a., 1980, RINGLER u. a., 1984), sowie die schon erwähnte "Awareness" (s. Kap. 8.3., DOERING u. a., 1980). Dazu trägt auch das ebenfalls in der Geburtsvorbereitung enthaltene Ziel bei, sich eine unterstützende soziale Umwelt zu organisieren, oder diese als solche wahrzunehmen.
Folgende Tatsachen sollten uns zum Nachdenken veranlassen:

1) es existieren eine Reihe von Frauen, die ohne Geburtsvorbereitung unproblematisch entbinden und/oder die Geburt positiv erleben. D. h., Geburtsvorbereitung ist nicht allein ausschlaggebend für eine komplikationsfreie Spontanentbindung, die positiv erlebt wird. Das Problem, Frauen, denen Geburtsvorbereitung keine ausreichende Hilfe für den spontanen Geburtsverlauf ist, präventiv zu identifizieren und entsprechende therapeutische Strategien zu entwickeln, muß als dringendes Forschungsproblem der Geburtsvorbereitung angesehen werden.

2) Ebenso gibt es Frauen, die trotz des Besuches von Geburtsvorbereitung schwierige und/oder negativ erlebte Geburten aufweisen, d. h., daß für diese Gruppe von Frauen die

Geburtsvorbereitung zumindest nicht hinreichend war, oder, daß
es bestimmte Bedingungen gibt, die durch die herkömmlichen geburtsvorbereitenden Methoden gar nicht, oder wenn überhaupt,
nur schwach zu beeinflussen sind, auch wenn keine gravierenden Fehler im Vorbereitungskurs gemacht wurden. Schlecht ge-
handhabte Geburtsvorbereitung kann nur in Einzelfällen und
selbst dort, nur in begrenztem Ausmaß, Mißerfolge erklären. Eine
eingehende Analyse der Erlebnisweisen dieser Frauen kann ebenfalls Aufschluß über günstige Wahrnehmungs- und Bewältigungsstrategien für die Geburtssituation liefern und ist bislang vernachlässigt worden.
Wenn sich die wissenschaftlichen Vertreter von Geburtsvorbereitung nicht darum bemühen, diese Mißerfolge aufzuklären, so
darf es nicht verwundern, daß - ebenso unzulässigerweise -
die Wirkung ihrer Arbeit herabgespielt oder entwertet wird.
Systematische Studien zu diesem Thema fehlen. Wird das Ziel
der Geburtsvorbereitung nicht erreicht, so geht die Attribution
häufig zu Lasten der Frau bzw. des Paares. In diesen Fällen
wird häufig darauf verwiesen, die Frau habe eine negative Einstellung zur Geburt und den mit ihr verbundenen Schmerzen,
eine negative Beziehung zum eigenen Körper, zu hohe Leistungs-
ansprüche und Kontrollverlustängste. Die Ursachen werden häufig in ihrer "Persönlichkeit" gesucht, sowie einer ablehnenden
oder ambivalenten Einstellung zum Kind und zum Vater desselben.

Wünschenswert wäre eine Forschung, die darauf abzielt, jene
Frauen/Paare zu erkennen, für die Geburtsvorbereitung keine
ausreichende Hilfe sein wird und ihnen entweder eine entsprechende, auf ihre Bedürfnisse zugeschnittene psychotherapie-
nähere Geburtsvorbereitung anzubieten, bzw. sie frühzeitig durch
entsprechende analgetische Verfahren zu entlasten. Dabei müssen
institutionelle Bedingungen und ihr Beitrag zu Geburtskomplikationen (MÜLLER, 1983) kritisch in die Analyse miteinbezogen
werden.
Daneben gilt es , iatrogene Schäden durch Geburtsvorbereitung
zu vermeiden. D. h., der Schwangeren dürfen in der Geburtsvorbereitung keine idealtypischen Vorgangs- und Erlebnisweisen
derart skizziert werden, daß sie Abweichungen davon als "Versagen" erleben muß. Diese sind vermeidbar, wenn bei der Geburtsvorbereitung

1. auf Unvorhersagbarkeiten des Geburtsablaufes verwiesen wird;
   dies bedeutet nicht allein Vorbereitung auf mögliche Komplikationen, sondern auch die mannigfaltigen Abläufe normaler
   Spontangeburten,

2. Geburtsschmerzen nicht verniedlicht werden,

3. keine Eliminierung oder auch nur Reduzierung des Geburtsschmerzes durch die Vorbereitung versprochen wird

142

(diese ist nämlich für die Frau niemals nachvollziehbar, da unabhängig vom Ausgangspunkt mit fortschreitendem Geburtsgeschehen die Schmerzen meist linear zunehmen (NEUMARK u. a., 1978),

4. in angemessener Weise auf häufige Schwierigkeiten in der Anwendung des Gelernten hingewiesen wird. Z. B. ist es meines Erachtens sehr wichtig daraufhinzuweisen, daß die Anwendung der Wehenkontrollstrategien und Entspannungsübungen in der realen Geburtssituation viel schwieriger ist und nie so gut gelingen wird, daß das zustandegebrachte Ausmaß aber, so gering es erscheinen mag, dennoch hilft,

5. die Frau/das Paar darauf verwiesen wird, welche andere schmerzlindernde Möglichkeiten offenstehen,

6. und dieselben, wenn nötig zu benützen,

7. also insgesamt dazu ermutigt wird, sich situationsangemessen, d. h. den eigenen Gefühlen und Bedürfnissen in der Entbindungssituation entsprechend zu verhalten, anstatt sich eigenen und fremden Verhaltensnormen auszuliefern.* (D.h., eine angebotene Analgesie sowohl ablehnen zu können, als auch danach zu verlangen),

8. überall dort, wo in der Erwartung keine Handlungsalternativen bestehen, solche aufzuzeigen und zu besprechen,

9. wo notwendig, die Frauen vor "lieben Freunden" zu schützen, die wissen möchten, ob alles auch "richtig verlaufen ist".**

---

* Es wäre unzutreffend anzunehmen, Verhaltensnormen würden immer von außen oktroyiert. Viel schwieriger handzuhaben sind jene Normen, die sich Patienten selbst setzen (z. B. nicht weinen zu dürfen, immer beherrscht zu bleiben, "perfekt zu entbinden").

**So ist mir eine Patientin in Erinnerung, die selbst klein und zart, ein "Riesenkind" (auf einer hereditären Basis) entband. Die Geburt dauerte ab Blasensprung 8 Stunden, es war notwendig, mittels Perfusor der drohenden Wehenschwäche vorzubeugen. Alles lief glatt und reibungslos, das Neugeborene war makellos, die Patientin selbst sehr erschöpft und müde, es war auch 3 Uhr nachts. Sie hatte sich ursprünglich vorgenommen, ohne jegliche Hilfsmittel zu entbinden. Der erste Besucher, schon bald nach der Entbindung begrüßte sie mit den Worten "Haben sie dir das Baby gleich auf den Bauch gelegt?". Die Patientin war sehr erschrocken, sie hatte das vage Gefühl, das sei nicht geschehen, auch daß es ihr angesichts der eigenen Erschöpfung gleichgültig gewesen sei, fühlte sich aber sehr deprimiert, daß sie sich solches zugestanden hatte.

NELSON (1982) untersuchte die Auswirkung geburtsvorbereitender Maßnahmen im Hinblick auf deren einstellungsverändernde
Eigenschaften. Dabei fand sie, daß dieselben Geburtsvorbereitungen auf Arbeiter- und Mittelschicht-Frauen unterschiedliche
Wirkungen ausüben. So veränderten Mittelschichtschwangere/
-wöchnerinnen ihre Einstellung zur Anwesenheit des Partners
bei der Geburt, dem Stillen und Rooming-In nicht. Geburtsmedi-
zinischen Handlungsabläufen gegenüber, wie eventuell notwendi-
ger Medikation, werden sie toleranter.

"Middle class women might well find, that childbirth preparation
has the unanticipated consequence of bringing their ideology
into line with the established protocol of the hospital in which they
are preparing to give birth." (NELSON, 1982, S. 350).

Die Auswirkungen auf Arbeiterfrauen sind hingegen massiver:
Arbeiterschichtfrauen, die an Geburtsvorbereitung teilnehmen,
unterscheiden sich von jenen, die keine Geburtsvorbereitung besuchen hinsichtlich mehrerer Variablen signifikant. Sie akzeptieren seltener eine analgetische Medikation, sie werden häufiger
von einer Bezugsperson bei der Geburt begleitet, sie stillen
häufiger ihr Kind. Sie folgert, daß sich die Einstellungen von
Arbeiter- und Mittelschichtfrauen als Folge der Vorbereitung an-
nähern. Auch diese Studie leidet so, wie die meisten daran, daß
es nicht möglich ist zu entscheiden, warum eine Frau eine Geburtsvorbereitung besucht oder nicht. Die erhobenen Daten
weisen darauf hin, daß hinsichtlich der untersuchten Parameter*
bei Mittelschicht-Frauen mit und ohne Vorbereitung keine Unterschiede bestehen, bei den Arbeiterklasse-Frauen aber sehr wohl.

Die Unterschiede hinsichtlich der Inanspruchnahme geburtsvorbereitender Maßnahmen zwischen verschiedenen sozialen Klassen
sind bekannt und in verschiedensten Untersuchungen auch wiederholt dokumentiert. Die mangelnde Motivuntersuchung hängt
eng mit dem in der Praxis noch immer zu gering bewerteten
Stellenwert von Geburtsvorbereitung zusammen, auch wenn die
größere Kooperationsbereitschaft vorbereiteter Frauen (HERMS
& KUBLI, 1978, LUKAS, 1959) das Vorhandensein positiv zu be-
wertender Einstellungen (NELSON, 1982), positive Effekte für
das Geburtserleben (DOERING u. a., 1980) usw. immer wieder
hervorgehoben werden.
Die Arbeit NELSONs (1982) streicht einmal mehr das präventiv-
hygienische Potential geburtsvorbereitender Angebote hervor.

* (Rasur, Einlauf, Geburts- und Entbindungsmedikation, Epi-
siotomie, CTG, Entbindungsart, Anwesenheit einer Bezugsperson, Mutter-Kind-Bindungsverhalten).

Psychologische Geburtsvorbereitung ist Geburtsvorbereitung, die
sich bemüht, psychologische Kenntnisse über Erleben und Verhalten systematisch und konsequent in ihre Arbeit einzubeziehen
und ihre Wirkungsweise zu überprüfen. Ihre Chance liegt darin,
der Schwangeren einen besseren Umgang mit ihrer Angst und
ihren Schmerzen zu vermitteln, ..."sich selbst und den Partner
besser akzeptieren zu lernen, um die Geburt als Beginn einer
neuen Lebenssituation, die oft nicht einfach ist, bewußt als
eigene positive Erfahrung mit sich selbst und dem Kind zu ver-
binden." (WIMMER-PUCHINGER, 1982a, S. 20).

11.3 Die Kreißsaalatmosphäre

Zwar ist die positive Wirkung einer angenehmen emotionalen
Atmosphäre wohlbekannt, dennoch stößt die Realisierung auf
vielfältige Schwierigkeiten. Diese werden in der öffentlichen Diskussion zu oft an Äußerlichkeiten, wie herumstehenden Versor-
gungs- und Therapieeinrichtungen festgemacht, an gekachelten
Wänden, mangelnden Vorhängen und dergleichen. Abgeschlos-
sene Räume, die Intimität erlauben, gehören heute zum Glück
eher schon zur Regel als zur Ausnahme. Wichtiger aber noch
sind die Haltungen und Einstellungen, mit denen der Frau/dem
Paar begegnet wird. Die Gebärende befindet sich in einer Aus-
nahmesituation, die einen Wendepunkt markiert. Die Stimmung
der Gebärenden ist gekennzeichnet durch eine erhöhte körperliche und seelische Aktivität, gefühlsmäßig damit verbunden ist
Ängstlichkeit, Spannung, Ungeduld und Freude. Sie möchte das
Baby endlich sehen und fühlen, wissen, daß es und sie selbst
gesund sind. Daraus ergibt sich, daß die Stimmung der Gebärenden von äußeren Einflüssen, besonders in der Begegnung
mit den betreuenden Personen, stark beeinflußt wird. Sie bedarf, wie jeder Geburtshelfer, jede Hebamme weiß, des ruhigen,
vertrauensvollen und ermutigenden Klimas, das ihr vermittelt,
daß sie selbst wichtig und fähig ist, diesen Lebensabschnitt zu
meistern. Die Geburt ist für die Frau ein einzigartiges Erlebnis.
Die meisten Frauen entbinden heute höchstens ein- bis zwei-
mal in ihrem Leben. In der Beziehung zu diesem eben zu gebärenden Kind ist es unersetzbar und unwiederholbar. Der tiefgreifende Einfluß für die eigene und Kindesentwicklung, sowie
der gemeinsamen Beziehung wird häufig heruntergespielt. Alltagsroutine, sowie eigene ungelöste Konflikte im Zusammenhang
mit dem Thema Frau und Geburt, beeinflußen die Möglichkeiten
der Begegnung (MÜLLER, 1982).
Die Atmosphäre im Kreißsaal wird wesentlich davon bestimmt,wie
sehr sich die Gebärende und ihre Begleitung aufgenommen und
willkommen fühlen, ob und wieviel Zeit ihnen zugestanden wird ,
ob sie "die Frau A. ist, die Schwierigkeiten hat, Verhaltensanweisungen nachzukommen" und der man daher mehr Zeit widmet

und sie anhört, sie in ihren vorhandenen Bemühungen bestärkt,
oder ob sie "die undisziplinierte Frau A. ist", vor deren Gejam-
mere man sich fürchtet, sie als lästig erlebt und ihr daher aus
dem Wege geht. Wie mit der Patientin in dieser Situation umgegangen wird, kann den Behandlungsverlauf und therapeutischen
Erfolg erheblich erschweren oder erleichtern (DIEDERICHS, 1980,
STAUBER, 1979).
Da diesen Fragen in der Ausbildung zum Arzt, zur Hebamme und
Krankenschwester kein oder nur wenig Raum gewidmet wird, es
sich teilweise um Erleben handelt, das auch erst in der Praxis
erfahren werden kann, werden vor allem Balint-Gruppen (BALINT,
1965) als Ausbildungshilfen angestrebt und angeboten.
Aber auch die Schwangere bringt eine Reihe von bedeutsamen
Vorerfahrungen mit

- ihre Einstellung zur Geburtsarbeit
- und daneben ihre Einstellung zu den sie betreuenden Geburtshelfern. Diese Einstellung ist geprägt durch Vorerfahrungen
  mit der Klinik im Laufe der Schwangerschaft.
Dem Erstkontakt mit der Entbindungsklinik ist sicherlich ein
ebenso großer Stellenwert einzuräumen, wie dem Erstkontakt in
der Psychotherapie. Jene Betreuungspersonen, die im weiteren
Verlauf mit der Schwangeren arbeiten, werden natürlich nicht unabhängig von ihrem eigenen Einsatz erlebt, aber vorhandene
Vorbehalte schwingen stärker mit, wenn der erste Kontakt negativ war, als wenn ein folgender negativ erlebt wurde. (Ich
selbst erlebe immer wieder Frauen, die durch erste, aber auch
weitere Kontakte stark verunsichert sind, wieweit sie sich der
Klinik anvertrauen dürfen).

Die Gebärende befindet sich im Kreißsaal formal in der Rolle des
Objektes einer hochtechnisierten Medizin, also in einer abhängi-
gen Position, in der sie sich hilflos und ausgeliefert fühlt (siehe
auch Faktoren der Geburtsangst nach RINGLER & PAVELKA,
1982, S. 71). Gleichzeitig fantasiert sie die Klinik als all-
mächtig (DAVIES-OSTERKAMP & BECKMANN, 1982), was zusätzlich Angst provoziert.
Eine Schwangere erzählte vor kurzem in der Partnervorbereit-
tung ,auf die Frage nach der Motivation gemeinsam zu entbinden,
daß sie bei der ersten Geburt vor 1 1/2 Jahren fast ununterbrochen allein gewesen sei. Nach 8 Stunden habe sie die Hebamme angefleht, doch bei ihr zu bleiben, sie nicht weiter allein
zu lassen, die ihr antwortete: "Was meinen Sie, ich habe doch
so viel andere Arbeit!".
Hier muß noch einmal mit aller Eindringlichkeit hervorgehoben
werden, daß Allein-sein verhindert werden muß und Frauen, die
allein zur Entbindung kommen, intensiv betreut werden sollten.
Die Entscheidung, alleine entbunden zu haben, wird signifikant

146

öfter als falsch bezeichnet (x^2= 10,67,df = 2, p<0,01), jene mit Partner oder anderer Bezugsperson dagegen nie. Die aus Tab. 24 ersichtliche Person, die die Entscheidung mit anderer Bezugsperson entbunden zu haben als falsch bezeichnete, ist darauf zurückzuführen, daß sie mit ihrer Schwester entband,dann aber doch lieber den Ehemann dabeigehabt hätte. (Tab. 24).

Tab. 24: Nachträgliche Bewertung des gewählten Entbindungsmodus, N=97

Bewertung	Entbindungsmodus		
	allein	mit Partner ganz oder teilweise	and. Bezugsperson
richtig	28	57	3
falsch	8	0	1

Der Vielzahl an Betreuungspersonen eines Krankenhauses kommen verschiedene Wertungen zu:

1. Man kann auf einen besseren, verstehenderen Kontakt "hoffen".

2. Man kann aber auch den Verlust positiv erlebter Betreuungspersonen fürchten (dies wird z. B. sehr deutlich bei den Frauen, die in der Risikoambulanz gesehen werden und immer ein- und denselben Arzt kennenlernen. Sie fühlen sich gut aufgehoben, fragen sich aber, wie das denn bei der Geburt im Kreißsaal sein wird. Ähnliches gilt für Frauen,die lange stationär auf der perinatologischen Überwachungsstation liegen mußten und den Wunsch äußern, auch nach der Geburt dort zu liegen, statt auf der Wochenbettstation. Wenn möglich, wird diesem Wunsch auch entsprochen.

3. Für die Entbindungszeit selbst ist zu bedenken, daß Geburten nicht bei Schichtwechsel beendet sind. Oft müssen sich die Gebärenden und ihre Begleitpersonen auf neue Betreuer einstellen.

4. Im Wochenbett wird sie anschließend von den Schwestern der Wochenbettstation und den Kinderschwestern betreut.

Dieser laufende Wechsel von Pflegepersonen stellt für alle Frauen eine Hürde dar (für das Pflegepersonal übrigens auch). Zudem werden Uneinigkeiten und Unstimmigkeiten des Betreuungspersonals ganz deutlich erlebt. Diese werden ja nicht nur durch

offen ausgetragenen Streit vermittelt, sondern auch durch
ängstliches Nicht-Eingehen oder Überhören von Mitteilungen und
Fragen, meist solchen, die die Kompetenz anderer betreffen.
Werden der werdenden Mutter aber unterschiedliche Kompetenzen nicht verdeutlicht, ihr nicht geholfen, an wen sie sich mit
einer bestimmten Frage wenden soll, dann kann es leicht geschehen, daß die Frau ihr Anliegen als ungehörig empfindet
und darauf verzichtet, wenn sie sich gängigen Anstandsregeln
entsprechend verhalten will. So bleibt sie zwar nach außen hin
angepaßt und wohlverhalten, innerlich aber unbefriedigt und unsicher. Obendrein fühlt sie sich schuldig, weil sie etwas wünscht,
was man "nicht darf". Jene Frauen aber, die sich mit ihren Fragen an immer neue "Experten" wenden, werden oft als lästig
erlebt. Die Ängstlichkeit auf "fremde Kompetenzen" einzugehen,
hat aber eine noch weitreichendere Konsequenz: nämlich, daß
Grenzbereiche der eigenen Kompetenzen oft nur mehr unzureichend ausgefüllt werden, weil jeder meint, dieser Bereich gehöre
schon dem anderen Kollegen. Je geringer die Anzahl von Betreuungspersonen ist, desto geringer ist diese Gefahr. Dies ist
mit ein Grund für die Beliebtheit der kleinen Belegspitäler.
LÖSCHENKOHL & NEUMANN (1981) konnten die traumatisierenden
Wirkungen bei negativer Interaktion zwischen Hebamme, Arzt
und Gebärenden (positive Merkmale: optimistisch, emotional
positiv, höflich, ruhig, verständnisvoll, freundlich, nicht ver-
ärgert, befiehlt nicht) beobachten. Sie fanden signifikante Zusammenhänge des Hebammenverhaltens mit: psychische Ruhe in
der Eröffnungs- und Austreibungsperiode, kurze Schreie,
Angst vor medizinischen Eingriffen, Summe der Merkmale der
psychischen Gestimmtheit, Kooperativität, Befolgung der Anweisungen von Arzt und Hebamme, motorische Ruhe, Entspanntheit
aus der Sicht der Hebamme und des Beobachters, Summe aus
allen Verhaltenskriterien der Geburtsarbeit, positivem Geburtserlebnis nach Selbsteinschätzung der Mutter und dem Geburtserlebnis geschätzt aus den Aufzeichnungen während der Geburt.

Eine Traumatisierung durch die Hebamme führte am stärksten zu
Angst vor Komplikationen während der Geburt und vor einer
Schädigung des Kindes. Traumatisierung durch den Arzt führt
zu einer Erhöhung der benötigten Schmerzmittelgaben und zu
einem signifikant negativerem Geburtserlebnis sowohl nach der
Selbsteinschätzung der Mutter als auch der Einschätzung des Beobachters.
Intrapartale Geburtsbetreuung nach LÖSCHENKOHL & NEUMANN
(1981) vermag das Verhalten und Erleben der Gebärenden signifikant positiv zu beeinflussen, nicht dagegen physiologische Ge-
burtsparameter mit Ausnahme der Geburtsdauer und der Vergabe
von Wehenmitteln. Intrapartale Geburtsbetreuung bedeutet eine
großzügige Anwesenheit betreuender Personen, sowie ein

verständnisvolles Eingehen auf die Schwangere auf der kogni-
tiven und emotionalen Ebene, ein erweitertes "Tübinger Badege-
spräch", (LUKAS, 1959).
Die günstige Wirkung der kontinuierlichen Geburtsbetreuung
konnte bei 19 von 23 Kriterien gesichert werden, nämlich psychische Ruhe in der Eröffnungs- und Austreibungsperiode,
Jammern, Seufzen, Weinen, Angst in der Gestik, Angst vor
Komplikationen im Geburtsverlauf, Angst vor Schädigung des
Kindes, Angst vor medizinischen Eingriffen, die Summe aller
Merkmale der psychischen Gestimmtheit, Kooperativität, Befolgung der Anweisungen des Arztes/der Hebamme, ruhige Motorik, Entspanntheit aus der Sicht der Hebamme und aus der Sicht
des Beobachters, richtiges Atmen, richtiges Pressen, die Summe
aus all diesen Verhaltensmerkmalen, positives Geburtserleben.

"Ein Teil der günstigen Wirkung der Geburtsbetreuung erfolgt
nämlich über die positive Mitveränderung des Arztes/Hebammen-
verhaltens". (LÖSCHENKOHL & NEUMANN, 1982, S. 859).
NORDMEYER u. a. (1982) weisen darauf hin, daß mindestens
ein Drittel der Krankenhauspatienten von ihren behandelnden
Ärzten als "Problempatienten" empfunden werden.
Nach HARTMANN (1977a,b) kann man zwei Typen von Problempatienten unterscheiden,

- den zuwenig angepaßten Patienten. Er stellt kritische Fragen,
  beklagt sich und wirkt aufsässig,

- den überangepaßten Patienten, der widerstandslos alles mit
  sich geschehen läßt und depressiv und resignativ wirkt.

Manche Autoren (z. B. SPEIDEL, 1972), sehen die Ursachen in
psychischen Eigenheiten des Patienten, neuere Untersuchungen
weisen aber darauf hin, daß dafür eher eine gestörte Interaktion zwischen Arzt und Patient ausschlaggebend ist (NORD-
MEYER u. a., 1982, LÖSCHENKOHL & NEUMANN, 1981).
NORDMEYER u. a. (1981) untersuchten als problematische Verhaltensweisen des Arztes: er drückt sich in einer Sprache aus,
die der Patient nicht verstehen kann, er vergewissert sich
nicht, ob der Patient ihn verstanden hat, er begründet diagnostische und therapeutische Maßnahmen nicht, er gibt dem
Patienten keine Information über Befunde, therapeutische Maßnahmen usw., er unterbricht den Patienten ständig, er wirkt
in Zeitdruck und ungeduldig, er wirkt suggestiv überredend,
er "unterhält" sich mit der Krankenakte und den Labordaten
statt mit dem Patienten; das Gespräch ist Nebensache, er bestimmt ständig Thema und Verlauf des Gespräches, er würgt
die Gesprächsansätze des Patienten ab, er wirkt unbeteiligt/
gleichgültig, er hält den Patienten offenbar für einen Simulanten, er geht nicht auf Bedürfnisse, Fragen, Ängste des

Patienten ein, er behandelt den Patienten geringschätzig, abwertend, unfreundlich, er gibt wertende Ermahnungen und macht Vorhaltungen, er verängstigt den Patienten und schüchtert ihn ein. Dem "Nervensägepatient" gegenüber verhält sich der Arzt nach NORDMEYER u. a., 1982, eher geringschätzig, abwertend, unfreundlich und wirkt suggestiv-überredend. Die Beobachter hatten den Eindruck, daß er den Patienten für einen Simulanten hält, bzw. ihm nicht glaubt. Nach den Krankenakten handelt es sich um organmedizinisch sehr kranke Patienten, bei denen therapeutische Maßnahmen nur wenig oder gar nicht mehr anschlagen. Die Patienten selbst wirken ebenfalls am Gespräch desinteressiert, der Blickkontakt ist gering, sie erscheinen ärgerlich, depressiv und ängstlich. Da diese ablehnenden Haltungen von allen Interaktionspartnern erfahrbar sind, schließen die Autoren, "daß "nervende" Problempatienten und ihre behandelnden Ärzte sich gegenseitig in ihrer "problematischen " Beziehung stabilisieren bzw. verstärken". (NORDMEYER u. a., 1982, S. 28). Da vom Patienten Verhaltensänderungen nicht erwartet werden können, fordern sie diese von den behandelnden Ärzten als Experten. Die Frage, die hier abschließend auftaucht ist natürlich die, wie die negativen Auswirkungen institutioneller Bedingungen möglichst vermieden werden können:

1. Klar und deutlich den eigenen Zuständigkeitsbereich und die Dauer der Betreuung vermitteln. (z. B. "Wenn Sie zur nächsten Kontrolle kommen, wird Sie Frau A. untersuchen").

2. Wird der eigene Zuständigkeitsbereich überschritten, auf jene Personen verweisen, die kompetent sind und

3. diesen Kontakt nach Möglichkeit vermitteln, wie heißt diese Person, wo, wann und wie ist sie erreichbar.

Die erwähnten Anforderungen für ein vertrauensvolles Klima sollten zwar Selbstverständlichkeiten sein, sie sind aber wie jeder aus eigener Erfahrung weiß, schwerer zu realisieren als es auf den ersten Blick scheint. Sie bauen auf den Bedingungen der geschulten Zuwendung auf (SPRINGER-KREMSER & RINGLER, 1982). Als solche gelten:

1. Die Fähigkeit zur Selbstreflexion, insbesondere das Verhalten in Beziehungen.

2. Selbstachtung als Vorbedingung dafür, andere respektieren zu können.

3. Das eigene Wertsystem kennen und sich darin wohlfühlen, als Voraussetzung dafür, den Klienten, sein Wertsystem und seine Bedürfnisse kennenlernen zu können und angemessen beraten zu können.

4. Die "holding function" ausüben können, d. h., den Patienten so annehmen zu können, wie er/sie sich augenblicklich
darstellt, ohne sich persönlich bedroht zu fühlen (SPRINGER-
KREMSER, 1982, SPRINGER-KREMSER & RINGLER, 1982,
S. 35/36).

"Diese vier Fähigkeiten sind am ehesten in einer themenzen-
trierten Selbsterfahrung ansatzweise zu erlernen, wo man sich
mit den eigenen Vorstellungen von Sexualität, Reproduktion und
Elternschaft auseinandersetzt." (SPRINGER-KREMSER & RINGLER,
1982, S. 36).

11.4 Psychotherapeutische Interventionen bei Schwangerschafts- und Geburtsängsten

Entsprechend den neuesten Forschungsergebnissen (LUKESCH,
1981, SCHINDLER, 1982, HAU & SCHINDLER, 1982, HERMS &
GABELMANN, 1982) wird die psychologische Betreuung Schwangerer weiter als in der traditionellen Geburtsvorbereitung (z.B.
ROEMER, 1967) gefaßt (RINGLER, 1982a, c, 1984). Daher werden neben den Bewältigungsstrategien für die Geburtsarbeit
insbesondere Wünsche, Ängste und Erwartungen bezüglich
Schwangerschaftserleben, Geburt und Wochenbett bearbeitet.

Die Zielgruppe dieser intensiven psychologischen Betreuung
sind Frauen, bei denen im Verlauf der Schwangerschaft spezifische Probleme auftreten, die von den Frauen auf die Schwangerschaft zurückgeführt werden und die darum Hilfe suchen. Hierin
liegt auch die Bedeutung begründet, eine solche Hilfe auf jeden
Fall im Rahmen der geburtshilflichen Betreuung anzubieten. Insbesondere psychologische Geburtsvorbereitungsangebote ermöglichen vielen Frauen und ihren Partnern, sich Hilfe für ihre
Ängste zu organisieren, ohne sich als psychiatrischen oder
psychotherapeutischen Fall zu erleben. Außerdem sind diese Angebote in den meisten Fällen der spezifischen Problemsituation
nicht angemessen.Schwangerschafts- und Geburtsängste können
und bestehen auch, ohne daß eine Person schwanger ist. Sie
bestimmen weitgehend das Ausmaß und die Ambivalenz des
Kinderwunsches und wirken in der Schwangerschaft weiter fort.
Unter dem Einfluß der realen Schwangerschaft kann die Angst
und Ambivalenz vor zuvor als ängstigend erlebten Inhalten gesteigert oder reduziert werden (z. B. jemand ängstigt sich,
der Partner könnte sich in der Schwangerschaft zurückziehen
und erlebt dann, daß er es nicht tut, oder doch tut).

Ebenso können in der Schwangerschaft aufgrund verschiedener
Erfahrungen und Erlebnisse neue Ängste auftreten, von denen
die Personen sich dann überrascht und überrumpelt fühlen. Ich

denke z. B. an jene Frauen, bei denen für sie völlig über-
raschend Blutungen einsetzen und die dadurch mit ihrer eigenen
Verletzbarkeit und Unvollkommenheit konfrontiert werden.
Schwangerschafts- und Geburtsängste schwangerer Frauen hängen
untrennbar mit der Lebensgeschichte jeder einzelnen Frau und
ihren derzeitigen Lebensbedingungen zusammen. Die hier kurz
angedeutete Vielfalt der möglichen Ursachen von Schwanger-
schafts- und Geburtsängsten und die Komplexität des Zusammenspiels der einzelnen Faktoren machen vereinfachende Darstellungen problematisch. Denn wir finden viele Frauen, deren
Schwangerschafts- und Geburtsängste nicht oder nicht ausschließlich auf eine neurotische Entwicklung zurückführbar sind
(KESSLER, 1979, KATSCHNIG, 1980).
Ich möchte hier davor warnen, Stimmungsschwankungen und
vegetative Begleiterscheinungen dieser Lebensperiode entweder
allzu großzügig als "normal" zu betrachten, oder ebenso großzügig als neurotische Symptome zu diagnostizieren. Im ersten
Fall läuft die betroffene Frau Gefahr, daß ihr Hilferuf unerhört
bleibt, im zweiten Fall läuft sie Gefahr, iatrogen pathologisiert
zu werden. Es erscheint mir sinnvoll, Schwangerschafts- und
Geburtsängste getrennt zu betrachten, wenngleich sie nicht unabhängig voneinander auftreten.
Unter dem Begriff der Schwangerschaftsängste teile ich alle
jene Schwierigkeiten und Störungen ein, die durch die Veränderungen der Beziehungsmuster, die mit der Schwangerschaft einhergehen, hervorgerufen werden (z. B. Frau A., über die sie
später noch mehr hören werden: Sie ist eine 38-jährige AHS-
Lehrerin, seit 10 Jahren hat sie einen Freund in Frankreich,
einen angesehenen Akademiker, den sie bis zum Zeitpunkt der
Schwangerschaft nicht heiratete, weil damit die Übersiedlung in
das fremde Land festgestanden hätte. Sie vermied es bis dahin,
auch ordentlich französisch zu lernen. Der Grund dafür war ihr
jetzt 82-jähriger , einsamer Vater, den sie weder zu verlassen
wagte, dem sie aber auch die Übersiedlung meinte nicht zutrauen zu dürfen (nicht ganz zu unrecht). Den Konflikt hatte
sie durch die Schwangerschaft zu lösen versucht, und stand
nun vor der Aufgabe, ihren gesamten Haushalt aufzulösen, den
Vater mitzuübersiedeln, verbunden mit entsetzlichen Schuldgefühlen (ob er dies in seinem Alter verkraften könne).
Zu den Geburtsängsten hingegen zähle ich alle jene angstauslösenden Vorstellungen, die sich auf die Geburtssituation beziehen. Sie lassen sich gut definieren und abgrenzen, wie im
Kapitel Geburtsangst dargestellt wurde. Für Frau A. beispielsweise war die Geburt selbst in jenem Punkt angstauslösend,
als sie fürchtete, sich in der Klinik - sie hatte die Absicht,
in Frankreich zu entbinden - aufgrund ihrer schlechten Fran-
zösischkenntnisse nicht verständlich machen zu können. Dies

übrigens nicht unberechtigt, ihr Französisch war wirklich
schlecht, und sie kannte kein einziges Vokabel aus dem Bereich
der Schwangerschaft und Geburt. Sicherlich war das nicht auf
mangelnde Intelligenz zurückzuführen, sondern muß auf die
Bedeutung, die das Lernen dieser Sprache für sie einnahm, zurückgeführt werden.
Frau B., eine junge Lehrerin freute sich auf ihr Kind. Sie
lebte in, wie man so sagt, geordneten Verhältnissen und
schilderte ihren Partner als liebevollen, unterstützenden Mann.
Sie gab an, sich ausschließlich zu fürchten, die Geburt, die
Wehen und Schmerzen nicht ertragen zu können, sowie alle erlernten Angst- und Wehenbewältigungsstrategien nicht einsetzen zu können. Dies ist eine sehr häufige Problemkonstellation, nämlich die situationsspezifische Geburtsangst, deren Bedeutung meines Erachtens unterschätzt wird. Es bleibt meist
dem Zufall, nämlich der Kombination konstitutioneller Geburts-
parameter, mit unterstützenden Bedingungen, wie liebevolle und
vertrauenerweckende Kreißsaalatmosphäre , kontinuierliche Anwesenheit einer unterstützenden Begleitperson, dies kann der
Ehemann, eine Hebamme oder der Gynäkologe sein - überlassen,
wie die Geburt verläuft und von der Frau erlebt wird. Die
spezifischen Problemkonstellationen von Frauen in der Schwangerschaft lassen sich grob in folgende vier Gruppen einteilen:

1. Frauen mit schwangerschaftsunabhängigen medizinischen Problemen (z. B. schwerer Herzfehler, chronische Erkrankungen
   oder vorangegangenen Erkrankungen, z. B. Karzinomoperation).
   (Frau C., Frau E.).

2. Frauen mit schwangerschaftsspezifischen medizinischen Problemen (Frauen mit vorangegangenen mißglückten Schwangerschaften, vorangegangenen oder derzeitigen Schwangerschaftskomplikationen wie Hyperemesis, EPH-Gestose etc.); (Frau
   D., Frau E.).

3. Frauen mit Partnerproblematik (Frau F., Frau G.).

4. Intrapsychische Konflikte (z. B. ablehnende Einstellung
   zum Kind, massive Geburtsängste, Konflikte bezüglich der
   zukünftigen Elternrolle etc.); (Frau B., Frau G., Frau A.).

Die Gruppenzuordnung läßt einerseits Risikogruppen erkennen,
sie spiegelt aber auch die häufigsten Schwierigkeiten wieder,
die die Frauen vortragen, wenn sie Hilfe suchen.

Mittlerweile wird aufgefallen sein, daß ich vorwiegend von
Frauen spreche. Mir selbst ist aus meiner Erfahrung kein Fall
bekannt, wo ein Mann wegen der Schwangerschaft seiner Frau/
Partnerin Hilfe gesucht hat. Selbst dort nicht, wo die Frau

massive Symptome entwickelt hat oder auch der Mann selbst,als
Reaktion auf die Schwangerschaft. In einem von mir behandelten
Fall war der Ehemann zwar psychiatrisch hospitalisiert, die von
ihm entwickelte Symptomatik aber erst von den Therapeuten mit
der Schwangerschaft der Frau in Zusammenhang gebracht worden
(Frau G.). Ich kann und werde also über Schwangerschaftsängste
bei Männern keine Aussagen treffen, wenngleich angenommen werden kann, daß Schwangerschaftsängste bei Männern ebenso häufig sind wie bei Frauen.
Im folgenden werde ich das Spezifische von psychotherapeutischen oder psychotherapienahen Interventionen für diese
Patientengruppe darstellen. Dabei werde ich auf allgemeine psychotherapeutische Prinzipien nur soweit eingehen, als sie für
das Verständnis unbedingt notwendig sind. Das bedeutet, daß
die üblichen psychotherapeutischen Grundsätze gelten (STROTZ-
KA, 1978).

1. Bei der Arbeit mit Schwangeren spielt der Zeitfaktor immer
eine einschneidende Rolle. Die Interventionen werden meist -
nicht immer - durch die Geburt bzw. das Wochenbett beendet.
Zwar biete ich allen Frauen die Möglichkeit an, sich auch weiter an mich zu wenden, sie wird aber erfahrungsgemäß nur
dann genützt, wenn gravierende Probleme aufgetreten sind,
oder eine neue Schwangerschaft.
Ansonsten sind die Frauen doch zu stark von der neuen Aufgabe absorbiert (solche gravierenden Probleme sind z. B.
schwere Kindesmißbildungen). Die spezifische Problemkonstellation erfordert zeitlimitiert, ziel- und focusorientiert zu arbeiten, wobei das Ausmaß der zur Verfügung stehenden Zeit dadurch bestimmt wird, zu welchem Zeitpunkt der Schwangerschaft
die Schwangere Hilfe sucht.
Viel Zeit zur Verfügung zu haben ist natürlich angenehmer. Ich
möchte an den folgenden Beispielen aber zeigen, daß auch mit
wenig Zeit viel erreicht werden kann.

2. Da Geburtskomplikationen mit allgemeiner Ängstlichkeit, insbesondere aber mit situationsspezifischer Geburtsangst signifikante Zusammenhänge aufweisen, integriere ich in jede Arbeit
mit Schwangeren (mit Ausnahme kurzer Beratungsfälle) geburtsvorbereitende Maßnahmen. Dazu zähle ich: Information und Aufklärung über körperliche und erlebnismäßige Veränderungen
bei der Geburt, Entspannungstraining, Angst- und Wehenbewältigungsstrategien.

3. Aus zeitökonomischen Gründen führen wir dies vorwiegend
in Gruppen durch, wobei die Gruppengröße sehr schwankt und
ganz vom momentanen Bedarf abhängt. 10-12 Frauen bzw. 5
Paare in einer Gruppe erachte ich als obere Grenze.

4. Bei Bedarf werden einzelnen Frauen oder Paaren Einzelgespräche angeboten.

5. Diese werden dann für die Geburtsvorbereitung mit der
Gruppenarbeit kombiniert.

Die speziellen Probleme, die sich daraus ergeben können, versuchen wir durch trennende Maßnahmen im Setting, nämlich die
räumliche Trennung zu vermeiden (Einzelgespräche werden im
Ambulanzzimmer geführt, die Gruppenarbeit findet im Turnsaal
statt).
Ich möchte nun anhand einer Gruppe das Vorgehen speziell
demonstrieren:
Die Teilnehmerinnen sind Frau A. und Frau B., die sie bereits
kennengelernt haben, sowie Frau C.: Sie ist 39 Jahre, verheiratet und hat einen 14-jährigen Sohn. Bei seiner Geburt vor
14 Jahren kollabierte sie unter der körperlichen Anstrengung,
deren stundenlange Atembeschwerden vorangegangen waren. Weitere Untersuchungen nach der Geburt ergaben einen bis dahin
unentdeckten Herzfehler, der in den letzten Jahren zwei Operationen erforderte. Sowohl der Gynäkologe, als auch der Kardio-
loge reagierten auf die Mitteilung der Schwangerschaft mit einer
Empfehlung zu einer Interruptio. Dies wurde von Frau C. abgelehnt. Zwar hatte sie die Schwangerschaft nicht bewußt geplant,
erlebte sie aber doch als Möglichkeit, ihr Leben "aufzufrischen",
nochmal von vorne anzufangen. Die engmaschige Betreuung
zwischen Gynäkologen und Kardiologen beruhigte sie zwar ein
wenig, dennoch ängstigte sie sich "wie die Geburt verlaufen
würde", ob sie diese überleben werde und hatte obendrein ihren
Ärzten gegenüber starke Schuldgefühle, sich nicht an ihre Empfehlungen gehalten zu haben.
Frau D.: Sie ist 24 Jahre alt, verheiratet. Dies ist ihre zweite
Schwangerschaft. Die erste Schwangerschaft vor einem Jahr
endete mit einer Totgeburt in der 38. Schwangerschaftswoche
aufgrund einer EPH-Gestose mit monosymptomatischer Hypertonie.
Sie ist zu regelmäßigen Blutdruckkontrollen bestellt. Als Damok-
lesschwert fürchtet sie ein erneutes Auftreten der Hypertonie,
sowie einen wochenlangen stationären Aufenthalt, der mit einer
erneuten Totgeburt enden könnte. Psychosoziale Belastungsfaktoren sind mit einer Ausnahme nicht feststellbar. Es handelt
sich um eine extrem schlechte Atmosphäre am Arbeitsplatz, der
sie aber durch die Freistellung wegen der Hypertonie entkommen
ist. Für die Zeit nach dem Karenzurlaub wurde ihr ein anderer
Arbeitsplatz versprochen.
Frau E.: Sie ist 40 Jahre, verheiratet. Sie hat eine 12-jährige
Tochter. Vor 2 Jahren wurde eine Brust wegen eines Karzinoms
entfernt. Dies ist die zweite Schwangerschaft seit der Karzinomoperation. Die erste endete durch einen Abortus im dritten Monat.

Sie hat sofort nach Eintreten der Schwangerschaft jegliche Medikation und Behandlung eingestellt. Sie sorgt sich mütterlich um
alle Gruppenmitglieder, ist sehr vernünftig und hilfsbereit. Im
Gegensatz zu den anderen, die schnell über ihre Schwierigkeiten
reden, braucht sie einige Stunden, kann aber dann ihre Sorgen
und den Wunsch zu stillen und dabei zu versagen, offen besprechen. Im weiteren Verlauf reflektiert sie auch ihre fürsorg-
liche, aggressionsgehemmte Art. Dies wird als Modell sehr wichtig
für Frau F.: Sie ist 28 Jahre alt, Werkstudentin im 2. Bildungs-
weg, unverheiratet und ohne Partner. Mit Ausnahme einer
Schwester lebt ihre Familie in einem österreichischen Bundesland.
Die Beziehung zum Kindesvater, einem Medizinstudenten bürger-
licher Herkunft, war schon in die Brüche gegangen, als sie
nach einer erneuten, einmaligen Begegnung schwanger wurde.

Die Vaterschaft wird seinerseits bestritten, was für Frau F. eine
massive Kränkung darstellt. Er hat jeglichen Kontakt zu ihr abge-
brochen. Sie wünscht sich, daß er sich doch wieder ihr zuwendet.
Ihre Angst und die Wut auf den Freund trägt sie wiederholt aggressiv in der Gruppe vor und beansprucht sehr viel Zeit für sich.
Sie ist auch diejenige unter den Teilnehmerinnen, die sich ganz
allein, ohne jegliche unterstützende soziale Umwelt fühlt.

Frau G.: Sie ist 28 Jahre alt, seit 4 Jahren verheiratet und erhält die Familie finanziell. Sie kommt erst nach vier Sitzungen
zur Gruppe dazu. Ihr Mann war gerade psychiatrisch hospitalisiert, wegen depressiver Reaktionen und dem Zwang, in öffentlichen Situationen andere Frauen zu betasten. Frau G. hat sich
an mich um Hilfe gewandt, weil sie bei der Anmeldung zur Geburt die vaginale Untersuchung verweigert hatte. Unabhängig
von ihr waren die Therapeuten ihres Mannes an mich herange-
treten, das Paar in Therapie zu übernehmen. In ihrer Vorge-
schichte findet sich Vaginismus. Derzeit besteht Dyspareunie
bei mangelndem sexuellen Interesse. Der Partnerkonflikt und die
in der Schwangerschaft erfolgte symptomatische Dekompensation
des Ehemannes kann aus dem Konflikt des Eindringens eines
neuen Familienmitgliedes in die eheliche Symbiose verstanden
werden, sowie der Angst des Ehemannes, nun eine erwachsene
Rolle als Vater übernehmen zu müssen, verbunden mit Frau G.s
Bedürfnis, in der Schwangerschaft und danach regredieren zu
dürfen, selbst umhegt und umsorgt zu werden. Dies äußert sich
am deutlichsten in dem Konflikt, wer von beiden durch seine
Arbeit die Familie erhalten soll. Sie ist die einzige in dieser
Gruppe, die Einzelgespräche bei mir hat. Sie befindet sich in
der 28. Schwangerschaftswoche und die Teilnahme an dieser
Gruppe ergab sich aus der Notwendigkeit, ihr eine psycholo-
gische Geburtsvorbereitung anzubieten, wo sie gezielt auf die
Geburt vorbereitet würde. Nach dem Erstgespräch mit Frau G.

fanden 3 Gespräche mit Herrn und Frau G. statt, die darauf
zielten, den beiden ihre Partnerproblematik und ihren Einfluß
auf die momentane Situation so weit einsichtig zu machen, daß
1) weiterhin mit Frau G. allein gearbeitet werden konnte, ohne
einen Boykott durch Herrn G. befürchten zu müssen, 2) er
selbst entlastet würde und 3) beide zusammen nach der
Schwangerschaft und Geburt eine (unbedingt notwendige) Paartherapie annehmen konnten. Frau G. selbst kam einmal pro
Woche und besuchte mit ihrem Mann eine Kurzvorbereitung für
Paare – 2 Abende je eineinhalb Stunden – um sich auf das gemeinsame Geburtserlebnis vorzubereiten.

Wir haben die entscheidenden Strategien ihrer Betreuung mehrfach dargestellt (RINGLER , 1983 b, RINGLER & LANGER, 1983).
Die Teilnehmerzahl dieser Gruppe wechselte im Laufe der Zeit
(insgesamt 10 Wochen). Anfangs waren 6 Gruppenteilnehmerinnen, dann 7, bis zuletzt nur mehr 2 Frauen übrig waren und
bis zur Geburt betreut wurden. Bei einer Teilnehmerin (Frau
D.) wurde im Laufe der Gruppe eine stationäre Aufnahme notwendig.
Die Zeit für Gruppensitzungen war so verteilt, daß von den zur
Verfügung stehenden 1 1/2 Stunden etwa eine 3/4 Stunde für
ein freies Gespräch und die andere 3/4 Stunde für die Geburtsvorbereitung verwendet wurde. Bei der Geburtsvorbereitung
wurden die herkömmlichen geburtsvorbereitenden Maßnahmen,
wie Entspannungstraining, Atemübungen, Information und Aufklärung über alle geburtsbezogenen Aspekte nach verhaltenstherapeutischen und lerntheoretischen Gesichtspunkten struktu-
riert und geübt und gemeinsam mit einer individuellen Desensi-
bilisierungshierarchie (WOLPE, 1958) zu einem Wehen- und Angst-
bewältigungstraining ausgebaut. Die Überlegenheit eines solchen
Vorgehens gegenüber dem Schwangerenturnen konnten wir in einer Untersuchung nachweisen (RINGLER u. a., 1981, PAVELKA
u. a., 1980).
Das freie Gespräch diente den Teilnehmerinnen dazu, ihre Probleme zu artikulieren und eventuell neue Handlungsalternativen
zu erarbeiten. Ich möchte dies jetzt am Beispiel der einzelnen
Teilnehmerinnen veranschaulichen. Frau A.: Frau A. schied aus
der Gruppe aus, als ihre Mutterschutzfrist begann und sie nach
F. übersiedelte. Sie hatte in 8 Sitzungen Gelegenheit, ihre
Schuldgefühle dem Vater gegenüber ein wenig zu behandeln, so
daß sie die Übersiedlung effizienter organisieren konnte. Es fiel
auf, daß sie, nachdem sie erstmals über ihre Schwierigkeiten
ausführlich gesprochen hatte, begann, sich die ersten Umstands-
kleider zu kaufen.*

---

*Dies kann als bessere Akzeptanz der Schwangerschaft verstanden
werden und der geringeren Angst sie herzuzeigen, insbesondere
dem Vater gegenüber.

Es ist zu hoffen, daß die Gruppe sie dazu angeregt hat, ihr Französisch zu verbessern und einige geburtsbezogene Vokabeln zu erlernen. Für sie, wie insbesondere auch für Frau F. hatte die Gruppe die Funktion einer unterstützenden sozialen Umwelt übernommen, wo sie in einer für sie sonst nicht zugänglichen Weise angehört und verstanden wurden. Frau B. konnte ihre Geburtsängste abbauen bzw. Strategien erwerben, um mit diesen besser zurechtzukommen. Sie zeigte eine Angst, die die anderen Teilnehmerinnen wohl auch kannten, wenngleich nicht so ausgeprägt. So konnte Frau B. erleben, daß nicht nur sie allein sich ängstigte. Die spezielle Problematik, die erlernten Wehen- und Angstbewältigungsstrategien nicht perfekt einsetzen zu können, konnte so bearbeitet werden, daß alle Teilnehmerinnen davon profitierten.* Die Schwangerschafts- und Lebensgeschichten von Frau C., Frau D. und Frau E. sind grundsätzlich dazu geeignet, von anderen als bedrohlich erlebt zu werden und Gefühle zu bewirken, daß es einem selbst ähnlich ergehen könnte. Interessanterweise blieb diese Wirkung bei allen mit Ausnahme von Frau B. aus. Möglicherweise waren alle anderen zu stark mit ihren eigenen Sorgen beschäftigt. Diese, so wie alle anderen möglichen Hypothesen, kann nicht überprüft werden. Für Frau C., D. und E. bot die Gruppe die Möglichkeit, ihre Beziehung zu den behandelnden Ärzten, sowie das Ausmaß des notwendigen Vertrauens zu klären, daß das Aufkommen eines Gefühls von Sicherheit erfordert. Die Kardiologen empfahlen dann für Frau C. eine primäre Sectio, die auch durchgeführt wurde. Die Herausforderung an sich selbst und die eigene Familie, sich durch eine Schwangerschaft zu gefährden, wurde in allen drei Fällen als Thema nicht aufgegriffen, dies hätte den Rahmen der Gruppe gesprengt.

Bei Frau D. wurde dann noch eine stationäre Aufnahme in der 33. Schwangerschaftswoche notwendig. Sie schwankte stark zwischen ihrer Angst vor einer erneuten mißglückten Schwangerschaft und dem Ärger über Kränkung, daß sich die Aufnahme nicht vermeiden ließ, die auch ein Stück beinhaltete, daß ihr die Gynäkologen mißtrauten, daß sie ihren Blutdruck regelmäßig messen, wahrhaftig niederschreiben, sowie alle Verhaltensmaßregeln beachten würde. Sie wurde in der 39. Schwangerschaftswoche mit primärer Sectio - wegen der Gestose - von einem gesunden Kind entbunden, das gewichtsmäßig knapp am Limit war und nur für wenige Tage auf die neonatologische Abteilung transferiert werden mußte.

* Diese Angst kann bei schlechter Handhabung von Geburtsvorbereitung nämlich iatrogen angsterregend wirken.

Frau E. und Frau C. erlebten, daß ihr Kinderwunsch von den
Frauen voll akzeptiert wurde und keinerlei offenes Entsetzen
auslöste (zumindest habe ich meines gut beherrscht). Sie konnten
ihre Erlebnisse (die Atemschwierigkeiten bei der 1. Geburt bei
Frau C. und das Erkennen und die Behandlung des Mammakarzi-
noms bei Frau E.) einmal in aller Ausführlichkeit erzählen. Für
Frau E. wurde ein eigener Termin mit der stationsführenden
Kinderschwester organisiert, wo sie sich mit ihr über die Problematik des Stillens, vorwiegend vom technischen Standpunkt aus,
unterhalten konnte. Frau F. gelang es im Laufe der Gruppe, ihre
Hoffnungen, daß ihr Freund sich um sie und das Kind kümmern
würde, zu reduzieren und dadurch fähig zu werden, wieder für
sich selbst sorgen zu können und die vorhandenen Angebote
seitens einer Freundin und ihrer Schwester, ihr zu helfen, annehmen zu können, ja sogar die Schwester zu bitten, bei der
Geburt dabei zu sein. Große Unruhe, Angst löste bei ihr eine
Vorverlegung des Entbindungstermines aufgrund einer Ultraschall-
untersuchung um 14 Tage aus. 1. erklärte sie dies aufgrund der
Empfängnis für unmöglich und befürchtete 2., daß der Kindesvater dadurch in seiner Ansicht unterstützt würde, daß er nicht
der Vater sei. Sie geriet außer sich, als die "übertragene"
Schwangerschaft durch Geburtseinleitung beendet werden sollte.
Dies konnte aufgrund meiner Intervention verhindert werden,
und sie entband zum von ihr errechneten Termin ein gesundes
Kind. Dieses Beispiel führt die Problematik geburtseinleitender
Maßnahmen auf der sehr persönlichen, intimen Ebene vor Augen.
Sicher handelt es sich um ein nicht alltägliches Beispiel und
selten werden die Konsequenzen so brisant erlebt. Die Patientin
alleine vermochte sich nicht durchzusetzen, wohl auch weil sie
es den Geburtshelfern/Gynäkologen gegenüber nicht wagte, ihre
Geschichte zu erzählen. Dies wiederum führt uns zur Problematik
mangelnder vertrauensvoller Arzt-Patient-Beziehung hin. Denn
als ich nun eingriff und die Geschichte dem Team nur kurz
skizzierte, gab es keinerlei Diskussionen wegen des Aufschubes
der Geburtseinleitung. Die Patientin war aber zu diesem Zeitpunkt bereits 3 Tage hospitalisiert und 2 Einleitungsversuche
waren unternommen worden.

Frau G.: Die Teilnahme an dieser Gruppe stellte für sie einen
kleinen Teil des umfassenden Behandlungskonzeptes dar. Für
sie bot die Gruppe die Möglichkeit, sich neben der erwünschten
Geburtsvorbereitung mit ihren Geburtsängsten im Rahmen der
Desensibilisierung, auseinanderzusetzen. Außerdem bot ihr die
Gruppe, wie auch allen anderen Frauen die Möglichkeit, die
Institution Entbindungsklinik genauer kennenzulernen (Frau A.
und Frau B. entbanden als einzige woanders). Ihr Beitrag zum
Gruppengeschehen war gering, was sicherlich mit den Einzelge-
sprächen zusammenhängt, wurde aber weder von ihr noch den

anderen Teilnehmerinnen als störend empfunden. Es ist aber
vorstellbar, daß ein ähnliches Vorgehen unter anderen Bedingungen auch beträchtliche Störungen in einer Gruppe hervorrufen kann.
Andererseits ist es mir bei einer so umfassenden Problematik
wie Frau G.s nicht vorstellbar, ohne begleitende Paar- und Einzelgespräche zu arbeiten. Bei keiner der Frauen mit Spontangeburten traten im Geburtsverlauf bemerkenswerte Komplikationen
auf. Auch die Rehabilitation der beiden Frauen mit primärer
Sectio verlief komplikationsfrei.

Ich denke, daß die kurze Schilderung dieser Gruppe und ihrer
Teilnehmerinnen dazu geeignet ist, mögliche wünschenswerte
Wirkungen einer geplanten und strukturierten psychologischen-
psychotherapeutischen Intervention bei Schwangerschafts- und
Geburtsängsten zu demonstrieren. Nämlich:

1. daß es möglich ist, in einem nicht offen als Psychotherapie
   deklarierten Setting intime individuelle Probleme mitteilbar zu
   machen und dadurch ein Stück aufzuarbeiten. Das Ausmaß der
   Aufarbeitung hängt selbstverständlich außer von den Kompetenzen des Gruppenleiters, auch von Faktoren wie Gruppengröße und der Problemstruktur der Gruppenteilnehmerinnen
   ab.

2. Können so neue Lösungsstrategien erarbeitet werden.

3. Gleichzeitig die Teilnehmer auf die Geburt wirkungsvoll
   vorzubereiten und so

4. situationsspezifische Angst zu vermeiden, wodurch

5. Geburtskomplikationen reduziert werden und

6. das Selbstvertrauen der Frauen gefördert wird,

7. was zu besseren Eltern-Kind-Interaktionen führen wird.

Eine wirkungsvolle Arbeit in diesem Bereich setzt voraus:

1. Kenntnisse aus mehreren psychotherapeutischen Schulen an-
   wenden zu können. Zum besseren Verständnis der individuellen Problemkonstellation und des Übertragungsgeschehens erscheinen mir psychodynamische und psychoanalytische Kenntnisse unabdingbar. Dagegen soll eine "aufdeckende" Arbeit,
   also das Bewußtmachen unbewußter Konflikte und ihr Beitrag
   zum Problemgeschehen in diesem Zeitraum nur dann erfolgen,
   wenn die Patientin es wünscht und entsprechende Voraus-
   setzungen dafür mitbringt. Grundsätzliches Ziel einer solchen
   Gruppe sehe ich in stützenden Interventionen, die zu besseren

Problemlösungsstrategien führen und selbstdestruktives Verhalten vermeiden. Wo es um den Erwerb von Fertigkeiten und Informationen geht, eignen sich insbesondere verhaltenstherapeutische Prinzipien. Sie ermöglichen eine gezielte Annäherung an gefürchtete Situationen und Vorstellungen, bei gleichzeitiger Vermittlung von Fertigkeiten zur besseren Bewältigung derselben (RINGLER u. a., 1981 b). Erfolgt diese Arbeit in Gruppen, dann sind gruppentherapeutische Kenntnisse ebenfalls unerläßlich.

2. Die gleichzeitige Handhabung unterschiedlicher therapeutischer Strategien wirft eine Reihe von Problemen auf, die hier nicht behandelt werden können, aber selbstverständlich laufend reflektiert werden müssen.

3. Sich nicht zu scheuen, aktiv zu vermitteln, wenn dies erforderlich ist, d. h. im Einvernehmen mit der Patientin mit anderen Betreuungspersonen zu kooperieren.

4. Abschließend muß betont werden, daß die psychologische Betreuung nur in enger Kooperation mit der jeweils notwendigen medizinischen Betreuung wirksam ist. Wird die psychologische Betreuung aus dem Kontext des Schwangerschaftsbetreuungs- und Entbindungsmanagements, das sich die Schwangere gewählt hat, herausgehoben, so ist die Wirksamkeit immer reduziert. Durch den geringeren Bekanntheitsgrad mit der Entbindungsklinik ist dann eine schmälere Vertrauensbasis gegeben (RINGLER, 1982 c). Daher ist es wichtig, daß die psychologische Betreuung in das gesamte Netzwerk der Betreuung Schwangerer integriert ist, um sinnvoll zu- und überweisen zu können und Mißverständnisse durch Informationsmängel oder -lücken zu vermeiden.

Was ich damit herausstellen möchte ist, daß es mir sinnvoller erscheint, psychotherapeutische Prinzipien den Gegebenheiten, i. u. Fall der Schwangerschaftsbetreuung anzupassen, als die Reinheit irgendeiner Methode zu bewahren.
Dadurch wird es möglich, Schwangerschafts- und Geburtsängste im zur Verfügung stehenden Zeitraum, wirkungsvoll zu behandeln.

12. DAS NEUGEBORENE

Das menschliche Neugeborene ist bei der Geburt in höchstem
Maße von der Pflege und Sorge Erwachsener abhängig. Insbesondere die leibliche Mutter kann seine Bedürfnisse, vor allem
jenes nach Nahrung durch Bruststillen erfüllen. So sehr das
Neugeborene für sein Überleben auf Pflege angewiesen ist, ist
es dennoch bereits ein eigenständiges Wesen, das bereit ist,
sich im Maße der ihm zur Verfügung stehenden Funktionen der
Umwelt anzupassen und mit ihr in Kontakt zu treten.

12.1 Der psychophysiologische Entwicklungsstand des Neuge-
borenen

Beim reifen Neugeborenen funktionieren alle sensorischen Systeme. Die individuellen Unterschiede zum Zeitpunkt der Geburt
sind im sensomotorischen Bereich beträchtlich und können vorwiegend mit perinatalen Risiken, wie Frühgeburtlichkeit und/
oder Small for gestational age, einer notwendigen Sauerstoffzu-
fuhr unter der Geburt, niederen Apgar-Werten, so wie dem Ausmaß von Medikationen unter der Geburt in Zusammenhang gebracht werden (LIPSITT, 1981). Dementsprechend reagieren
Neugeborene auf Reizung in allen sensomotorischen Bereichen.
Das Neugeborene kann auf äußere Reize unterschiedlich reagieren. Schon in den ersten Lebenstagen existieren gewisse sen-
sorische Präferenzen. Bei Anwendung entsprechender Verstär-
kungskontingenzen unter Berücksichtigung seiner sensorischen
Präferenzen kann es unterschiedliche Reaktionsmuster erwerben
(LIPSITT, 1981, 1976, 1979).
Selbstverständlich kann das Neugeborene nicht alles lernen.
Wahrnehmungen und Motorik sind noch eingeschränkt. Die Augen des Neugeborenen können der Mutter im 180°Bogen folgen
(BRAZELTON, 1966), sie können Farben unterscheiden und manche Farben werden anderen vorgezogen. Schon in den ersten
Lebenstagen kann das Neugeborene Augenkontakt halten. Die
Augen des Neugeborenen funktionieren besser, wenn die Mutter
bei der Geburt keine großen Dosen Analgetika oder Anaestetika
erhielt (KESSEN, u. a., 1970, zit. n. Lipsitt, 1981). Es kann
nach 6 Tagen den Geruch der Stillvorlage der eigenen Mutter
von der anderer Frauen unterscheiden und sich dahin

162

orientieren (MACFARLANE, 1975). Sein Geschmack ist so gut
ausgeprägt, daß es zwischen 5% und 10% Zuckerlösung unterscheiden kann und die süssere Lösung vorzieht (LIPSITT, 1976).
REESE & LIPSITT (1970) demonstrieren die Möglichkeit operanter
Konditionierung des Neugeborenen durch eine Abfolge von Strei-
cheln der Wange des Neugeborenen, darauffolgende Kopfdrehung,
bei der es den Nippel mit dem Mund fassen kann, was saugen erlaubt. Diese Reaktion trat dann im gleichen Reizsetting in Zukunft häufiger auf. LIPSITT (1981) zitieren eine Arbeit von
GUNTHER (1981), die die Möglichkeit aversiver Konditionierung
in der Fütterungssituation untersuchten. In diesem Fall wendet
sich der Säugling von der Fütterung ab. KLAUS & KENNELL
(1982) berichten, daß sich das Neugeborene 45-60 Minuten nach
der Geburt in einem wachen und angeregten Zustand befindet.
In dieser Zeit zieht es bereits bestimmt visuelle Reize vor, wendet den Kopf, wenn es angesprochen wird. Dieser Zustand geht
in einen tiefen 3-4-stündigen Schlaf über. Während der ersten
Lebenswoche ist dieser ruhige, aber wache Zustand in etwa 10%
der Zeit vorhanden (EMDE & ROBINSON, 1981). Das Neuge-
borenenverhalten in diesem Zeitabschnitt verläuft synchron mit
dem der Mutter (CONDON & SANDER, 1974).

Die hirnphysiologische Forschung erbrachte, daß um die Zeit
der Geburt und in den ersten Wochen danach enorme Veränderungen erfolgen. In dieser Zeit werden in beträchtlichem Ausmaß die Nervenbahnen im Gehirn myelinisiert und Dendriten aus-
gebildet. Die Nervenleitungsgeschwindigkeit steigt mit höherem
Geburtsgewicht kontinuierlich (GOESCHEN u. a., 1981). Eine
erhöhte neurophysiologische Reife bedeutet für das Neugeborene,
daß die Kapazität für Informationsaufnahme und -verarbeitung
steigt.

Die Qualität und die Eigenschaften der Umgebung spielen von An-
beginn eine entscheidende Rolle für das Verhalten. Nach LIPSITT
(1981) bedeutet das, daß

1. jedes Verhalten, beabsichtigt oder unbeabsichtigt in gewis-
sem Ausmaß von der möglichen Stimulation kontrolliert wird,

2. das Baby und seine Pflegepersonen ein symbiotisches System
bilden, in dem jeder auf den anderen reagiert und als Reiz-
quelle für den anderen dient.

12.2 Die psychologische Situation des Neugeborenen

Der Mythos des passiven Kindes, das nur auf Umweltstimuli
reagiert, konnte mehrfach widerlegt werden (siehe ROLLINS &
GALLIGAN, 1978, PAPOUSEK, 1979). Die Interaktionswirkungen
variieren mit dem kindlichen und elterlichen Geschlecht, dem
Alter des Kindes (LANGTHALER, 1981), dem Geburtsgewicht

des Kindes (WENDERLEIN & WILHELM, 1982) und anderem mehr. Vom Geburtsakt selbst meinen einige Autoren, daß die Geburt für den Fetus ein schweres Trauma darstelle (z. B. RANK, 1924). Die Veränderungen der letzten Jahre, vor allem die Bemühungen Leboyers sind unter diesem Gesichtspunkt erfolgt dem Neugeborenen den Eintritt in die neue Welt "sanfter" zu gestalten, worunter geringere Gewaltanwendung zu verstehen ist.

FREUD diskutiert in Hemmung, Symptom und Angst, "Beim Menschen und ihm verwandten Geschöpfen scheint der Geburtsakt als das erste individuelle Angsterlebnis dem Ausdruck des Angstaffektes charakteristische Züge verliehen zu haben. Wir sollen aber diesen Zusammenhang nicht überschätzen und in seiner Anerkennung nicht übersehen, daß ein Affektsymbol für die Situation der Gefahr eine biologische Notwendigkeit ist und auf jeden Fall geschaffen worden wäre. Ich halte es auch für unberechtigt anzunehmen, daß bei jedem Angstausdruck etwas im Seelenleben vor sich geht, was einer Reproduktion der Geburtssituation gleichkommt." (FREUD, 1968, S. 121).

Sowohl die lerntheoretische als auch die psychoanalytischen Forschungsergebnisse verweisen auf die Bedeutung früher Lernerfahrungen. Insbesondere die psychoanalytischen Objektbeziehungstheorien (SPITZ, WINNICOTT, BOWLBY, MAHLER) im Zuge der Narzißmusforschung verweisen auf die große Bedeutung der frühesten Erfahrungen des Kindes mit seinen engsten Bezugspersonen, vor allem der Mutter bzw. einem Mutterersatz. SPITZ (1954) hat als erster und am eindringlichsten die verheerenden Folgen fehlender (mütterlicher) Zuwendung beschrieben. PIAGET (PIAGET & INHELDER, 1972) hat darauf verwiesen, daß es eine intelligente (also nicht nur gefühlsmäßige) Auseinandersetzung mit der Umwelt gibt, bevor mit Vorstellungen, Symbolen oder sprachlichen Zeichen operiert werden kann. Das erste "Stadium des voroperatorischen anschaulichen Denkens" der Entwicklung beinhaltet die Übung angeborener Reflexschemata, die bei der Geburt voll ausgeprägt sind (saugen, greifen, schlucken). Das Neugeborene kann sehen, hören, lächeln, sich zu- und abwenden. Die Übung des angeborenen Verhaltensrepertoires führt zu einer ersten Anpassung an die Umwelt durch unterschiedliche Wahrnehmung (z. B. saugen zur Nahrungsaufnahme versus saugen als lustvolles Spiel*).

---

*Letzteres wird schon Neugeborenen sehr ungern gestattet, saugen hat allein der Nahrungsaufnahme zu dienen, wobei meist mit der Schädlichkeit des Saugens für die Brustwarzen der Mutter argumentiert wird.

RAUH (1982) diskutiert, daß psychologische Verhaltensmerkmale des Neugeborenen wenig "zur Erklärung späteren Verhaltens beitragen, wenn physiologische Aspekte (Frühgeburt, Sauerstoffmangel bei der Geburt) bereits berücksichtigt wurden; und selbst letztere scheinen, außer in sehr schweren Extremen nach unten, ebenfalls den Entwicklungsverlauf nicht unwiderruflich zu bestimmen " (RAUH, 1982, S. 143). Die größte Stabilität weisen motorische Reaktionen auf. Dennoch findet man, "daß negative Verhaltensintensität in der Neugeborenenzeit eine deutliche Beziehung zu negativ bewerteter sozialer Inaktivität später zeige" /RAUH, 1982, S. 144). Dafür sind frühe Interaktionserfahrungen verantwortlich, weil freundliche, ausgeglichene Kinder mehr und positivere Zuwendung bekommen, als unausgeglichene Kinder. Das Neugeborene muß als ein in der Interaktion mit seiner sozialen Umwelt dynamisch sich entwickelndes Wesen betrachtet werden. "Für seine Entwicklung ist bedeutsam, wie sich die frühen Interaktionen mit seinen erwachsenen Partnern, insbesondere seiner Mutter einspielen. Die Neugeborenenzeit legt damit einen wichtigen Grundstein für die weitere Entwicklung" (RAUH, 1982, S. 145). BOWLBY (1970) faßt die gängigen Theorien über die Entwicklung der Mutter-Kind-Beziehung wie folgt zusammen und unterscheidet, einschließlich seiner eigenen, fünf theoretische Erklärungsmodelle:

1. Das Kind hat physiologische Bedürfnisse, insbesondere jene nach Ernährung und Wärme. Wenn sie von der Mutter (oder einer Mutterfigur) gestillt werden, lernt der Säugling die Mutter als Quelle seiner Befriedigung kennen, wodurch sich sekundär Zuneigung bzw. Beziehung (attachment) entwickelt. Diese theoretischen Erklärungsmuster werden vorwiegend von psychoanalytischen und lerntheoretischen Autoren vertreten.

2. Säuglinge haben ein angeborenes Bestreben, die menschliche Brust zu saugen und oral zu besitzen. Dadurch lerne das Kind, daß es eine Mutter gibt und sich auf sie zu beziehen.

3. Säuglinge haben ein angeborenes Bestreben, menschliche Wesen zu besitzen und festzuhalten. Dieses Bedürfnis wird unabhängig von Nahrung und Wärme eigenständig gesehen.

4. Säuglinge widerstreben der Ausgeschlossenheit aus dem Mutterleib und wünschen in diesen zurückzukehren. Diese letzte Theorie wird von BOWLBY als biologisch unsinnig und redundant zurückgewiesen.

5. BOWLBY selbst postuliert, daß die Bindung des Kindes an seine Mutter als das Produkt der Aktivität verschiedener

Verhaltenssysteme anzusehen ist, wobei die Nähe zur Mutter
wichtig ist. Es handelt sich um soziales Verhalten, das Paarungs-
und elterlichem Verhalten gleichwertig ist. Nahrung und Essen
bilden einen geringen Teil davon.

"The behavioral systems themselves are believed to develop
within the infant as a result of interaction with his environment
of evolutionary adaptedness, and especially of his interaction
with the principal figure in that environment, namely his mother"
(BOWLBY, 1970, S. 179/180). Ziel ist die Nähe zur Mutter bzw.
einer mütterlichen Figur. Saugen, Festhalten, Folgen, Weinen
und Lächeln tragen dazu bei, werden aber im Laufe der Entwicklung durch andere Verhaltensweisen ersetzt. Die Initiative
zur Interaktion geht ebenso vom Neugeborenen aus. Durch diese Verhaltensweisen vermag das Neugeborene (Kind) die Nähe
zu seiner Mutter herzustellen und ihr Fürsorgeverhalten zu kontrollieren. Man denke an die Gefühle, die Lächeln oder Weinen
eines Säuglings beim Erwachsenen, insbesondere aber der Mutter auszulösen vermögen, sowie die verstärkte Stimulation dieser
Gefühle bei rundlichen, hübschen Säuglingen. Nicht umsonst
bedient sich die Werbung "niedlicher" Säuglinge und ist damit
äußerst erfolgreich.

Die zuvor genannten Überlegungen und Theorien bilden jene
Grundlage, auf der in den letzten Jahren eine Revision der herkömmlichen Spitalspraktiken seit dem Ende des Zweiten Welt-
krieges einsetzten.* Das Ausmaß,in dem (ausreichend) gesunde
Neugeborene von ihren (ausreichend gesunden) Müttern nach
der Geburt getrennt wurden und wie dies außer zum 20-30
minütigen Stillen bzw. Verabreichung von Falschennahrung über
die Dauer des Klinikaufenthaltes als Routine aufrechterhalten
wurde, ist von Land zu Land, Klinik zu Klinik recht unterschiedlich. Das Rückgängigmachen dieser Vorgangsweisen ist noch
keineswegs abgeschlossen und bedurfte einer hochspezialisierten
Forschung, deren Untersuchungsdesigns und -methoden
kritischesten Analysen unterzogen wurden. Da es keine vernünf-
tigen Argumente gibt, ein gesundes Neugeborenes und seine gesunde Mutter im Kontakt zu limitieren, bedeutet dies wohl, daß
hier ganz brisante Gefühlsbereiche angesprochen sind, die

---

*Wenngleich der Anstoß weniger von den, die Forschungsresul-
tate reflektierenden Praktikern ausging, als von vereinzelten
"pressure"-Gruppen unzufriedener Eltern, die ihre Gefühle nun
mit "harten Daten" verteidigen konnten.

scheinbar strenger und rigider Kontrollen bedürfen.* Marshall H. Klaus & John H. Kennell haben hier bahnbrechende Arbeit nicht nur für die gesunden Neugeborenen und ihre Mütter, sondern gerade vor allem für die kranken bzw. gefährdeten Frühgeborenen bzw. Small for gestational age Babies geleistet. Sie postulieren eine "sensitive Periode" in den ersten Minuten und Stunden nach der Geburt, die für die Anknüpfung der Bindung zwischen Eltern und Kind und Kind-Eltern als optimal betrachtet wird. Die "mütterliche sensitive Periode", die sie in die ersten Minuten bis Stunde nach der Geburt verlegen, bezieht sich auf das Bindungsverhalten der Eltern zum Kind, welches als besonders gefährdet betrachtet wird. (KLAUS & KENNELL, 1982). "Parenting disorders may range from mild anxiety, such as persistent concerns about a baby after a minor problem that has been completely resolved in the nursery, to the most severe manifestations - the battered child syndrome. It is our hypothesis that some of these problems may result in part from separation and/or other unusual circumstances that occur in the early newborn period as a consequence of present hospital care policies. Experience during labor and hospital practices during the first hours and days of life are the most easily manipulated variables in this scheme " (KLAUS & KENNELL, 1982, S. 38). Kurzzeitunterschiede zwischen Müttern/Eltern mit und ohne frühen Mutter-Kind-Kontakt (also unmittelbar nach der Geburt; Zeitpunkt und Dauer des Kontaktes variierten in den meisten Studien), sind gut belegt. KLAUS & KENNELL, (1982) berichten ausführlich 17 internationale Studien. Die Ergebnisse weisen auf

---

*Hier dürfte es sich vor allem um Gefühlsbereiche der Macht, Konkurrenz und Neid auf die beginnende Enge und "verwöhnende" Mutter-Kind Beziehung handeln, die immer auch Gefühle der Ausgeschlossenheit aktivieren, ebenso wie eigene verdrängte, uneingestandene Wünsche und Bedürfnisse, ebenso umsorgt zu werden. Ich selbst erlebe dies wiederholt, wenn ich von geburtshilflichen Betreuungspersonen angesprochen werde, wer sich den eigentlich "um uns so gut kümmert". Eine solche Aussage spricht keineswegs gegen jene, die ihren Neid so äußern, im Gegenteil, sie bringen zum Ausdruck, wie schwierig es ist, selbst für andere gut zu sorgen, wenn man sich vernachlässigt fühlt und wahrscheinlich auch wird. Dies bedeutet letztlich, daß eine einfühlsamere Versorgung im Krankenhaus nur dann erfolgen kann,wenn die Arbeitssituation für die dort Tätigen einigermaßen zufriedenstellend ist.

eine höhere Stillbereitschaft und Stilldauer hin (6 von 9 Studien),
vermehrten Augenkontakten zwischen Mutter/Vater und Kind, mehr
und positivere verbale Interaktion nach 3 Monaten (s. auch
LANGTHALER, 1981), ruhigeres und angepaßteres Saugverhalten
beim Stillen im Spital, bessere Synchronisation zwischen Mutter
und Kind, und geringere depressive Reaktionen bei den Müttern
(LANGTHALER, 1981).

Während O'CONNOR u. a. (1980) signifikante Unterschiede hinsichtlich elterlicher Verhaltensweisen, wie Kindesmißhandlung,
-vernachlässigung, Verstoßung und "failure to thrive" (nicht-
organische Entwicklungsverzögerung) fanden, war dies in den
Studien von SIEGEL u. a. (1980), SEASHORE, 1981, EGELAND
& VAUGHN, (1981),nicht der Fall. Die Ergebnisse, vor allem in
Bezug auf abzulehnende elterliche Verhaltensweisen sind unein-
heitlich (SEASHORE, 1981). Dafür werden als ursächliche Faktoren hauptsächlich die unterschiedlichen Populationen, sowie
die Wirkung der Studien auf das behandelnde Personal, ebenso
wie auf die Eltern verantwortlich gemacht. "Blinde" Versuchs-
durchführung und -evaluation ist in diesem Bereich kaum möglich. YOGMAN (1981) diskutiert ausführlich methodologische
Aspekte der Untersuchungen zu Eltern-Kind Trennung und vermehrtem Eltern-Kind Kontakt. Seine wichtigste Argumentation
ist wohl die, daß gewisse äußere Faktoren ungenügend kontrolliert worden sind, insbesondere gegenüber den Eltern. Es sind
ja nicht allein die äußeren Rahmenbedingungen, die bestimmte
erwünschte Verhaltensweisen fördern oder erschweren. In gleicher Weise beeinflussen sie die menschliche Haltung, wie Neugeborene und ihre Eltern behandelt werden, wenn sie ihr Neugeborenes (selbst Frühgeborene) so weit als möglich selbst versorgen. Dies hat konkrete Auswirkungen. In einem Betreuungs-
management, in dem Eltern ihre Kinder so weit als möglich
selbst versorgen, muß man sich ihnen gegenüber anders verhalten. Man kann sie nicht in der Weise behandeln, daß man
ihnen ihre Unfähigkeit, das Baby fachmännisch zu wickeln,
demonstriert ("Geben Sie die Windeln mir, Sie sind zu langsam").
Ihnen muß dies sorgfältig gelehrt werden. Je mehr man sie in
ihren Kompetenzen verstärkt, desto schneller lernen sie. Positive Verstärkung liegt also in diesem Fall auch im Interesse des
Pflegepersonals (weniger Zeitaufwand, und dazu das Erfolgser-
lebnis, gut gelehrt zu haben). So läßt sich auch SEASHORE's
(1981) Ergebnis verstehen, die fand, daß die Mütter von Frühgeborenen mit vermehrtem Mutter-Kind Kontakt selbstsicherer
waren, im Vergleich zu den Müttern, die keinen Kontakt hatten.

Die Kritiker der "sensitiven Periode" mehren sich (YOGMAN,
1981, CHESS & THOMAS, 1982). Die Kritik wendet sich nicht
gegen die bewirkten positiven Änderungen der Behandlung von

Neugeborenen und ihren Müttern, sondern,

1. "However, one must be cautious when extrapolating from the effects of interventions in a violated system to postulating the existence of a "sensitive period" for bonding in a nonviolated system" (YOGMAN, 1981, S. 92). So ist die gesamte Perinatal-zeit (wie auch die Schwangerschaft) eine günstige Zeit für er-wünschte Verhaltensänderungen, weil junge Eltern, ob des ent-stehenden Wechsels der Familienstruktur, für Interventionen und Hilfen zugänglicher sind (YOGMAN, 1981, RINGLER, 1981 a).

2. Langzeitunterschiede hinsichtlich elterlicher Verhaltensweisen lassen sich nicht nachweisen. Hier liegt auch eine gewisse theo-retische und empirische Naivität vor. Nicht allein, daß Kindes-mißhandlungen wohl das delikateste Problem darstellen, zu dem sich kaum jemand freiwillig bekennt (d. h., beobachtbar sind nur die Extremfälle, "die Spitze des Eisberges"), spielen doch eine Vielzahl anderer Faktoren eine Rolle. Neben ökonomischen Bedingungen, der Beengtheit der Wohnverhältnisse etc., zeigen gerade psychoanalytische Studien, daß vor allem Eltern, die als Kinder selbst mißhandelt wurden, dazu neigen, ihre Kinder wieder zu mißhandeln (FRAIBERG, 1980). SEITAMO & WASZ-HÖCKERT (1983) konnten dies in einer großangelegten empi-rischen Untersuchung bestätigen. Insbesondere die Erziehungs-bedingungen, die die Mutter selbst in ihrer Kindheit erfahren hat, sowie ihre Partnerbeziehung zum Zeitpunkt der Schwanger-schaft/Geburt sind als wesentliche Determinanten der frühen Mutter-Kind Beziehung anzusehen.
HALL u. a. (1979) fanden, daß Frauen, deren Eltern verstor-ben waren, oder geschieden bzw. getrennt lebten, mit ihren 20 Wochen alten Babies signifikant weniger interagierten als Mütter, deren Eltern miteinander lebten. Langzeitwirkungen auf die kognitive und emotionale Entwicklung zu erwarten, geht an der Vielzahl sonstiger Einflußparameter vorbei. N. RINGLER u. a., 1975, 1976, stellten noch im Alter von 2 Jahren geringe sprachliche Unterschiede zugunsten der Kinder mit vermehrtem Kontakt in der Neugeborenenzeit fest, dieser war mit 5 Jahren nicht mehr nachweisbar.
Es wäre absurd, aus den uneinheitlichen Ergebnissen abzulei-ten, daß ein vermehrter Kontakt zwischen Neugeborenem und Mutter nicht notwendig sei. Die Forschungsergebnisse konfron-tieren uns bloß mit der Fülle von (nicht mehr kontrollierbaren) Einflüssen. Dies bedeutet glücklicherweise auch, daß dem Men-schen im Laufe seiner Entwicklung Kompensationsmöglichkeiten für ungünstige Erfahrungen offenstehen. Das bedeutet nicht, daß wir uns auf diese verlassen dürfen.

3. Eine Betonung der Notwendigkeit des "frühen Mutter-Kind-Kontaktes" als Bedingung für positives Bindungsverhalten,

würde unnötige Schuldgefühle und Versagensängste hervorrufen, die in der Folge tatsächlich negative Auswirkungen haben (CHESS & THOMAS, 1982). KLAUS & KENNELL haben ihre diesbezüglichen Behauptungen (KLAUS & KENNELL , 1976), mittlerweise abgeschwächt, (KLAUS & KENNELL, 1982), wenngleich sie es als "Dilemma" bezeichnen. Eine derartige Behauptung birgt die Gefahr zu einer neuen, wenngleich gegenteiligen Verhaltensnorm zu erstarren. Nicht allein,daß sie bei allen jenen, die - aus welchen Gründen immer- diese Zeit nicht erleben können, die zuvor genannten Probleme begünstigen, kann die interaktionistische Sichtweise leicht verloren gehen, "die kritische sensitive Periode" eben zu jener formelhaften Routine erstarren, wie die derzeit häufigen Mutter- Kind Trennungen (siehe auch Punkt 6).

4. Vom Standpunkt der Entwicklungspsychologie sei es unsinnig, eine Zeitspanne als besonders kritisch einzustufen. Dies widerspreche grundlegenden interaktionistischen Vorstellungen, wobei die psychologische Entwicklung als ein fortlaufender dynamischer Prozeß einer kontinuierlichen und gegenseitigen Interaktion zwischen Organismus und Umwelt betrachtet werden müsse (CHESS & THOMAS, 1982).

5. Die kritische "sensitive Periode" ist aus der Ethologie und dem von Ethologen beobachteten "Prägungsverhalten" abgeleitet. Es bezieht sich dort auf das Neugeborene, das "geprägt" wird. Die sensitive Periode hingegen bezieht sich auf mütterliches Verhalten und seine Modifikation durch den frühen ausgedehnten Kontakt zum Neugeborenen.

6. Wird die Modifikation mütterlichen Zuwendungsverhaltens in unangemessenem Ausmaß auf den frühen Mutter-Kind-Kontakt zurückgeführt und andere Einflußparameter nicht beachtet, so besteht die Gefahr mütterliches/elterliches Zuwendungsverhalten ausschließlich als individuelles Problem zu betrachten. Der Beitrag der Institution Entbindungsklinik kann dann dahingehend interpretiert werden, daß es genügt, den Kontakt zu ermöglichen, aber auf seine Gestaltung keinen Einfluß zu nehmen und die Beziehung Betreuungspersonal-Eltern-Neugeborenes als unwesentlich zu betrachten. Ich möchte aber behaupten, daß die gefundenen Ergebnisse wesentlich darauf beruhen, daß eben das Beziehungsgeflecht aller Anwesenden zur Änderung beigetragen hat, indem eine positivere Atmosphäre entstehen konnte, Angst und Spannung reduziert wurden, wodurch Anregungen bezüglich der Gestaltung des Eltern-Kind Kontaktes aufgenommen werden konnten.

In dieser Einführung sind die wesentlichen psychologischen Probleme dieser Zeitspanne bereits angeklungen. Die folgenden

170

Kapitel stehen wieder unter dem Aspekt psychologischer Gesichtspunkte und ihres Auftretens in geburtshilflich- institutionellen Handlungsabläufen.

12.3 Der frühe Eltern-Kind-Kontakt

Die nachfolgenden Überlegungen schließen eng an alles zuvor
Gesagte an. Um unnötige Redundanz zu vermeiden, werden nur
neue Ergebnisse besprochen.
Eine frühe Mutter/Eltern-Kind-Interaktion wird von der Mehrzahl
der Betroffenen als erfreuliches Ereignis bewertet, ohne deshalb
in unnötige Gefühlsduselei zu geraten. WINNICOTT (1964) betont die Wichtigkeit des frühen Mutter-Kind-Kontaktes. Er erläu-
tert, daß er der Mutter demonstriere, daß ihr Baby gesund
und normal ist.* Selbst, wenn sie sehr erschöpft ist, möchte
sie doch ihr Baby kennenlernen.** Vor allem könnte dadurch
jener Schwangerschaftsphantasie entgegengewirkt werden"...of
giving birth to something awful, something certainly not so
perfect as a baby. It is as if human beings find it very
difficult to believe that they are good enough to create within
themselves something that is quite good" (WINNICOTT, 1964,
S. 24). Er meint, Vätern würde es ebenso ergehen.
Durch diesen intensiven Kontakt wird somit der massiven Angst
entgegengearbeitet, ein nicht genügend gesundes, behindertes
Kind geboren zu haben (s. Kap. Geburtsangst).

Die Wirkung von vermehrtem Kontakt gleich nach der Geburt ...
ist größer bei Frauen, die geringe soziale Unterstützung haben
(ANISFELD & LIPPER, 1981, zit. n. KLAUS & KENNELL, 1982).
Dieses Ergebnis ist insofern bedeutsam, weil häufig die Tendenz
besteht, Frauen, die alleine entbinden, eher nach der herkömmlichen Routine zu behandeln.

---

*Eine Verweigerung desselben wird gerade heute zunehmend da-
hingehend gedeutet, daß mit dem Baby etwas nicht in Ordnung
ist.

** Die Erschöpfung wird häufig als Grund genannt, der Mutter
ihr Neugeborenes nicht,oder nur kurz zu geben. Daraus ergibt
sich eine vielfach übersehene Nebenbedeutung dieses Handelns
auf das Geburtserleben. Erschöpfung wird so zu einem negativ
bewerteten, "abnormen" Zustand, vor dem man Mutter und Kind
"beschützen" und der beendet werden muß. Es ist also etwas
"nicht richtig" gelaufen.

KLAUS & KENNELL (1974, 1977) beobachteten Mütter mit ihren Neugeborenen im Kreißsaal. Dabei war es aufgrund eines Heizstrahlers möglich, daß das Baby nackt war. Für zunehmend längere Zeitspannen im Laufe der Beobachtung brachte die Mutter ihr Neugeborenes in en-face Position. Anfangs zögernd, aber zunehmend freudiger, untersuchten sie ihr Baby und streichelten es gleichzeitig. Besonders der häufigere Augenkontakt und die größere Bereitschaft zu Hautkontakt und Liebkosungen konnte wiederholt nachgewiesen werden (KLAUS & KENNELL, 1974, 1976, DE CHATEAU & WIBERG, 1977 a, b).

Studien, die Variationen des ersten Mutter-Kind-Kontaktes untersuchten (z. B. vgl. von Hautkontakt vs. eingewickeltes Baby, CURRY, 1979) oder unterschiedliche Zeitdauer dieses Kontaktes (KLAUS & KENNELL, 1982) kamen zu nicht signifikanten Ergebnissen.
Es wäre irrig daraus abzuleiten, daß diese Variablen gleichgültig seien, denn

1. ist kein Grund einzusehen, einer Frischentbundenen ihr Baby vorzuenthalten (außer der Zustand des Neugeborenen oder der Mutter erfordert dies),

2. und zwar so lange (eventuell auch so kurz), wie die Mutter/ Eltern dies wünschen und

3. sie diesen Kontakt unter Bezugnahme auf alles verfügbare Wissen um gedeihliche Bedingungen so gestalten zu lassen, wie sie dies wünschen.

Werden die zuvor genannten Bedingungen eingehalten, den jungen Eltern dabei zusätzlich Intimität gewährt, also Gesprächs- und Berührungsmöglichkeiten ohne Zuseher und Zuhörer, so wird den Eltern/der Mutter ein hoffentlich nicht-moralisierendes Modell geboten, welche Umgangsweise für sie und ihr Baby als positiv erachtet wird. Auch Väter benötigen den frühen Kontakt mit dem Baby. PARKE & LIND (1973) fanden, daß jene Väter sich mehr um ihre 3 Monate alten Babys kümmerten, die ihr Kind frühzeitig gewickelt hatten. Auch der Augenkontakt war vermehrt (RÖDHOLM & LARSSON, 1981) KELLER u. a., (1981) fanden mehr väterliches en-face Verhalten beim Füttern, wenn der frühe Vater-Kind-Kontakt ausgedehnt war (zit. n. KLAUS & KENNELL, 1982).
So wichtig dieser erste frühe Kontakt ist, so viele Möglichkeiten darin enthalten sind, muß man dennoch davor warnen, ihn als alleinseligmachende Erfahrung anzusehen. Dies wird auch von KLAUS & KENNELL (1982) diskutiert: "Sadly, some parents who missed the bonding experience have felt that all was lost for their future relationship. This was (and is) completely incorrect, ... unfortunately, we find that this had led some

skeptics to discontinue the practice of early contact or to make
a slapdash, rushed charade of the parent-infant contact, often
without the details necessary to the experiences provided for
mothers in the studies. There are still large hospitals that
have never provided for early and extended contact, and the
mothers who miss out are often those at the limits of adaptabili-
ty and who may benefit the most-the poor, the single, the
unsupported , the teenage mothers." (S. 55/56).

Diese warnende Einschränkung stelle ich voran, bevor ich kurz
jene Arbeiten streife, die auf die Möglichkeit einer frühzeitigen
Sensibilisierung der Mutter/der Eltern für ihr Kind hinweisen.
Ebenso muß darauf hingewiesen werden, daß diese verstärkte
Einfühlsamkeit sich nur dann entwickeln kann, wenn die Mutter
kontinuierlich, im Sinne eines Rooming-In, mit ihrem Baby bei-
sammen ist. Ohne dieses wird früher vermehrter Mutter/Eltern-
Kind Kontakt ein einzelnes erfreuliches Erlebnis sein. Ebenso
ist das Erlernen der Einfühlsamkeit, also die Möglichkeit, die
unterschiedlichen Signale des Neugeborenen richtig zu interpretieren, keineswegs an die erste Lebensstunde oder die erste
Lebenswoche gebunden. Dagegen vermag der Säugling früher
eine einfühlsame Mutter zu erleben und die Mutter ihre Kompetenz, die Signale ihres Babys entziffern zu können. Der frühe
Mutter/Eltern-Kind Kontakt im Kreißsaal bietet der Mutter/den
Eltern die Möglichkeit, die Schwangerschaft und Geburt bewußt
und erfolgreich zu beenden. Gleichzeitig ist ein harmonischer
Übergang zur lebbaren, weil Realität gewordenen Interaktion
mit dem Kind möglich. Wird den Eltern dazu die Möglichkeit geboten, sowie auch alleine ohne Kind, Zeit miteinander ver-
bringen zu dürfen, wenn das Baby schläft, so wird in diesem
Vorgehen die Bedeutung der funktionierenden elterlichen Dyade
unterstützt. Denn die elterliche Dyade muß neben der triadischen
Beziehung weiter bestehen. Die systemische Familientherapie,
insbesondere die Behandlung kindlicher psychischer und psychosomatischer Störungen fand, daß in diesen Fällen die elterliche
Dyade immer gestört ist. Dabei fällt der Zeitpunkt des Beginns
der Störung häufig mit der Geburt des Kindes zusammen. Man
darf sich von einem solchen einzelnen Vorgehen keine Wunder
erwarten, i. S. einer umfassenden psychohygienischen Prophylaxe, aber dies gehört zu den vielen einzelnen Chancen, die
genutzt werden müssen. Familienorientierte Betreuung bedeutet,
den Vater nicht nach Hause zu schicken, wenn bei der Geburt
Komplikationen aufgetreten sind, sondern ihn, soweit möglich
und von ihm erwünscht, am Geschehen teilnehmen zu lassen
bzw. über alle weiteren Maßnahmen aufzuklären. Dazu gehört,
den Vater gleich nach der Geburt zu seinem Kind zu lassen,
ihn bei der Untersuchung und Versorgung des so geborenen

Kindes anwesend sein zu lassen. In den meisten Fällen wird es
möglich sein, daß der Vater sich ausgiebig mit dem Baby beschäftigen und sein Erleben seiner Frau mitteilen kann. Wenn
werdende Eltern in Vorbereitungsgruppen über die Möglichkeit
dieses Vorgehens unterrichtet werden, so hat dies bereits vor
der Geburt eine wesentlich beruhigende Wirkung. Die Paare
sind erleichtert, daß in dieser bedrohlichen Situation nicht jeder sich selbst überlassen bleibt, daß die Ungewißheit über die
Vollständigkeit der Berichte des Betreuungspersonals vom Partner ausgefüllt werden kann, daß es dem Baby tatsächlich immer
gut gegangen ist und keine Schwierigkeiten verheimlicht werden.
Der frühe Mutter/Eltern-Kind Kontakt findet seine natürliche
Fortsetzung im "Rooming-In".

12.4 Rooming-In*

Unter Rooming-In wird im allgemeinen die räumliche Nähe zwischen dem Neugeborenen und der Mutter während des Klinikaufenthaltes im Anschluß an die Geburt verstanden. Meist handelt es sich um die Anwesenheit am Tage (Half-Rooming-In),
selten auch in der Nacht (Total-Rooming-In). In seltenen Fällen
wird es äußerst eingeschränkt gehandhabt, es handelt sich dann
um eine "erweiterte Besuchszeit" bzw. längerdauernde Anwesen-
heitsperioden des Babys bei der Mutter. Dieses Vorgehen wird
Partielles-Rooming-In genannt. Rooming-In im klassischen Sinn
verbindet die räumliche Nähe zwischen Mutter und Baby damit,
daß von der Mutter pflegerische Verhaltensweisen über das
Füttern hinaus wahrgenommen werden. Vor allem Wickeln und
Baden werden von den Müttern/Eltern gewünscht (s. Tab.25).
Von 101 befragten Frauen in der 40. Schwangerschaftswoche
wollten nur 2 ihr Baby nicht selbst wickeln und baden und 7
Frauen waren unsicher.

Tab. 25: Absichten und Wünsche von 101 Schwangeren in der
39.-41. Schwangerschaftswoche

Frage	ja	Antwort :weiß nicht	nein
Haben Sie die Absicht, von unserem Angebot des Rooming-In Gebrauch zu machen?	75	17	9
Würden Sie im Rooming-In Ihr Baby auch wickeln u. baden wollen?	91	7	2

* Der Ausdruck Rooming-In wurde 1943 erstmals von GESELL und
ILG verwendet (GREENBERG u. a., 1973).

75% der Frauen, die an der I. UFK entbinden, wünschen für
sich und das Baby Rooming-In. Dabei handelt es sich keineswegs um eine vorwiegende Mittelschichtpopulation. KUCERA &
KUBISTA (1979) führten die erste Befragung an der I. UFK
durch. Die Möglichkeit eines partiellen Rooming-Ins wurde damals von 77% der Wöchnerinnen und 46% der Schwangeren bejaht. Wir können hier also eine deutliche Veränderung der Einstellungsmuster im Laufe der letzten Jahre beobachten, ohne
daß sich die soziale Schicht der Patientinnen verändert hätte.
Die Popularität des Rooming-In trifft ganz wesentliche mütterliche Bedürfnisse, und der überwiegende Teil der Frauen leidet enorm an der Trennung vom Kind, ihrer Einsamkeit in der
Klinik und der mangelnden Intimität , der eine so junge Beziehung bedarf. (Insbesondere das nächtliche Weinen im Kinderzimmer beunruhigt die Mütter. In den Vorbereitungskursen erlebe ich immer wieder die Anfragen der Schwangeren, wie wohl
in der Nacht mit ihren weinenden Kindern verfahren würde).
Findet die junge Mutter nicht zufällig Zimmerkolleginnen, mit
denen sie sich gut versteht und verständigen kann, so bleibt
ihr wenig mehr als der Rückzug auf ihre oft, zumindest neuartigen, sowie auch schmerzhaften Körperempfindungen und
alle damit verbundenen Phantasien, sowie anderen sie beschäftigenden Inhalten. Schon daraus ist zu ersehen, daß eine zur
Aktivität und zum Engagement in der Beziehung angehaltene
Mutter ein besseres Wohlbefinden zeigen wird. Wird die Möglichkeit zu vermehrtem Kontakt angeboten, sowie die Möglichkeit,
auf die Signale reagieren zu können (also zu stillen, wenn das
Neugeborene hungrig ist - obwohl es "eigentlich noch zu früh
ist" etc.), so wird dadurch die Bedeutsamkeit solchen Wahrnehmens und Handelns verdeutlicht. Besteht zwar die Möglichkeit der Wahrnehmung (durch Rooming-In, aber nicht die Realisierungsmöglichkeit , weil die Mutter sich Normen offen widersetzen muß, wenn sie ihr Baby außerhalb der institutionellen
Stillzeiten anlegt, oder keine Windeln verfügbar sind, weil das
Wickeln den Säuglingsschwestern vorbehalten ist), so gerät
die junge Mutter in einen schweren Konflikt zwischen ihren Bedürfnissen und denen der Institution. Dieser Konflikt wird dann
häufig so beendet, daß die Mutter die Rooming-In Möglichkeit beendet, also den Säugling den Kinderschwestern zurückbringt.
Dies wird den Frauen dann oft als fehlender Wunsch nach
Rooming-In ausgelegt und dieses weiter eingeschränkt.

Dabei sprechen unsere Daten eindeutig dagegen. Nur 5 von 93
Frauen haben tatsächlich vom Rooming-In keinen Gebrauch gemacht. Einer weiteren Mutter war es nicht möglich, weil das
Baby transferiert werden mußte.
Ein eingeschränktes Rooming-In, das sich auf einen halbtägig
vermehrten Kontakt beschränkt, wird von vielen Frauen als

unzureichend erlebt (s. Tab. 26). Unter den 45 Frauen, die
nie in die Situation geraten, das Baby bei sich haben zu wollen,
wenn es nicht möglich war, befanden sich auch jene 6 Frauen,
die das Rooming-In nicht benutzten. Die Tabellen müssen mit
Vorsicht gelesen werden. So haben 5 von den Frauen, die angaben, das Rooming-In weniger benutzt zu haben, als ihrer
Absicht entsprach, dies deshalb angegeben, weil sie die Rooming-
In-Zeiten kürzer fanden als sie es wünschten oder/und keine
Wickelmöglichkeit bestand. Von den Frauen, die angaben, das
Rooming-in genausoviel benutzt zu haben, wie ihrer Absicht entsprach, fanden 7 das Rooming-In zu kurz. Die Antwortkatego-
rien, gerade richtig bzw. genauso viel, müssen unter dem Gesichtspunkt der sozialen Erwünschtheit kritisch betrachtet
werden. Es ist schwierig an einer Institution, von der man
sich abhängig fühlt, Kritik zu üben. Die gerade bei diesen Fragen auftretende Antwortverweigerung (N=94, 88, 87) belegt
dies deutlich und muß als Ausdruck von Unzufriedenheit interpretiert werden, die nicht gewagt wird, offen einzugestehen.
Die Interviewerin war zwar kein Mitglied der Klinik, aber als
solche für die Patientinnen nicht erkennbar.

Tab. 26: Beurteilung des Rooming-In durch Wöchnerinnen

Frage	Antwortkategorie		
	oft	selten	nie
Wollten Sie manchmal das Baby bei sich haben ,und dies war nicht möglich	19	30	45
	zu kurz	gerade richtig	zu lang
Fanden Sie die Rooming-In-Zeiten	10	76	2
	mehr als Absicht	genauso viel	weniger als Ab-sicht
Haben Sie vom Rooming-In Gebrauch gemacht	11	68	8

"Es ist also nicht allein die Erkenntnis, daß der frühe Mutter-Kind Kontakt entscheidend die Reifung und Entwicklung des Neugeborenen beeinflußt,"... (HERMS & KUBLI, 1978), die dazu bewegen, das Rooming-In zu fördern, sondern in gleicher Weise die positiven Auswirkungen auf die Eltern, was selbstverständlich in der Folge dem Kinde zugute kommt.

Nach GREENBERG u. a. (1973) entwickeln Rooming-In-Mütter rascher mütterliche Gefühle gegenüber ihrem Baby. Nicht-Rooming-In-Mütter glauben aber, sie könnten ihr Baby rascher kennenlernen. LIND (1974) hebt hervor, Neugeborene in Kinderzimmern würden doppelt so lang weinen, als Neugeborene im Rooming-In. SANDER u. a. (1970) fanden, daß 6-Tage alte Neugeborene unter Rooming-In-Bedingungen die eigene Mutter von einer fremden Frau unterscheiden können. KENNELL u. a. (1974) und DE CHATEAU & WIBERG (1977) wiesen nach, daß stillende Mütter unter Rooming-In-Bedingungen die Bedürfnisse ihres Babys schneller erkannten und darauf eingingen. Pflegerische Verhaltensweisen waren für sie weniger belastend, sie überließen ihre Säuglinge seltener anderen Personen zur Überwachung und waren insgesamt zufriedener und selbstsicherer. Rooming-In Babys fanden früher zum Tag-Nachtrhythmus und schliefen nachts eher durch. Die Mütter litten weniger unter Depressionen, sie waren ausgeglichener und zufriedener (SANDER u. a., 1972). AINSWORTH (1977) fand, daß Mütter, die das Weinen ihrer Neugeborenen von Anfang an ignorierten, sich auch im weiteren Verlauf des ersten Lebensjahres so verhielten. Jene, die schon anfangs prompt reagieren, reagieren auch späterhin prompt. PERREZ u. a. (1983) weisen der Beschaffenheit der objektiven Kontingenzen in der frühen Kindheit als stabile Charakteristika der sozialen Antwortbereitschaft der familiären Umgebung für den Aufbau von Erwartungen und Attributionstendenzen einen bedeutsamen Platz zu. Die drei intensiv untersuchten Mütter reagierten am sichersten, wenn sie sich mit ihrem Kind im Körperkontakt befanden. Das Kind jener Mutter, deren Reaktion am meisten verzögert war, weinte am intensivsten. Die Mutter, deren Reaktionswahrscheinlichkeit am kleinsten war und die das meiste Weinen ignorierte, brauchte am längsten, um ihr Kind zu beruhigen. Für die Mutter mit der größten Reaktionswahrscheinlichkeit und der geringsten Latenz der Antwortbereitschaft verhielt es sich genau umgekehrt. LANGTHALER (1981): "Das Einüben der gegenseitigen Interaktion bewirkt eine bessere Synchronisation der Bedürfnisse und führt auf beiden Seiten zu Ausgeglichenheit und Sicherheit, besserer Reaktionsbereitschaft und -fähigkeit, erhöhter Stillbereitschaft und -fähigkeit" (S. 144).

Die Rooming-In-Effekte sind im Wochenbett und noch 3 1/2 Monate danach feststellbar. Bei getrennt untergebrachten

Mutter-Kind-Paaren fand LANGTHALER häufigeres Schreien,
weniger angepaßtes Augverhalten, geringen Stillerfolg und
geringere Gewichtszunahme bei den Säuglingen, sowie depressive
Verstimmung und Unsicherheit bei den Müttern. Dies kann im
häuslichen Kontakt in den ersten 3 1/2 Monaten nicht kompen-
siert werden. Mütter, die kein Rooming-In hatten, reagierten auf
unruhiges und nicht angepaßtes Saugverhalten leicht aggressiv,
nämlich mit unsanftem Schütteln oder Klopfen. Daraus könnte
die psycho-physische Entwicklung des Kindes indirekt negativ
geprägt werden. Wie aus den vorangegangenen Ausführungen
deutlich wird, läßt sich der ungünstigere Einfluß nicht so leicht
rückgängig machen.
Natürlich muß man vorsichtig sein, langfristige Konsequenzen zu
postulieren. Dennoch ist es gerechtfertigt, dem Rooming-In
primär-präventive Wirksamkeit (STROTZKA, 1982) und augmen-
tative Möglichkeiten (BRANDSTÄTTER, 1982) zuzuschreiben.

Die letztgenannten Ergebnisse müssen wiederum unter verschiedenen Blickwinkeln betrachtet werden. Eine Mutter, die ihr
Kind erfolgreich schnell trösten kann, wird sich als kompetentere
Mutter erleben können, bereitwilliger mütterliche Verhaltensweisen
einsetzen, mehr Zuwendung vom Kind erfahren etc. Der Kreis
schließt sich.
Die Studie von PERREZ u. a. (1983) ist dazu geeignet, im weiteren Verlauf jene Beobachtungen zu überprüfen, die die beobachteten kindlichen und mütterlichen/elterlichen Verhaltensweisen
mit depressiven und/oder psychosomatischen Erkrankungen in
Zusammenhang bringen. Von psychoanalytischen Autoren wird
wiederholt auf die Zunahme narzißtischer bzw. präödipaler Stö-
rungsbilder verwiesen, deren Genese im ersten Lebensjahr und
einer gestörten Mutter-Kind-Interaktion gesehen wird. Selbstverständlich gilt auch für das Rooming-In, daß es keiner Frau aufgezwungen werden soll. Natürlich gibt es zwar wenige, aber eben
doch Frauen, die den Klinikaufenthalt gerne dazu benutzen, sich
von anderen Pflegepersonen entlasten zu lassen und sich auszu-
schlafen. Dies ist häufiger bei Frauen mit vielen und kleinen
Kindern. Ihnen sollte diese, für sie oft einmalige Gelegenheit
nicht verwehrt werden, wenngleich unterschiedliches patientorien-
tiertes Vorgehen von seiten der Betreuungspersonen eine hohe
Flexibilität verlangt. Meiner Erfahrung nach sind es nicht die
Mütter, die in hohem Maße negative, ablehnende Gefühle für das
Kind haben, die das Rooming-In ablehnen. Zumindest sind es
nicht jene Frauen, die deswegen bei mir Hilfe suchten (d. h.
die ablehnende Haltung ist bewußt). Im Gegenteil, jene Frauen,
denen ihre ablehnenden Gefühle bewußt sind, vertrauen stark
auf den durch den Klinikrahmen geschützten Kontakt zum Kind,
der ihnen eine Annäherung erlaubt, aber auch Rückzug gestattet. Nur wenige Frauen verspüren keinerlei Unsicherheiten

bezüglich ihrer mütterlichen und pflegerischen Kompetenzen.
Dies gilt insbesondere für Erstgebärende. Bietet eine Klinik ein
ausgedehntes Rooming-In an, so müssen sich die Pflegepersonen
dieser priviligierten und delikaten Aufgabe mit ihren psychologischen Chancen voll bewußt sein, um sie voll ausnützen zu
können.
Vor allem in der psychotherapeutischen Arbeit, wo Frauen über
ihre diesbezüglichen Erfahrungen ausführlich sprechen, erfährt
man die verlorenen Chancen, die auch für die Patientinnen spürbar werden. Ein besonders anschauliches Beispiel bietet eine
Patientin, die ihre Kinder gebar , als Rooming-In in Österreich
nicht bestand. Sie trauert bis heute, die Möglichkeit verpaßt
zu haben, daß sie ihre Berührungsängste gegenüber dem Säugling in der Klinik nicht abbauen lernte, eine Chance, die, wie
sie meint, im Rooming-In bestanden hätte. Wahrscheinlich sind
ihre nachträglichen Erwartungen wohl zu hoch gegriffen. Derartige Ängste lassen sich wohl kaum ohne entsprechend ausge-
bildetes Personal eliminieren, wohl aber reduzieren. "In diesem
Prozeß muß das Stationspersonal eine relativ zurückgenommene
beobachtende, mehr wohlwollende gewährende Haltung annehmen
(MÜLLER, 1982)". Das Rooming-In in seiner positiven Bedeutung für Mutter und Neugeborenes ist wohl dokumentiert. Mittlerweile haben in vielen Kliniken auch die Väter die Möglichkeit
bekommen, das Rooming-In mitzugenießen. Aus Erfahrungsbe-
richten wird deutlich, daß auch Väter sich die Möglichkeit nicht
entgehen lassen. Die Entwicklungsmöglichkeiten des Vaters, sein
Interesse und Verhalten gegenüber dem Kind, sein Engagement
an dessen weiterer Entwicklung wird günstig beeinflußt (LEHR,
1978).
LIND (1974) hat die "Geburt der Familie" in die Frauenklinik
verlegt. Dies ist wohl etwas übertrieben, will aber hervorheben,
daß die Einbeziehung des Vaters ihm nicht nur seine Wichtigkeit verdeutlicht, sondern es kann eine Einübung in partner-
schaftlichen Verhaltensweisen erfolgen. Damit wird seine Bedeutung als unterstützende Beziehungsperson erfahrbar. Stärker
als für die Geburtssituation gilt die Überlegung, dem männlichen
Partner sein "Nicht-Ausgeschlossensein" erlebbar zu machen.
Der größere Stillerfolg von Rooming-In Müttern ist möglicherweise auch hierin mitbegründet. Denn die stillende Ehefrau stellt
für viele Männer ein beträchtliches Problem dar (LERNER, 1979,
WALETZKY, 1979).

Trotz Aufhebung des generellen Besuchsverbotes für Kinder
unter 14 Jahren in Krankenhäusern, wird der Besuch von Geschwistern nicht eben gefördert. Dabei stellt die Trennung von
der Mutter für Kinder bis zum 6.-7. Lebensjahr ein beträchtliches Trauma dar. Nicht nur, daß vor allem kleinere Kinder
auf den Verlust der Mutter mit Angst reagieren, den Vorgang

der Schwangerschaft und Geburt nur schwer verstehen können, können sie auch das neue Geschwister schwerer integrieren und erleben es als Rivalen. Eine Besuchserlaubnis für Geschwister sollte daher unbedingt überprüft werden. Denn das Ausmaß und die Qualität der Geschwisterrivalität hat entscheidenden Einfluß auf die Familienatmosphäre und Interaktion der Familienmitglieder untereinander. Geschwisterrivalität wird sich dadurch nicht verhindern lassen, aber das ältere Kind kann in verstärktem Ausmaß erleben, daß es nicht ausgeschlossen wird.* Im Rooming-In, wenn es Wickeln und Baden beinhaltet, lernt die junge Mutter, und im Idealfall auch der junge Vater, daß sie/er geschickt genug ist, ihr fragiles Neugeborenes zu pflegen, daß Ungeschicklichkeit dem Baby nicht schadet, und daß die entsprechende Geschicklichkeit lern- und lehrbar ist. Dies stärkt das Selbstvertrauen der jungen Eltern außerordentlich. Wenn sie die Klinik verlassen, haben sie Kapazitäten frei für andere ebenso wichtige Aufgaben dieser Lebenszeit.

Die Klinik setzt ein Beispiel/Modell, welches elterliche Verhalten einer gedeihlichen Entwicklung des Neugeborenen förderlich ist. Bei einer entsprechenden Schulung des Betreuungspersonals können mütterliche/elterliche Verhaltensweisen modifiziert werden. Dazu bedarf es allerdings einer eingehenden Schulung, welches Verhalten veränderungsbedürftig ist, mit welchem Ziel es verändert werden soll und durch welche Mittel dies erreicht werden kann. Balint-Gruppen sind als Weiterbildungsinstrument sicherlich hilfreich, aber keineswegs ausreichend. Hier bedarf es intensiver Schulung. Die Arbeit an einer Wochenbettstation stellt an die Schwestern Forderungen, die in der auf Pflege ausgerichteten Ausbildung nicht enthalten sind und ihr teilweise entgegengesetzt sind, nämlich die, Lehrer zu sein. Wöchnerinnen sind ja keine hilflosen Kranken. Sie sollen im Laufe der ersten Woche all das erlernen, was ihnen die Pflege und Fürsorge und Beziehung zum Kind erleichtert.

---

*So sehr ich also das Besuchsrecht für Geschwister vertrete, so sehr möchte ich mich gegen jene Bestrebungen wenden, Geschwister beim Geburtsakt einzubeziehen. Dieser ist ein psychosexueller Akt der Eltern-Dyade, die unangetastet bleiben soll und bei bester Vorbereitung eine Überforderung des Kindes darstellt. Eine partnerschaftliche Haltung zwischen Eltern und Kindern bedeutet keineswegs Generationengrenzen zu leugnen und unangemessene Intimitäten auszutauschen, es mit Vorgängen zu konfrontieren, die es nicht verstehen, dagegen mißdeuten kann.

12.5 Das Bruststillen

Wie bereits mehrfach angeklungen, wirken sich früher Mutter-
Kind-Kontakt und Rooming-In positiv auf die Stillbereitschaft
und die Stillfähigkeit aus (KLAUS & KENNELL, 1982, LANGTHA-
LER, 1981).
Trotz immer wieder auftauchender Meldungen über die Belastung
der Muttermilch mit verschiedenen Schadstoffen, bestehen über
die positiven Wirkungen des Stillens keine Zweifel. Stillen fördert die Rückbildung des Uterus. Das Neugeborene erhält über
die Muttermilch immunologische Abwehrstoffe, die es vor In-
fektionserkrankungen schützen. Beim Stillen ist Hautkontakt
zwischen Mutter und Kind unumgänglich. Zur Ernährungssituation
kommt das Erlebnis von Wärme, Berührung und Geruch hinzu.
Diese Erfahrung als wesentliches Moment in der kindlichen und
mütterlichen Wahrnehmung begünstigt die Entwicklung von Gefühlen, die zu "Bindungsverhalten" führen. Das Erkennen aller
dieser Zusammenhänge hat zu einer erneuten Propagierung des
Stillens geführt. Diese so wichtigen psychologischen Momente, die
Nähe zwischen Mutter und Neugeborenem, fördert das Stillen
in einzigartiger Weise. Über die Handhabung dieser Situation
nimmt das Neugeborene auch das Wohlbefinden der Mutter wahr.
Dies bedeutet, daß die Stillsituation von Mutter und Kind dann
befriedigend erlebt werden wird, wenn das Stillen positiv erlebt werden kann. Daher ist es nicht sinnvoll, Frauen, die dem
Stillen aus welchen Gründen immer, extrem ablehnend gegenüberstehen, zum Stillen zu zwingen, da die ablehnende Haltung der
Mutter dem Kind vermittelt wird. Dagegen sollten beim Fütterungs-
vorgang mit der Flasche möglichst viele Aspekte vorhanden sein,
die ihn dem Stillen ähnlich gestalten (z. B. Körperkontakt, der
das Erleben von Wärme, Geruch und Berührung erlaubt).

Die Einstellung zum Stillen wird bestimmt durch:

1. die individuelle Lerngeschichte, insbesondere die psychosexuelle Bedeutung der Brust und ihrer Funktion bei der Betroffenen (BENTOVIM, 1976, ENTWISLE u. a., 1982),

2. die Bedeutung des Stillens in der Partnerbeziehung und ihr
   Einfluß auf die Kommunikation (LERNER, 1979, WALETZKY,
   1979),

3. Geburtsvorbereitung (ENTWISLE u. a., 1982),

4. gesellschaftliche Normen bezüglich mütterlichen Verhaltens.
   Diese variieren mit der sozialen Schicht, dem Beruf, Religion,
   Nationalität, Alter und der unmittelbaren sozialen Bezugs-
   gruppe (GERSTNER & GRÜNBERGER, 1980).

5. Die oben genannten Bedingungen sind für die Motivation zum

Stillen ausschlaggebend, die die Schwangere in die Klinik mitbringt. Diese Motivation wird durch die Einstellung und Handhabung des Stillens in der Klinik selbst gestärkt oder ge-
schwächt werden.

Die Bereitschaft und die Fähigkeit zu stillen, ist als äußerst
komplexer psychosomatischer Vorgang zu betrachten. Hieraus
können wir die Diskrepanz zwischen Stillwunsch und tatsäch-
licher Stilldauer besser verstehen, die mehrfach beobachtet
werden konnte (GERSTNER & GRÜNBERGER, 1980). Viele Frau-
en beginnen zwar zu stillen, hören aber bald wieder auf.
ENTWISLE u. a. (1982) berichten über eine Studie aus den
Jahren 1973-76, in der Frauen zu stillen begannen, wovon 40%
drei Monate und länger stillten.
Das amerikanische Ernährungskommittee empfiehlt, mindestens
6 Monate zu stillen, was die Säuglinge vor allergischen Reaktionen bewahren soll (COMMITTEE ON NUTRITION, 1976).
NEWTON (1971) meint, daß eine optimale Mutter-Kind Beziehung
eine lange Stilldauer erfordert. ENTWISLE u. a. (1982) fanden,
daß das Geburtserleben wenig Einfluß auf die Stilldauer hat,
hingegen hat Geburtsvorbereitung einen großen Einfluß auf die
Stilldauer. Sie folgern aus ihren Daten, daß es bereits die
grundlegende Einstellung zum Stillen, der pränatale Stillwunsch
war, der die Frauen sowohl in die Geburtsvorbereitung führte,
als auch ihren Stillwunsch zu realisieren, unabhängig vom Geburtserleben. In einer Folgeuntersuchung fanden sie, daß Geburtsvorbereitung Mittelschicht-Frauen zum Stillen und zu einer
längeren Stilldauer motivieren kann, aber nicht Unterschicht-
Frauen. Für Unterschicht-Frauen ist die pränatale Verhaltensintention zum Stillen fast ausschließlich entscheidend.

Geburtsvorbereitung wird die Stillbereitschaft allerdings nur
dann fördern, wenn das Stillen hinsichtlich seiner Bedeutung,
Freuden und Schwierigkeiten ausreichend thematisiert wird. In
vielen Publikationen wird das Stillen ausschließlich hinsichtlich
der Konsequenzen für das Kind abgehandelt und vereinfacht
dargestellt. So kommt es, daß viele Frauen unrealistische Vorstellungen haben und dann vor allem durch die normalen An-
fangsschwierigkeiten (kurzfristig zuwenig oder zuviel Milch,
leichtes Wundsein und harte Brust in den ersten Tagen) entmutigt sind. Auch führt eine notwendige Medikamenteneinnahme
oft zum Abstillen, statt daß die Muttermilch für diesen Zeitraum weggeschüttet und Ersatznahrung gefüttert wird. Auch die
ausbleibende Monatsblutung stellt oft ein emotionales Problem
dar. Viele Paare glauben auch, daß Stillen ein Empfängnisschutz
sei.
Die Bedeutung der pränatalen Verhaltensintention für die Stilldauer wurde in einer Wiener Arbeit bestätigt

(NAGEL, 1980, WIMMER-PUCHINGER u. a., 1982).* Die in der Untersuchung von ENTWISLE u. a. (1982) nur ungenügend und retrospektiv erfaßte Dimension des institutionellen Stillmanagements als Einflußvariable wurde von WIMMER-PUCHINGER u. a. (1982) systematisch untersucht.

Die Autoren fanden einen signifikanten Zusammenhang zwischen intensivem Hautkontakt nach der Geburt und der Stilldauer. Dabei wurde das nackte, nicht abgenabelte Neugeborene 1-2 Minuten post partum der Mutter für 15 Minuten auf den Bauch gelegt. Die Frauen dieser Gruppe stillten 98 Tage, gegenüber 69 Tagen, wenn die Mutter das Baby 10 Minuten post partum für 15 Minuten zum ersten Stillversuch erhielt und 36 Stilltagen beim herkömmlichen Kontakt zwischen Mutter und Kind, wo die Mutter das gebadete, angezogene Neugeborene 3-5 Minuten bei sich hatte. Ein Kontakt von 15 Minuten ist in jedem Fall als äußerst kurz anzusehen.

Die Überlegenheit der Bedingung Hautkontakt gegenüber der Bedingung Stillkontakt liegt wohl darin, daß sich die Mütter der Gruppe "Stillkontakt" "überfahren" gefühlt haben müssen, weil ohne vorangegangene Kontaktmöglichkeit eine "Intimität" provoziert wurde, für die die Mutter noch nicht bereit war, weil sie keine Zeit hatte, ihr Baby kennenzulernen. Diese Arbeit vermag also wie frühere die Bedeutung des frühen Mutter-Kind-Kontaktes für die Stillbereitschaft und -fähigkeit zu demonstrieren (KLAUS & KENNELL, 1982, de CHATEAU & WIBERG, 1977a, 1977b). Daraus abzuleiten, daß frühes Anlegen des Babys weniger wichtig sei, wäre unzulässig. So erreicht der Saugreflex des Neugeborenen 20-30 Minuten nach der Geburt seinen Höhepunkt und ist erst 40 Stunden später in der gleichen Intensität wieder vorhanden. Im Kolostrum sind Antikörper zahlreich vorhanden. Die Stillfähigkeit hält umso länger an, je früher man mit dem Stillen beginnt (SCHETELIG, 1982). Der Saugdruck ist bei Neugeborenen, deren Mütter bei der Geburt medikamentiert worden waren, geringer (KRON, 1966, NEWTON & NEWTON, 1972 b). Die frühe Stimulation der Brustwarze bewirkt die Ausschüttung von Oxytocin und als Folge eine schnellere Rückbildung des Uterus, sowie verminderte Blutungen (JELLIFFE & JELLIFFE, 1978). Eine sorgfältige Trennung zwischen den Bedingungen, erweiterter früher Kontakt und Stillverhalten muß gefördert werden. Von jenen Müttern, die

---

*Frauen, die stillen wollten, hatten die Schwangerschaft eher geplant und fühlten sich wohler. Sie erwarteten sich größere Unterstützung vom Partner und ihre Einstellungen zu den kommenden Belastungen durch das Kind war realitätsangepaßter. Frauen, die länger stillten, hatten eine positivere Einstellung zur Sexualität.

gleich nach der Geburt vermehrten Kontakt mit ihrem Baby
hatten, stillten nach 2 Monaten noch 77%, von jenen ohne Kontakt, nur mehr 27% (KLAUS & KENNELL, 1976). In DE
CHATEAU's Untersuchung (1976) stillten die Mütter mit frühem
Kontakt in der Nacht doppelt so lange und klagten dennoch
weniger über die nächtliche Ruhestörung. Diese Babies schrien
weniger, sie lächelten mehr und waren freundlicher als die
Kinder der Kontrollgruppe. Wird früher Mutter-Kind-Kontakt
über längere Zeiträume ausgedehnt, so führt er bei entsprechend
informierten Frauen heute fast immer zum Stillversuch, wenn
die Frauen entsprechend aufgeklärt sind. Als weitere Einflußvariable muß die Betreuung der Schwangeren im Wochenbett
erwähnt werden. In den meisten Kliniken wird die Wöchnerin mit
einer Unzahl von "Stillritualen" konfrontiert, die vorwiegend
als hygienische Maßnahmen getarnt sind. Viel Zeit wird für die
Durchführung und Kontrolle dieser Maßnahmen verwendet. Das
Selbstwertgefühl der Frauen wird dadurch auf eine harte Probe
gestellt, der mit dem Stillen verbundene mögliche Lustgewinn
wird unterdrückt. Die Stillfreudigkeit wird durch unterstützendes Betreuungspersonal gefördert, die sich die Zeit nehmen,
der Wöchnerin zu helfen, sich durch mangelnde Trinkbereit-
schaft schlafender Babys nicht irritieren zu lassen und auch
geringe Trinkmengen als Erfolg zu erleben. Das Stillen ist
ebenso wie die Geburt ein Akt höchster psychosexueller Bedeutsamkeit. Im Gegensatz zur Geburt wiederholt er sich mindestens
5 Mal pro Tag, über jenen Zeitraum, den die Mutter zu stillen
wünscht. Die Mutter ist also immer wieder erneut mit ihren
Ängsten konfrontiert, der möglichen Scham, die mit der Ent-
blößung und Berührung der Brust zusammenhängt. Die Brust
als Symbol erotischer Sexualität, die Bedeutung ihrer Makel-
losigkeit, Reinheit und Geruchlosigkeit, lassen diese biologische
Funktion vielen Frauen (und Männern) unattraktiv und "ani-
malisch" erscheinen. Dazu kommt die Angst, daß die "Schönheit"
der Brust leiden könnte, Zweifel, das Kind ausreichend er-
nähren zu können, sowie die erforderliche Hingabe an das Kind,
bei einer gleichzeitigen Zurückgezogenheit, Ausgeschlossenheit
aus den übrigen sozialen Kontakten. In der Klinik kommt die
junge Mutter in die Situation - zwar gleichzeitig mit anderen
Frauen - aber dennoch einer öffentlichen Situation stillen zu
müssen, ob ihr dies angenehm ist oder nicht. Wie WALETZKY
(1979) bemerkt, liegt eine Schwierigkeit des Stillens in der
engen Mutter-Kind-Beziehung, die andere Familienmitglieder,
insbesondere den Vater (aber auch die Geschwister) ausschließt
und Eifersucht provoziert. Die stärkere Einbeziehung des Vaters in den Geburtsakt und in pflegerische Verhaltensweisen im
familienorientierten Rooming-In ist geeignet, diesem Problem
entgegenzuarbeiten und die Familie die Veränderungen besser

bewältigen zu lassen. Eine weitere wichtige Frage betrifft den Zusammenhang zwischen Stillerfolg und den Stillregeln, wobei zwischen starren, rigiden Schemata, wie sie beispielsweise für alle Kliniken charakteristisch ist, etwas flexibleren und ganz -flexiblem- "Füttern nach Verlangen" zu unterscheiden ist. Starre Fütterungsregeln sind erst zu Beginn des 20. Jahrhunderts propagiert worden. Sie entsprechen eher den Bedürfnissen der Pflegepersonen als den Kindern selbst. ENTWISLE u. a. (1972) fanden, daß jene Mütter, die von vornherein flexibel fütterten, eher länger stillten als jene, die sich an starre Regeln hielten. Gleichzeitig meinen sie aber, daß die Flexibilität des Fütterungsintervalls, Frauen nicht zu kürzerem oder längerem Stillen zu motivieren vermag. Hier müßte m. E. untersucht werden, ob nicht Frauen, die einen starken pränatalen Stillwunsch haben, eher flexiblere Stillintervalle für richtig befinden, weil sie sensibler und stärker auf die Bedürfnisse des Kindes orientiert sind. Die Ergebnisse von WIMMER-PUCHINGER u. a. (1982) unterstützen diese Überlegung. "Frauen, die in der Schwangerschaft angaben, man müsse sich an feste Stillzeiten halten bzw. man dürfe das Kind nur dann aufnehmen, wenn es hungrig ist, stillten tatsächlich kürzer als solche, die schon während der Schwangerschaft liberalere Erziehungsvorstellungen und ein kindgerechteres Stillverhalten äußerten". (WIMMER-PUCHINGER u. a., 1982, S. 25). Nach Bedarf gestillte Kinder sind ruhiger und zufriedener gegenüber jenen Babys, denen die Trinkmenge genau zugeteilt wird (GRÜTTNER, 1974). Ihr Tag pendelte sich bald von selbst in einen 3-4-stündigen Trinkrhythmus ein (MORATH, 1974, zit. n. SCHETELIG, 1982). Die mangelnde Flexibilität der Stillintervalle in den Entbindungskliniken wird von vielen Frauen sehr belastend erlebt. Wenn kein Rooming-In besteht, so fragt sie sich bei jedem Babyweinen, ob dies nicht ihr Baby ist. Im Rooming-In ist die Mutter mit dem schon erörterten Problem konfrontiert, sich an die Regeln zu halten oder sie zu umgehen.

Das Rooming-In fördert die Stillbereitschaft und -fähigkeit, (LANGTHALER, 1981, KLAUS & KENNELL, 1982, de CHATEAU & WIBERG 1977a, b). Wie KUCERA & KUBISTA (1979) bemerken, fehlt bei der bislang üblichen 20-minütigen Anwesenheit des Babys bei der Mutter zum Stillen oft die dazu nötige Entspannung. Mutter und Kind haben keine Möglichkeit, vorher miteinander Kontakt aufzunehmen. MÜLLER (1980) fand bei einer Umfrage an 641 Kliniken der Bundesrepublik Deutschland, an Kliniken, wo die Mütter zum Stillen sehr ermuntert wurden, an denen sie ihr Kind frühzeitig nach der Geburt stillen konnten und häufige und ausgedehnte Stillzeiten bestanden, daß dort bessere Stillergebnisse verzeichnet werden konnten. "Die besten Stillergebnisse erzielten solche Kliniken, die Rooming-In und

Stillen nach Bedarf ermöglichten." (MÜLLER, 1980, S. 76).
Meiner Erfahrung nach wären viele, bei weitem nicht alle Frau-
en bereit, auch in der Klinik ihr Baby des nachts zu stillen,
was sie zu Hause ja auch tun müssen. Diese Bereitschaft wird
verstärkt durch das gerade in den ersten Tagen vorhandene
Druckgefühl in den Brüsten, die vom ungewohnten Milchein-
schuß schmerzen. Der von ENTWISLE u. a. (1982) gefundene
Zusammenhang zwischen Geburtsvorbereitung und Stillbereitschaft hängt auch damit zusammen, daß eine gute Geburtsvorbereitung immer auch eine Vorbereitung auf das Stillen beinhaltet. Dies bedeutet sowohl vorbereitende Maßnahmen, wie
eine Abhärtung der Brustwarzen in der Schwangerschaft zu
pflegen, als auch die erlebten Körperveränderungen und -empfin-
dungen als "normale", gesunde Zeichen der Stillfähigkeit deuten
zu können, wodurch diese keine Angst auslösen. Aus den Ver-
einigten Staaten kommend, getragen vom "alternativen Standpunkt" hat sich auch in Österreich in den letzten Jahren eine
Gruppe zusammengefunden, die das Stillen prä- und postpartal
fördert ("La Leche League", "Vereinigung stillender Mütter").
Ein langjähriger Vorkämpfer des Stillens, der auch in jenen
Zeiten nicht verstummte, als das Stillen zumeist abgelehnt wurde, ist der Österreicher Hans Czermak.
Einen wesentlichen Beitrag leistete bereits Anfang der 70-er
Jahre die Arbeitsgruppe um H. STROTZKA, die sich um die
Reformierung der österreichischen Mutterberatungsstellen be-
mühte (STROTZKA u. a., 1972).

Die Bemühungen dieser Gruppen, sowie neueste wissenschaftliche Ergebnisse, gepaart mit der Besorgnis um die stagnieren-
de perinatale Mortalität führten zu einer stärkeren Propagierung
des Stillens in den letzten Jahren, zu einem vermehrten Angebot der Kliniken von Rooming-In und der Bereitschaft zu einer
flexibleren Betreuung der Gebärenden und Wöchnerinnen.
Dennoch sind wir noch weit von einem Idealzustand entfernt.
War die beginnende Flexibilität häufiger getragen von der Angst,
"Patienten" zu verlieren, unbeliebt zu sein, so hat sie doch
dazu geführt, daß auch die Betreuungspersonen ihre Vorteile
erkennen konnten und Veränderungen offener gegenüberstehen.

Die vorhandenen Möglichkeiten der Stillförderung müssen konsequent ausgeschöpft werden (MÜLLER , 1980). Dazu gehört die
Förderung von Geburtsvorbereitung, der Anwesenheit des Vaters bei der Geburt, seine Einbeziehung in die gesamte postpartale und perinatale Periode, die Förderung der frühen Eltern-Kind-Kontaktes, das frühzeitige Stillen nach der Geburt,
und ein ausgedehntes, uneingeschränktes Rooming-In, häufiges
Stillen, am besten Stillen nach Bedarf. Pflegerisches Verhalten
durch die Eltern in der Klinik soll gefördert werden. Eine

positive Einstellung des gesamten Personals zum Stillen und das Wissen um die Vorzüge der Frauenmilch ist notwendig. Die Klinik-entlassung sollte, wenn möglich, bis zum 8. Tag post partum erfolgen (MÜLLER, 1980).

Das Stillen zu fördern bedeutet nicht, es einer Wöchnerin, die nicht stillen möchte oder Schwierigkeiten damit hat, aufzu-zwingen und ihr Schuldgefühle zu vermitteln und ihre Hand-lungsfreiheit einzuschränken. Es bedeutet aber, alle jene Mög-lichkeiten auszuschöpfen, die der Institution zur Verfügung stehen und sich in der Interaktion mit der Schwangeren und Wöchnerin aller individuellen beeinflussenden Faktoren bewußt zu sein, sie wertfrei anzuerkennen und ansprechen zu können. Damit wird der betroffenen Frau ermöglicht, ihre bestmögliche Lösung zu finden.

13. ZUR BEHANDLUNG VON ELTERN BEI "MISSGLÜCKTEN" SCHWANGERSCHAFTEN

Die meisten Arbeiten über die früheste Mutter-Kind Beziehung in der Entbindungsklinik beschäftigen sich mit "gesunden" Neugeborenen (d. h., Kinder über 2.500 g Geburtsgewicht, die nicht in eine neonatologische Intensivabteilung transferiert werden müssen) und deren Eltern. Wenig Augenmerk gilt den frühesten Anpassungsleistungen von Eltern totgeborener, mißgebildeter oder frühgeborener Babys. Die Prognose für das Neugeborene in den einzelnen Gruppen kindlicher Störungen unterscheidet sich beträchtlich, ein totgeborenes Kind ist tot, Mißbildungen variieren stark im Ausprägungsgrad und vermögen die künftigen Entwicklungsmöglichkeiten des Kindes unterschiedlich zu beeinträchtigen. Zudem sind tatsächliche Beeinträchtigungen, ihre Bedeutung und ihr Ausmaß oft schwer zu prognostizieren. Dies kann allein aufgrund der Erfahrung und statistischer Kenntnisse erfolgen, die im Einzelfall wenig Bedeutung haben. Das geburtshilfliche Personal selbst ist meist ungenügend informiert, da sowohl Diagnose wie Therapie ihre unmittelbare Kompetenz übersteigt. So bleibt ihnen wenig mehr, als die Eltern mit dem augenblicklichen Befund zu konfrontieren. Dies ist umso schwerer, als bei Fällen von Mißbildungen oder mangelhaften Körperfunktionen unmittelbar post partum keine gültige Aussage über das tatsächliche Ausmaß der Schädigung gemacht werden kann. Dazu sind häufig viele Untersuchungen und lange Beobachtungen notwendig. Das Problem dieser Gruppe betrifft vor allem die Entwicklungschancen des Kindes und medizinisch-therapeutische Behandlungsmöglichkeiten, ihre mögliche Überlebenschance mit und ohne Behandlung. Im Gegensatz zur oben genannten Gruppe liegen die Überlebenschancen ohne geistiges und physisches Handikap, für Kinder mit einem Geburtsgewicht unter 1.500 g, bei einer intensiven und optimalen neonatologischen Versorgung heute bei 90% (KLAUS & KENNELL, 1982). Konnte ein Zusammenhang zwischen erweitertem frühen Mutter-Kind Kontakt post partum und späterem elterlichen Erziehungsverhalten, insbesondere Kindesmißhandlungen nicht unwidersprochen nachgewiesen werden, so ist dies für Kinder und Eltern, die aufgrund neonatologischer Störungen lange getrennt waren, gut belegt (KLAUS & KENNELL, 1982, GARBARINO, 1980). Die Inzidenz von Kindesmißhandlungen und nicht-organischen

Entwicklungsstörungen in dieser Gruppe ist zwei bis viermal so hoch gegenüber Eltern-Kindpaaren ohne lange Trennungsperiode (KLAUS & KENNELL, 1982). Diese bilden das gravierendste Symptom einer gestörten Eltern-Kind-Beziehung. FIELD (KLAUS & KENNELL, 1982) bemerkte in seinem Kommentar zu KLAUS & KENNELLS Ergebnissen, daß Verhaltensstörungen häufiger zu beobachten wären, insbesondere eine verminderte Konzentrationsfähigkeit, die Unfähigkeit, still zu sitzen und allgemeine Symptome, die mit übermäßiger Verwöhnung einhergehen.

Angst und Schuldgefühle sind die häufigst zu beobachtenden Emotionen (PRUGH, 1953). Dabei sind die Mütter ängstlich, ob ihr Baby überleben wird. Gleichzeitig tauchen Fragen auf, ob irgendeine ihrer Verhaltensweisen oder Gedanken in der Schwangerschaft diesen Zustand herbeigeführt haben könnten. Erfahrungsgemäß beginnen diese Frauen, allein oder mit dem Partner, eventuell anderen Familienangehörigen alle Stationen der Schwangerschaft nach bedeutsamen Ereignissen zu erforschen. Je stärker die primären Schuldgefühle sind, umso eher wird die Mutter dies tun. Gleichzeitig muß sie damit zurechtkommen, ein nicht perfektes Baby geboren zu haben, eines, das zumindest jetzt noch nicht schön ist, mit den wunderhübschen Babys der diversen Werbungen für Säuglingsutensilien und jenem der Nachbarn nicht konkurrieren kann. Sie ängstigt sich, was die Zukunft ihr bringen wird, wie sie die Fragen von Freunden und Arbeitskollegen beantworten soll. Die Reaktionen naher Familienangehöriger, des Ehemannes, der Schwiegereltern und Eltern ist unvorhersehbar. Es ist unklar, wieviel Unterstützung oder Ablehnung sie erfahren wird. In der Klinik hat sie viel Zeit, darüber nachzudenken, sie ist vorwiegend allein auf sich gestellt.

13.1 Das frühgeborene Kind

MASON (1963) untersuchte die mütterlichen Reaktionen auf ihr frühgeborenes und transferiertes Kind im Wochenbett, sowie die Mutter-Kind-Interaktion, 6-10 Wochen nach der Entlassung des Säuglings aus der Kinderklinik. Mütter, die zu diesem Zeitpunkt die physischen und emotionalen Bedürfnisse des Babys angemessen erfüllen konnten, konnten im Wochenbett ihre starke Angst offen ausdrücken, suchten aktiv nach Informationen über das Wohlergehen ihres Babys und zeigten starke mütterliche Gefühle, auch wenn sie das Baby nicht gesehen hatten. Auch starke Unterstützung seitens des Vaters, sowie eine vorangegangene erfolgreiche Erfahrung mit einem Frühgeborenen wies auf eine günstige Entwicklung der Mutter-Kind-Beziehung hin. War die Mutter-Kind-Beziehung von Ungeduld und Gereiztheit gekennzeichnet, das Baby vernachlässigt, in lethargischem oder

schlechtem Gesundheitszustand, dann verleugneten diese Mütter
im Wochenbett häufig ihre Ängste und beschäftigten sich mit
Angelegenheiten, die nicht das Kind betrafen. Sie wurden vom
Ehemann wenig unterstützt und zeigten wenig mütterliche Gefühle. Dieses Ergebnis ist insofern bedeutsam, als die hochängstlichen Mütter, die ihre Gefühle offen zeigen und sich nicht
allein mit jenen Auskünften begnügen, die ihnen vom Personal
gegeben werden, oft als lästig erlebt und dementsprechend behandelt werden. Je nachdem, ob ihre Ängstlichkeit oder ihre
Fragen belastender erlebt werden, werden sie "beruhigt" oder
dem Kontakt mit ihnen ausgewichen. Der Einwand, daß Mütter,
die weniger um das Baby besorgt scheinen, viele andere Sorgen
hätten, die die Angst um das Kind überlagerten, ist gerechtfertigt, wenngleich die Studie von MASON (1963) demonstriert,
daß diese Belastungen eben auch auf lange Zeit hinaus die
Mutter-Kind-Beziehung zu beeinträchtigen vermögen. Diese in
der Klinik oft unauffällig wirkenden Frauen bedürfen einer besonderen Hilfestellung. Diese vermag darin zu bestehen, ihnen
bei der Lösung wichtiger Lebensprobleme zu helfen, so daß
psychische Energien für die Beziehung zum Kind frei werden
können.
Jedes Wort bezüglich des Wohlbefindens von Mutter und Neugeborenem muß sorgfältig überlegt werden. Unüberlegte, spontane
Bemerkungen, wie beispielsweise "die Herztöne gefallen mir nicht",
"es geht nichts weiter", "mein Gott, ist das blau" usw., die ja
oft auch der Entlastung und Verarbeitung des Schrecks oder der
Mühe seitens der Betreuungsperson dienen, prägen sich der
Mutter/den Eltern ganz fest ein, werden niemals vergessen
und sind immer Auslöser für Ängste bezüglich der eigenen
Funktionstüchtigkeit, sowie der des Babys und seiner Chancen.
KLAUS & KENNELL (1982) empfehlen, auch frühgeborene Kinder,
wann immer ihr Zustand es einigermaßen erlaubt, 20-40 Minuten
lang nach der Geburt bei der Mutter zu belassen, wobei eine
Heizlampe für die richtige Temperatur sorgt. Wenn das Baby in
eine neonatologische Intensivabteilung verlegt werden muß, die
nicht wie wünschenswert der Wochenbettstation sehr nahe gelegen
ist, so sollte vor der Transferierung der Arzt mit dem Transport-
inkubator bei der Mutter vorbeifahren und ihr das Baby so zeigen, wie es ist. Sie empfehlen diese Maßnahme auch, wenn das
Baby unter Atemschwierigkeiten leidet und im Sauerstoffzelt
liegt. Eine weitere Alternative besteht darin, die Mutter mit dem
Kind zu übersiedeln. Der Vater sollte bei der Transferierung dabei sein, so daß er den Vorgang genau beobachten kann, weiß
was passiert ist und der Mutter mitteilen kann. Die Mutter soll
ermutigt werden zu stillen,bzw. Muttermilch abzupumpen. Dies
wegen der immunologischen Vorteile der Muttermilch, aber auch
weil der Mutter vermittelt wird, daß sie nach wie vor für das

Baby äußerst wichtig ist, es ihrer bedarf und sie für das Baby
etwas (die Milch) hat, was ihm sonst niemand anderer geben kann.
KLAUS & KENNELL (1982) berichten einen Vergleich des Mutter-
Kind-Kontaktes bei Frühgeburten, wenn diese von der Mutter
auf der Neugeborenen-Intensivstation besucht wurden, oder das
Neugeborene zur Mutter aufs Wochenbett kam und der Inkubator
durch eine Heizlampe ersetzt wurde, so daß die Berührungsmöglichkeiten weniger behindert waren. Unter der letztgenannten
Bedingung glich das Berührungsverhalten zwischen Mutter und
Frühgeborenem jenem von Müttern mit Termin-geborenen Kindern.
Die Berührungskontakte waren zwei- bis dreimal so häufig. Ebenso nahmen sie in 40% der zur Verfügung stehenden Zeit stimm-
lichen Kontakt mit den Kindern auf, was im Fall des Besuchs
der Mutter auf der Neugeborenenstation sehr selten zu beobachten war. 84% - 90% der Zeit betrachteten sie ihr Baby, eine
Variable, die mit der späteren Entwicklung des Kindes hoch
korreliert.
Die Einbeziehung von Müttern/Eltern intensiv-neonatologisch über-
wachter Neugeborener in die Pflege ihrer Babys bietet einmalige
Chancen. Dadurch wird der Mutter das Bewußtsein ihrer speziellen Rolle für dieses Baby deutlich und die Beziehungsfindung erleichtert. Feindselige und eifersüchtige Reaktionen gegenüber
dem Betreuungspersonal werden reduziert, weil die Eltern sich
nicht ausgeschlossen fühlen und ihnen jegliche Kontrolle ent-
zogen ist. KLAUS & KENNELL (1982) bemerken auch, daß es
gerade die Mütter sind, die frühzeitig Veränderungen wahrnehmen, die eine bedrohliche Zustandsänderung anzeigen. So lernt
eine Mutter, daß sie,trotzdem sie ein "nicht-perfektes" Baby
geboren hat, doch eine vertrauenswürdige, kompetente Mutter
ist. Ein Zweifel, der sich bei jeder dieser Frauen augenblicklich
breit macht.

13.2 Das totgeborene Kind

Die Trauer um ein totes Neugeborenes ist schwierig zu bewältigen, weil es von der Mutter/den Eltern noch nicht als getrenntes Wesen erlebt werden konnte. Es gibt keine realen Erinnerungen, bloß Wünsche und Fantasien um dieses Kind aus der
Schwangerschaft. Daher sollen Mütter und Väter das tote Baby
unbedingt sehen, und wenn sie dies wünschen, berühren dürfen.
Dies schafft eine Möglichkeit, ein reales Bild des Kindes zu gewinnen, was die Trauerarbeit und den Abschied erleichtert.Es
verhindert auch absurde Fantasien der Eltern über das tatsächliche Aussehen und Gebrechen der Kinder. Es ist ein totes Baby
geboren worden, kein Monster. Alle Wünsche und Fantasien,
alle kindbezogenen Handlungen der Schwangerschaft sollten re-
aktiviert und durchgesprochen werden. Dies verhindert unnötige Schuldgefühle und leitet den Prozeß des Trauerns ein

(LEWIS, 1979). Die schnelle Entlassung dieser Mütter aus dem
Wochenbett und die oft hohen Dosen Sedativa, die ihnen verabreicht werden, sind abzulehnen. Ebenso die Isolierung von
anderen Wöchnerinnen, wenngleich dies unmittelbar Probleme
aktiviert, die sonst erst später auftreten. Diese Vorgangsweisen erschweren den ohnedies schwierigen Prozeß des Trauerns.
Das gegenteilige Vorgehen beinhaltet bei einer entsprechenden
Unterstützung die Chance, Trauerreaktionen auftreten zu lassen, so daß sie verarbeitet werden können, wodurch pathologischer Trauer vorgebeugt wird.
Häufig wird diesen Eltern empfohlen, möglichst rasch wieder
schwanger zu werden. Nicht allein,daß jede Schwangerschaft
durch Komplikationen in vorangegangenen Schwangerschaften
extrem belastet ist, (RINGLER, 1982, 1983) werden diese
"Ersatzkinder" häufig als Ersatz gesehen, also nicht als eigen-
ständige Personen behandelt. Bei solchen Kindern findet sich
später oft ein eingeschränktes verwirrtes Identitätsgefühl
(LEWIS, 1982). "...being left alone with their grief and
becoming victims of the conspiracy of silence that frequently
surrounds stillbirth" (LEWIS, 1982, S. 265). Unterstützende
Verhaltensweisen von Familien, Freunden, Bekannten, wie sie
sonst beim Tod eines nahen Menschen üblich sind, fehlen bei
"Totgeburten" häufig. Auch die sozialen Riten werden nicht
angewendet, wie Begräbnis, Messe, etc. Dies bedeutet, daß
vielfach jene sozial akzeptierten Abschiedszeremonien fehlen,
die das Abschiednehmen erleichtern. Wochenbettstationen sind
üblicherweise auf gesunde Neugeborene und deren Mütter/Eltern
eingestellt. Der besonderen Situation solcher Eltern kann nur
schwer begegnet werden. Die Konfrontation mit anderen Frauen
und deren gesunden Kindern läßt die eigene Hilflosigkeit, Angst
und Schuldgefühle verstärkt erleben. Dennoch sollen diese
Frauen nicht ausgegliedert und isoliert werden, weil dadurch
Verleugnung gefördert wird, ebenso wie die darauffolgende weitere Isolation der Eltern und des Kindes, die aus Angst, anderen
Menschen zu begegnen, so häufig zu beobachten ist. KLAUS &
KENNELL (1982) empfehlen die Zuteilung eines bestimmten Arztes
oder einer Schwester, die regelmäßig und lange mit diesen Eltern
sprechen. Der Kontakt mit diesen Eltern ist besonders an-
strengend, und es besteht die Gefahr, daß sich das Betreuungspersonal zurückzieht, ein Problem, das in jedem dieser Fälle
Gültigkeit hat und später ausführlicher diskutiert wird. CULLBERG
(1972) beobachtete beim Betreuungspersonal folgende Reaktionen
auf eine Totgeburt oder ein perinatal verstorbenes Kind. Der
Angst, die dadurch ausgelöst wird, wird begegnet durch (1)
Vermeidung der Situation, geringen Kontakt mit der Patientin -
dem entspricht z. B. eine frühzeitige Entlassung der Mutter
oder auch Isolierung von anderen Wöchnerinnen auf der Station,
(2) Projektion der eigenen Empfindungen auf den Patienten durch

feindseliges oder beschuldigendes Verhalten, dazu zählt die
Aufzählung mangelnder Vorsorgeuntersuchungen oder schädli-
cher Verhaltensweisen, wie Rauchen oder übermäßige Gewichtszunahme usw. (3), Verleugnung und magische Heilversuche,
worauf alle jene Interaktionen hinzielen, wie "vergessen Sie so
rasch als möglich", "bekommen Sie so rasch wie möglich ein
weiteres Baby", und die Verabreichung von Sedativa und
Tranquillizern. Vom Standpunkt der Betreuungspersonen ist
dieses Verhalten nur allzu verständlich. Der Tod eines Neugeborenen weckt immer intensive Schuldgefühle und die Nachfrage
nach eigenem Versagen in der Betreuung. Die perinatale Mortalität einer Klinik steht pars pro toto für die medizinische
Kompetenz jeder Klinik. Diese ist verbunden mit dem festen
Glauben, daß jeder perinatale Todesfall verhinderbar sei bzw.
verhinderbar sein müsse. Perinatale Todesstatistiken werden
im Sinne der Güte des medizinischen Systems eines Landes verstanden. Der Tod in Verbindung mit der Geburt - als Pforte
zum Leben - ist äußerst bedrohlich, er konfrontiert viel stärker mit eigenen Behinderungen und den Grenzen von Beherr-
schung und Kontrolle über das Leben. Solche Gefühle können
beim Tod alter oder schwerkranker Menschen wesentlich leichter unterdrückt werden. Hinzu kommt, daß sich vor allem
junge Ärzte, Hebammen und Schwestern der Identifizierung mit
den Eltern nur schwer entziehen können und Fantasien über
ein eigenes ähnliches Schicksal auftauchen. Das für eine wirkungsvolle Arbeit notwendige Gleichgewicht zwischen Distanz
und Eetroffenheit ist ohne entsprechende Entlastungsmöglich-
keit, wie das offene Gespräch in einer Gruppe von Menschen
mit ähnlichen Problemen und Erfahrungen nur schwer zu finden.
Offene Gespräche erfordern die Freiheit von institutionellen Ab-
hängigkeits- und Verantwortungsverhältnissen, um eventuellen
Mißbrauch zu verhindern. Diese Entlastung bieten nur sehr gute private Beziehungen sowie Balintgruppen, die kompetente
professionelle Unterstützung vermitteln. Sie können auch bei
der schwierigen Frage helfen, wie diese Nachricht überbracht
werden soll, eine weitere Aufgabe, der in der Ausbildung zum
Arzt, Hebamme und Schwester kein Raum gewidmet wurde. Denn
der Umgang mit Patienten und Angehörigen erfordert noch andere interaktionelle Fähigkeiten als allein jene, nett, freundlich
und liebevoll zu sein. KLAUS & KENNELL (1982) fordern in
diesem Zusammenhang von den Betreuungspersonen, daß sie
drei Hauptaufgaben erfüllen können, nämlich 1) den Eltern zu
helfen, den Verlust real erleben zu können, 2) die Trauerarbeit beider Eltern einzuleiten, so daß normale Trauerreaktionen
beginnen können, was pathologischen Trauerreaktionen vorbeugt
und 3) den individuellen Bedürfnissen jedes Elternpaares gerecht
zu werden. Diesen Forderungen versuchen sie durch folgende
Vorgangsweise nachzukommen: sie treffen die Eltern dreimal.

Das erstemal erfolgt gleich nach dem Tod. Auch wenn die Eltern unfähig sind, noch anderes zu hören, wird ihnen der Prozeß des Trauerns, die somatischen, gefühlsmäßigen und gedanklichen Begleiterscheinungen vermittelt und deren Auswirkungen auf die Interaktion der Eltern miteinander. Das zweite Treffen findet 2-3 Tage später statt. Am wichtigsten sei hier, den Eltern zuzuhören und ihnen zu vermitteln, daß ihre Gefühlsaufwallungen nicht krankhaft sind.
Beim 3. Treffen, 3-6 Monate nach dem Tod des Babys, versichern sie sich, daß die Trauerarbeit normal verläuft, also keine konstant starke Trauer verspürt wird, oder andere Anzeichen pathologischer Trauer sind. Als Anzeichen pathologischer Trauer gelten: Überaktivität bei nicht vorhandenem Erleben des Verlustes, Vorhandensein von Symptomen in Verbindung mit der Krankheit des Babys, psychosomatische Erkrankungen, Veränderungen der Beziehungen mit Freunden und Bekannten, starke Feindseligkeit gegenüber bestimmten Personen, Unterdrückung von Feindseligkeit, Verlust sozialer Beziehungsmöglichkeiten, die die eigene Existenz gefährden, alle selbstschädigenden Verhaltensweisen, Schlafstörungen und Erschöpfung. Beim Vorhandensein dieser Symptome werden die Eltern an Psychiater überwiesen. KLAUS & KENNELL (1982) verweisen darauf, wie wichtig es bei diesem Prozeß der Trauerarbeit ist, die Eltern zu ermutigen, andere vorhandene Kinder einzubeziehen und sie nicht auszuschließen. Denn schon bei 2 bis 4-monatigen Babys können verwirrte Reaktionen auf depressives Verhalten der Mutter festgestellt werden (FRAIBERG, 1980).
Die Zuwendung und Einbeziehung älterer Geschwister ist von höchster psychohygienischer Bedeutsamkeit. So treten bei allen Geschwistern feindselige Gedanken gegen ein neues Geschwister, schon in der Schwangerschaft der Mutter, auf. Wird das gesunde Kind aufgrund der Verwirrung und Trauer von den Eltern nicht beachtet, so meint es, daß einerseits seine bösen Gedanken diesen Zustand bewirkt hätten, und die Eltern dies wüßten und ihm böse sind. So können diese an sich normalen psychischen Vorgänge pathologische Prozesse auslösen, deren erste Anzeichen ein Rückzug des Kindes in seine innere Welt aufgrund seiner Schuldgefühle ist.
KLAUS & KENNELL (1982) geben anhand ihrer Erfahrungen umfassende Empfehlungen, wie diesen Eltern geholfen werden kann. Sie enthalten neben den schon erwähnten, noch zwei bei uns völlig unübliche Verhaltensweisen seitens der Klinik. Die erste betrifft die Möglichkeit der ständigen Anwesenheit des Partners, also sein Aufnahme ins Wochenbett. Die zweite betrifft die aktive Kontaktaufnahme per Telefon seitens der Klinik mit den Eltern, wenn sie zu einem verabredeten Termin nicht erscheinen.

194

Dieser Kontakt erfolgt des abends, um den Kindesvater einbe-
ziehen zu können und dauert etwa 15-20 Minuten. Auch vermitteln sie den Kontakt zu "Selbst-Hilfe-Gruppen" mit großem
Erfolg. Durch diese Vorgangsweisen sei es möglich, gröbere,
emotionale Störungen zu verhindern (KLAUS & KENNELL, 1982).
Die systematische Betreuung von Eltern in der oben genannten
Weise ist für die aktuelle Bewältigung des Ereignisses ebenso
bedeutsam wie für die Zukunft. Ihre Auswirkung auf das bekannt hohe Risiko in Folgeschwangerschaften bei vorangegangenen Fehl- und Totgeburten müßte überprüft werden. Denn
derartige Erfahrungen beeinträchtigen die Familien bei Folgeschwangerschaften massiv und können bei Risikopatientinnen in
der Mehrzahl der Fälle beobachtet werden.

13.3 Das mißgebildete Kind

Die Geburt eines mißgebildeten Kindes ist oft der Beginn einer
Tragödie ungeahnten Ausmaßes. Die zukünftigen Chancen der
Familie, alle Hoffnungen werden zunichte. Wenngleich Mißbildungen in ihrem Schweregrad sehr variieren und damit die tatsächlich vorhersehbaren Beeinträchtigungen, so ist die unmittelbar erlebte Bedrohung und Reaktion der Eltern in jedem Fall
extrem ausgeprägt und stellt ein schweres psychisches Trauma
dar. Die Fortschritte der Medizin ermöglichen heute zwar bereits eine Frühdiagnose (und die legislativen Gegebenheiten
eine Interruptio im Falle einer schweren kindlichen Mißbildung)
einiger schwerer kindlicher Mißbildungen, dennoch wird es auch
bei einer Weiterentwicklung der diagnostischen Möglichkeiten
nicht möglich sein, Mißbildungen völlig auszuschalten. Tatsächlich weisen heute in Österreich etwa 4% der Neugeborenen leichte bis schwere Mißbildungen und Chromosomenanomalien auf.
Gleichzeitig ermöglicht die Entwicklung der therapeutischen medizinischen Maßnahmen eine erhöhte Lebensfähigkeit dieser Kinder.
Die Diskussion ethischer Probleme in diesem Zusammenhang ist
schwierig, überschattet von der jüngsten Vergangenheit und
ihren Euthanasie-Praktiken. So stehen wir heute vor einer Situation, in der zwar weniger mißgebildete Kinder geboren werden
als früher, diejenigen, die zur Welt kommen aber hohe Chancen
haben, zumindest für einige Zeit zu überleben. Probleme, die
Eltern und insbesondere Mütter dieser Kinder ausgesetzt sind,
werden in der Literatur eher totgeschwiegen. Damit gibt die
Wissenschaft aber nur wider, was den meisten Frauen, die ein
mißgebildetes Kind zur Welt gebracht haben, in der Klinik und
in der sozialen Gemeinschaft außerhalb widerfährt: ihr Problem
wird verleugnet. Die Ursachen dafür sind die folgenden:

1. Meiner Beobachtung nach ist das gesamte geburtshilfliche Betreuungsteam davon fast ebenso betroffen, wie die Mutter

und meist ist es ihnen auch viel früher bewußt als ihr.

2. Eine solche Situation erweckt in den Beteiligten jene Ängste, die sie auch als werdende Mütter und Väter erlebt haben.

3. Das Ausgeliefertsein an so einen Schicksalsschlag und die damit einhergehende Hilflosigkeit ist psychologisch nicht bearbeitet.

4. Daher versuchen die meisten, selber nicht diejenigen zu sein, die die Frau und den Vater aufzuklären haben, sondern delegieren diese unangenehme Aufgabe an denjenigen, der sich gegenüber einer solchen Delegation am wenigsten verweigern kann. Dies ist meist der Kinderfacharzt. Seine medizinische Kompetenz prädisponiert ihn natürlich für eine solche Aufgabe. Allerdings ist er derjenige, der die Mutter und die übrige Familie am wenigsten kennt, und von seiner Gastfunktion auf der Entbindungsstation und im Wochenbett das Problem mit der Frau kaum bearbeiten kann.

5. Meiner Erfahrung nach greifen nur solche Personen des Betreuungsteams dieses Problem im Gespräch mit der Mutter auf, die selbst aus eigener Betroffenheit hier Erfahrungen gesammelt haben, weil ein eigenes Kind oder eines aus der Verwandtschaft geschädigt ist.

Diese Situation ist menschlich sehr verständlich, wenn man sich vor Augen hält, in welchem Ausmaß hier tiefliegende eigene Ängste und Hilflosigkeit mobilisiert werden. Dennoch muß man sich fragen, wie den Betroffenen geholfen werden kann. Voraussetzung für eine sinnvolle Hilfestellung ist hier vorerst die Kenntnis über die aktuellen und zukünftigen Schwierigkeiten, denen die Eltern eines abnormen Kindes ausgesetzt sind.
Die Eltern mißgebildeter Neugeborener sollten das Baby so bald als möglich sehen. Die phantasierten Ängste und Sorgen sind größer, wenn die Eltern das Kind noch nicht gesehen haben (KLAUS & KENNELL, 1982). So sind die Eltern oft überrascht, ein "normales" Baby zu sehen, wenn man von der Mißbildung absieht, die für sie oft gar nicht so augenscheinlich ist. Je ungenauer die Informationen sind, desto mehr fantasierte Ängste und Überlegungen tauchen auf. Das zukünftige Verständnis für die reale Lage und die Chancen des Kindes werden erschwert. Eltern abnormer Kinder sind natürlich verzweifelt. Sie und wir wissen, daß für behinderte Menschen in unserer Gesellschaft nur ein Leben am Rande und immer in einer Außenseiterposition möglich ist. Auch haben die Eltern, so wie alle Menschen im Laufe ihrer Entwicklung einmal oder auch mehrmals Außenseiterrollen innegehabt. Jeder hat darauf unterschiedlich reagiert, das Spektrum ist ja weit, von zunehmender Anpassung über

Leugnung bis zu bewußter weiterer Übernahme von Rollen des
Andersseins. Diese Erfahrungen werden auch mitentscheiden,
wie mit diesem besonderen Kind umgegangen wird. Auf jeden
Fall, gleichgültig zu welcher Lösung jemand gelangt ist und wieder gelangt, waren eine Unzahl von Gefühlen vorhanden. Diese
sind insbesondere Verwirrung, Angst, Depression, Schuldgefühle und Ärger. Sie existieren nicht entweder oder, sondern
sie treten immer alle gemeinsam auf. Die Bewältigung dieser
Situation hängt von vielen Faktoren, wie Stärken, Resourcen,
Probleme und Verletzbarkeit der Eltern ab. Die Verfügbarkeit
und Anwesenheit des Ehemannes, Gelegenheit für Intimität, eine
gute eheliche Beziehung, unterstützende Verwandte, die Fähigkeit der Eltern, ihre Bedürfnisse zu strukturieren, ein gesundes
älteres Geschwister, unterstützende Betreuungspersonen im
Spital, die Möglichkeit mit Eltern zu reden, die ähnliche Erfahrungen haben, Modelle und Vorbilder zu sehen, Entwicklungsmöglichkeiten kennenzulernen, die soziale und finanzielle
Situation beeinflussen die Anpassung. Die emotionale Situation
im Wochenbett wird beeinflußt durch die Anwesenheit anderer
Mütter, deren Kinder normal sind. Hier soll nicht einer Aus-
gliederung der betroffenen Frauen von den Müttern normaler
Kinder das Wort geredet werden. Aber es fragt sich, ob und in
welcher Weise dies den Müttern anormaler Kinder schadet oder
hilft. Nach Möglichkeit sollte also doch versucht werden, die
Frau in einer Gemeinschaft unterzubringen, die einfühlend und
verständnisvoll reagieren kann und nicht aus eigenen Schuldgefühlen, daß sie ein normales Kind geboren haben, sich von dieser
Frau zurückziehen müssen. Es ist vorstellbar, daß die Klinik-
situation des 2-5 Bettzimmers therapeutisch fruchtbar genutzt
werden kann. Indem man über ein gemeinsames Gespräch aller
Anwesenden bespricht, sowohl wie sich die Mutter des geschä-
digten Kindes gegenüber den anderen fühlt, als auch diese ihr
gegenüber. Damit könnte man vielleicht ein Stück der Isolations-
und Absonderungstendenzen dieser Eltern von anderen vor-
bauen helfen, die ihre Kinder nur allzu oft verstecken. Und
auch die Mütter der normalen Kinder können hier etwas lernen,
nämlich den Umgang, das Gespräch mit betroffenen Frauen, das
häufig durch falsch verstandene Scham und die Angst mit den
bedrohlichen Gefühlen der Betroffenen konfrontiert zu werden,
ausbleibt. Ohnedies haben auch die Eltern gesunder Neugeborener Ängste bezüglich der Intaktheit ihres Babys. Ein solches
Ereignis ist immer mit einem unmittelbaren Verlust des Selbst-
wertgefühls verbunden. Alle ohnedies vorhandenen Sorgen und
Ängste bezüglich der Anforderung "gute und liebevolle Mutter"
werden verstärkt. Jetzt ist zur psychischen Komponente, die
sich ja vielleicht noch verdecken und verstecken läßt, der körperliche Mangel hinzugetreten. Jede betroffene Frau beginnt,

die Schwangerschaftsgeschichte nach möglichen auslösenden und
verantwortlichen Momenten zu rekonstruieren. Vor allem wird
nach eigenen schuldhaften Handlungen, wie den Gebrauch von
Medikamenten, mangelnde Schonung, Nicht-Einhalten ärztlicher
Anweisungen gesucht bis zu völlig irrationalen Vorstellungen
über die "Strafe für vorausgegangene Sünden". Solche Schuldgefühle werden verstärkt auftreten, wenn der Mutter in der
Schwangerschaft mit Nachdruck oder gar Drohgebärden ein bestimmtes Verhalten vorgeschrieben wurde, das nicht eingehalten
wurde, z. B. weniger zu essen und zu trinken, ungesalzene
Kost etc., weil die Gewichtszunahme bedenklich war. Im Falle
einer normalen Entbindung und eines gesunden Kindes wird sich
die Mutter entweder in ihrem Verhalten belohnt fühlen oder sich,
wenn sie sich nicht an die Anweisungen gehalten hat, in der
Meinung bestätigt fühlen, daß diese Vorschrift unnötig war. Ist
das Kind aber nicht gesund, muß sie wohl mit massiven Schuldgefühlen reagieren. Daraus ergeben sich einerseits Konsequenzen
für die Beratungssituation in der Schwangerschaft (sinnvoll
beraten ohne zu bagatellisieren oder zu drohen) und solche für
den Umgang mit den Müttern nach der Entbindung. Hier muß im
Gespräch mit allen Betreuungspersonen vermieden werden, der
Frau zusätzliche Schuldgefühle zu vermitteln. Selbst wenn man
davon überzeugt ist, daß ein ursächlicher Zusammenhang besteht. Der derzeitige Zustand ist dadurch nicht veränderbar.
Hingegen erschwert dies das Finden situationsangemessener
Lösungsstrategien, die auch hier eine positive Eltern-Kind-Beziehung ermöglichen. Die Geburt eines abnormen Kindes ist
immer eine schwere Belastung für die gesamten Familienbeziehungen. Nicht selten beginnen sich Ehepartner von den Frau-
en abzusetzen. Wird hier ein Gefühl persönlicher Schuld vermittelt, so wird eine solche Entwicklung gefördert. Wie also soll
und könnte eine positive Beratungssituation in einem solchen
Fall aussehen? Im allgemeinen sind die Familien so tief betroffen
und überfordert, daß sie die erste Information nicht richtig verstehen können. Sie getrauen sich auch nicht all die bedrohlichen
Fragen, die auftauchen für sich selbst zu formulieren oder an
andere zu richten. Dies darf aber kein Grund sein, sich zurückzuziehen. Hier wird es notwendig, genau und sorgsam zuzuhören und den Eltern zu helfen, ihre Sorgen und Ängste auszu-
drücken. Hilfreich ist es, sie darauf hinzuweisen, daß ihre
Reaktionen auf dieses Ereignis nicht absonderlich sind. Die im
vorangegangenen Abschnitt behandelten Empfehlungen von
KLAUS & KENNELL (1982) haben hier allesamt Gültigkeit. Können
sich die Eltern ihrer Schuldgefühle, Ängste, Aggressionen und
der Ambivalenz bewußt werden, so können sie besser neue und
angemessene Problemlösungsstrategien aufgreifen und selbst erarbeiten. Sie können dann auch besser an

Rehabilitationsmaßnahmen mitarbeiten und außerhalb der
Institution Entbindungsklinik liegende Beratungs- und Hilfsangebote wahrnehmen, was für eine optimale Förderung des Kindes entscheidend ist. Dieser Durcharbeitungsprozeß wird und
kann während des stationären Aufenthaltes der Mutter im Wochenbett nicht beendet sein. Die Dauer richtet sich auch immer nach
dem Ausmaß der kindlichen Schädigung und seiner zeitlichen
Konsequenzen. Je schwerwiegender das Kind geschädigt ist,
desto länger wird ein solcher Prozeß dauern bzw. sich immer
wieder wiederholen. Hier ist es wichtig, über die Sozialarbeiterin intensiv mit nachbetreuenden Stellen zu kooperieren, um die
Eltern sachgemäß überweisen zu können, so daß sie die Über-
weisung akzeptieren können.
Ein besonderes Problem dieser Familien liegt darin, daß vorhandene gesunde Kinder plötzlich emotionell vernachlässigt werden und dies über lange Jahre, weil die psychischen Kapazitäten der Eltern nicht ausreichen. Unausgesprochen liegt dahinter oft die Einstellung, das gesunde Kind ohne Handikap würde leichter mit weniger Zuwendung zurechtkommen. Entwickeln
solche Geschwister Störungen, so bleiben oft auch diese Hilfe-
rufe unerhört, was in schweren depressiven und/oder psychosomatischen Störungen resultieren kann. Daher fordern KLAUS
& KENNELL (1982) für die so betroffenen Familien, daß insbesondere der Ehemann uneingeschränktes Besuchsrecht, ja die
Rooming-In Möglichkeit mit seiner Frau erhält und auch vorhandene Geschwister jederzeit kommen dürfen, um dieser Entwicklung vorzubauen und mit den Eltern bearbeiten zu können.

13.4 Fallgeschichten (Fall K., Fall L.)

Abschließend will ich die vorausgegangenen Darstellungen noch
an Beispielen aus der eigenen Praxis illustrieren:

Frau K., 2. Kind; multiple Mißbildungen:

Ich kenne Frau K. durch ihre erste Schwangerschaft. Sie hat
damals an einem von mir geleiteten Vorbereitungskurs teilgenom-
men. In dieser Gruppe fiel sie durch ihre schweigsame, ängstliche Haltung auf, mit der sie sich wie eine Mauer umgab. Die
Schwangerschaft erlebte sie als sehr beschwerlich und ihr be-
handelnder Arzt versuchte ihr durch gesteigerte Zuwendung,
vorwiegend in Form zusätzlicher medizinischer Maßnahmen zu
helfen. Im Kreißsaal erlebte sie bereits geringe Kontraktionen
schmerzhaft, war extrem verspannt, der Muttermund spastisch,
so daß letztlich eine Sectio durchgeführt werden mußte. In der
zweiten Schwangerschaft entwickelte sie leichte Gestose-symptome,
eine Re-sectio war notwendig.
Am Tag der zweiten Entbindung fiel mir ihr Name bei Durchsicht

der Datenblätter auf. Daraus ging die Re-sectio und die Transferierung des Kindes hervor. Frau K. lag noch im Kreißsaal zur
weiteren Überwachung. Sie war wach und allein. Sie erkannte
mich nach den vielen Jahren spontan wieder und fing sogleich
zu reden an. Dabei sprach sie nicht über das gerade geborene
Kind, sondern erzählte mir alle Schwierigkeiten, die sie in den
letzten Jahren mit dem ersten Sohn gehabt habe, die Ärzte,
die sie wegen seiner Beschwerden konsultieren würde, die Bemerkungen der Schwiegermutter über ihr Kind, die ihr ständig
zu verstehen geben wolle, daß es nicht normal sei, "dabei ent-
wickle es sich nur langsam".
Man kann daraus sehen, daß Frau K. sich nicht getraute, sich
1. mit der Behinderung des 1. Kindes zu konfrontieren und nun
sich auch nur leise vorzustellen, wie denn das nun wäre, zwei
kranke Kinder zu haben (beim ersten hatten sich die Krank-
heitszeichen erst im Verlauf des ersten Lebensjahres gezeigt).
Über das Ausmaß der Mißbildungen war sie im Kreißsaal noch
nicht informiert, nur über die Transferierung. Wahrscheinlich
war ihr mitgeteilt worden, weshalb das Kind transferiert wurde,
aber sie konnte diese Information gar nicht behalten. Langsam
in vielen kurzen Gesprächen mit allen Betreuungspersonen war
sie dann am Ende des Aufenthaltes so weit, daß sie sich Rehabilitationsmaßnahmen überlegen konnte und sich freute, das
Kind mit nach Hause zu nehmen.

Die Geburt eines dauergeschädigten Kindes, wie bei einer
Trisomie 21, hat oft verheerende Auswirkungen auf die Partnerbeziehung.
Frau L., 1. Kind, Trisomie 21, keine weiteren Mißbildungen;
Frau H. ist 10 Jahre verheiratet, ihr Mann ist Hilfsarbeiter, sie
selbst Serviererin. Die beiden kommen vom Land, arbeiten
schwer in Wien, um sich hier Geld für eine "schöne Existenz"
in ihrem Herkunftsort aufzubauen. Jetzt sind sie mit dem Haus-
bau fertig, der Mann hat eine Arbeitsstelle in der Nähe gefunden und das erste geplante Kind ist gerade zur richtigen Zeit
geboren. Die Nachricht von der Schädigung des Kindes schlägt
wie eine Bombe ein. Dieses aufstiegswillige und ehrgeizige
junge Paar hat sozusagen erstmals versagt. Herr L. droht seiner
Frau, sie zu verlassen, wenn sie das Kind nicht in ein Heim
geben will. Frau L. besucht ihr Kind regelmäßig in der Klinik
und ist von Schuldgefühlen geplagt, wozu sie sich entscheiden
soll, hin- und hergerissen zwischen ihrem Kind und ihrem Mann.
Sie beginnt zu fantasieren, daß das Kind auch einen sehr
schweren Herzfehler habe und ohnedies nicht überleben werde
(was nach Angabe der Kinderärzte unrichtig war). Die Kinderärzte vermitteln ihr einen Heimplatz für das Kind.
An diesem Fall wird ersichtlich, wie aus so einer Situation heraus

keine positive Lösung gefunden werden kann. Wie immer man
für die Mutter eine Einweisung in ein Heim begründet, Schuldgefühle bleiben haften, sowie die Tatsache, daß der Partner die
Beziehung abbrechen wollte. Damit und mit ihm muß sie nun
weiterleben.

14. ZUR ROLLE DES KLINISCHEN PSYCHOLOGEN IN DER GEBURTSHILFLICHEN BETREUUNG *

Abschließend möchte ich die Frage nach der Rolle des klinischen Psychologen in der Geburtshilfe behandeln. Welche Aufgaben und Funktionen kann und muß er/sie übernehmen? Rechtfertigen die psychosomatischen Gegebenheiten dieses Lebensabschnittes die Hinzuziehung eines Psychologen und wenn ja, wo und in welcher Weise? Ist es sinnvoll, der Vielzahl von Betreuungspersonen verschiedenster Berufsgruppen (Arzt, Hebamme, Kranken-, Säuglingsschwester, Heilgymnastin,usw), noch eine weitere Profession hinzuzufügen? Wird die Schwangere dadurch nicht überfordert und verwirrt? Wird die zu erfüllende Betreuungsaufgabe dadurch weiter zersplittert, oder wird ihr ein wesentlicher Bestandteil hinzugefügt und somit die Betreuung verbessert? Grundsätzlich muß jede Frage im Hinblick auf versorgungspolitische, patientenorientierte, institutionelle und forschungsmäßige Gesichtspunkte untersucht werden.

Die hier angeschnittene Diskussion steht am Anfang. Die Mitarbeit klinischer Psychologen in der Geburtshilfe ist heute keineswegs eine Selbstverständlichkeit. Erst einige wenige fortschrittliche Kliniken haben mit der Kooperation begonnen, feste Anstellungsverhältnisse existieren kaum. Daher ist meine Diskussion vorwiegend geprägt von eigenen Erfahrungen und Arbeitsmöglichkeiten. Ständige Zugehörigkeit zu einem Team versus konsiliarische Liason-Psychologie schaffen unterschiedliche Arbeitsbedingungen und -beziehungen.

Der klinische Psychologe ist aufgrund seiner Ausbildung in psychologischer Diagnostik und Beratung, sowie dem Einsatz psychologischer Interventionsstrategien geschult. Dies beinhaltet die grundlegenden Kenntnisse sozial-psychologischer und motivationspsychologischer Theorien, sowie die Schulung in Planungsstrategien für wissenschaftliche Arbeiten.

Schwangerschaft, Geburt und Wochenbett sind grundsätzlich natürliche Vorgänge im weiblichen Lebenszyklus. Werden

---

* siehe auch RINGLER, 1981b.

Psychologen/innen unüberlegt in die Betreuung eingebunden,
so könnte dies eine Pathologisierung bewirken, wenn normale
Belastungsreaktionen dieses Lebensabschnittes als klinische
Phänomene betrachtet werden. D. h., erst wohlfundierte Kenntnisse über die normalen psychischen Erscheinungsbilder in
der Schwangerschaft, ermöglichen Risikopopulationen zu erkennen
und entsprechende präventive und therapeutische Maßnahmen zu
erarbeiten und in die Wege zu leiten. Die psychologische Betreuung während der Schwangerschaft ist derzeit (mit geringen
Ausnahmen) auf Geburtsvorbereitungskurse, Wickel- und
Rooming-In Kurse beschränkt. Alle diese potentiellen psychohygienischen Maßnahmen setzen erst zu einem späten Zeitpunkt
der Schwangerschaft ein, nämlich in den letzten Schwangerschaftsmonaten (6. - 7. Schwangerschaftsmonat).
D. h., alle jene Problemfälle, für die diese Angebote unange-
messen sind bzw. deren Schwierigkeiten vor diesem Zeitpunkt
auftreten, werden nicht, oder zu spät erreicht. Die Gruppe
von Frauen/Eltern, die die oben erwähnten Vorbereitungsmög-
lichkeiten nützen, ist klein. Die besonders gefährdeten Populationen (PAVELKA u. a., 1980), aus den sozial niedrigen
Schichten mit geringer Bildung, werden hier fast gar nicht erreicht (RINGLER, 1979, 1982 b). Unser Anliegen sollte es aber
sein, mit gefährdeten Populationen zu arbeiten, deren Zugang
zu adäquaten Bewältigungsstrategien eingeengt ist. Aus dem
bisher Gesagten ergibt sich die Aufgabe, einerseits Beratungs-
modelle für jene Schwangeren zu erarbeiten, deren Problematik
durch Geburtsvorbereitung nicht oder zu spät erreicht wird
(z. B. Hyperemesis oder übermäßige Gewichtszunahme in der
Schwangerschaft), als auch die Analyse und Erarbeitung von
Motivationsfaktoren und -strategien, um die derzeitigen Nicht-
Teilnehmerinnen zu erreichen. Die Bedeutung solchen Vorgehens
wird daran ersichtlich, daß bereits mit einer minimalen zeitlichen Vorbereitung signifikante Unterschiede zwischen vorbereiteten und unvorbereiteten werdenden Eltern erzielt werden
können (RINGLER u. a., 1984).

Die speziellen Forschungsaufgaben der Geburtsvorbereitung
wurden im Kap. 11 eingehend diskutiert. Im Rahmen von Ge-
burtsvorbereitungsgruppen ist es möglich, wichtige primär-
präventive Maßnahmen wirksam werden zu lassen (RINGLER,
1981a). Diese Wirkung wird dann in hohem Maße erzielt werden,
wenn in den Gruppen breiter Raum für die freie Diskussion
geburtsbegleitender somatischer und psychologischer Gegebenheiten vorhanden ist (Körperveränderungen beim Geburtsvorgang, Umstellung der dyadischen auf eine triadische Beziehung,
Eifersuchtsproblematik bei Geschwistern, Wochenbett,Stillen etc.).
Dadurch ist es möglich, Problemfelder herauszuarbeiten,
Alternativen aufzuzeigen, Bewältigungsstrategien zu vermitteln

und als Folge mögliche Fehlentwicklungen zu vermeiden. Denn
die "Früherziehung ist die via regia zur Prophylaxe psychosozialer Fehlentwicklungen" (STROTZKA, 1972, S. 9).
Erste Ansätze zur psychologischen Diagnostik in der Frühschwangerschaft und zur Selektion von Risikopatienten bestehen in Schweden (z. B. FEDOR-FREYBERGH, 1977) und in
Padua durch FERREIRRA (1965). Beide Autoren stützen sich
auf psychodynamische und psychiatrische Konzepte. Sie bieten
den Betroffenen eine psychologisch-therapeutische Betreuung an.
Auch mehren sich in letzter Zeit die Bestrebungen, jene als
psychosomatisch erkannten Schwangerschaftsbeschwerden wie
Hyperemesis Gravidarum und EPH-Gestose zusätzlich zur medizinischen Behandlung psychologisch zu betreuen (RINGLER,
1983a). Die derzeitigen Bemühungen orientieren sich stark an
herkömmlichen psychotherapeutischen Interventionsstrategien.
Von den psychodynamischen Autoren wird der Nutzen auf-
deckender psychotherapeutischer Interventionen bei Schwangeren angezweifelt, zu größter Vorsicht geraten und vor allem
stützende Maßnahmen bevorzugt. Seit kurzem wird auch bei
dieser Patientengruppe mit Gruppen gearbeitet (RAPHAEL-LEFF,
1980).
Von verhaltenstherapeutischer Seite liegen wenige Arbeiten vor.
(RINGLER & LANGER, 1983, RINGLER, 1983b, Kap. 11 in diesem Band).
Ein ganz wichtiges Problem darf hier nicht außer Acht gelassen
werden: Nutzbringende psychologische Interventionen zu erarbeiten setzt voraus, den psychologischen Prozeßcharakter dieses Lebensabschnittes genau zu kennen. Erst dadurch wird es
in der Folge möglich, Kriterien auszuarbeiten, die im Weiteren
einen psychisch normalen von einem pathologischen Schwanger-
schaftsverlauf unterscheiden lassen. Dadurch könnten Risiko-
schwangere vor Auftreten einer psychosomatischen Störung oder
einer psychischen Fehlentwicklung erkannt werden. Ansätze
zu solchen Forschungsstrategien sind ja,wie die vorangegangenen
Kapitel gezeigt haben, vorhanden. Eine umfassende Kenntnis der
normalen Prozesse ist deswegen so notwendig, weil erstens auch
in normalen Schwangerschaften eine Zunahme von Symptomen und
Beschwerden, die ansonsten als psychopathologische Phänomene
angesehen werden, zu beobachten ist (RINGLER & KRIZMANITS,
1983, 1984). Andererseits können solche, wenn sie vorher bestanden haben, auch verschwinden. Zweitens würde sie ermöglichen, schwangerschaftsspezifische Interventionsstrategien zu
erarbeiten, wie dies z. B. bei der Geburtsvorbereitung schon
der Fall ist. Schließlich ist es keineswegs selbstverständlich,
daß therapeutische Interventionsstrategien aus anderen Bereichen in der Schwangerschaft zielführend sind. Somit ist hier
praxisbegleitende Forschung nicht wegzudenken.

Da das Schwangerschaftserleben sicherlich einen bedeutenden
Einfluß auf das werdende Kind hat (z. B. ROTTMANN, 1974)
bietet die pränatale Psychologie ein reiches Arbeitsfeld.
Frauen/Eltern, die ein krankes, behindertes oder totes Kind
geboren haben, wird heute im allgemeinen keine wesentliche
Hilfe angeboten. Kap. 13 dieses Bandes bespricht Möglich-
keiten der akuten Krisenintervention und diskutiert notwendige
Schritte in der Weiterbetreuung der betroffenen Familien.

Psychologische Tätigkeiten dürfen nicht allein auf die betroffene Schwangere und ihren Partner, sowie die engsten Bezugspersonen beschränkt werden. Es sollten auch dem jeweiligen
geburtshilflichen Betreuungspersonal relevante Kenntnisse vermittelt werden. Dazu gehören Kenntnisse über die Arzt-Patient-
Beziehung (bzw. Schwester-Patient, Hebamme-Patient, etc.),
-genauso wie Überlegungen über den psychologischen Einfluß
verschiedener Behandlungsarten (Rooming-In, Stillpraktiken,
Kardiotokogramm (CTG), Analgesie usw.). Dabei kann jede Maßnahme nur in enger Kooperation mit dem gesamten geburtshilflichen Betreuungspersonal erfolgen (einschließlich der Bedienerin-
nen der geburtshilflichen Stationen). Es fragt sich, wie sinnvoll
es ist, der Vielzahl von betreuenden Bezugspersonen noch eine
weitere, nämlich die des Psychologen hinzuzufügen. Könnte das
nicht die Tendenz fördern, daß sich jene für psychologische
Probleme nicht kompetent fühlen und sie an den Psychologen
abschieben? Dies widerspräche einem ganzheitlich psychosomatischen Behandlungskonzept, das anzustreben ist.

Zu bedenken ist auch, daß sich schwangere Frauen als gynäko-
logische Patientinnen verstehen. Werden sie aufgrund eines
psychosomatischen Zustandsbildes an den "Psychologen überwiesen", fühlen sie sich oft negativ etikettiert und lehnen die angebotene Hilfe ab. Dies kann am besten durch eine Integration der
psychologischen Hilfestellung in bestehende Betreuungseinrich-
tungen vermieden werden. Eine wichtige Frage geht dahin, welche Aufgaben nur der Psychologe durchführen kann und welche
von anderen Professionisten, die bereits mit Schwangeren arbeiten, übernommen werden können. Im letzteren Fall bekäme
der Psychologe die Aufgabe, fachspezifisches Wissen zu vermitteln und dadurch die Kompetenz des Betreuungspersonals
zu erhöhen; also Einsatz des Mediatorenkonzeptes,wie es aus der
Eltern- und Lehrerarbeit (z. B. INNERHOFER, 1977) bekannt
ist.
Hier denke ich vor allem an Ausbildung in Gesprächsführung,
Balint-Gruppen und Förderung der Vermittlung zielorientierter
Bewältigungsstrategien (Geburtsvorbereitung, Rooming-In,
Stillen etc.). Dagegen wird psychotherapeutische Einzel- und
Gruppenarbeit, als auch ihre Indikationsstellung wohl nur vom

psychotherapeutisch geschulten Arzt oder Psychologen übernommen werden können.

Derzeit bieten wir an der Universitäts-Frauenklinik Wien im Rahmen der Ambulanz für psychologisch-medizinische Patientenbetreuung folgende konkrete psychologische Interventionen in der Schwangerschaft an:

Einzel- oder Gruppenarbeit für

1) Schwangere mit übermäßigen Geburtsängsten (ambulant),

2) Schwangere, die an Hyperemesis Gravidarum leiden (ambulant und stationär),

3) Entspannungstraining für unterschiedliche psychovegetative Beschwerden (ambulant),

4) Geburtsvorbereitung für Paare,

5) stationär aufgenommene Schwangere und deren Partner, sowie ein kontinuierliches Entspannungstraining für dieselben,

6) Arztvortrag über Schwangerschaft und Geburt,

7) Führungen durch die Entbindungsstation.

Die Fülle der erwähnten Aufgaben ist von einem einzelnen Psychologen nicht zu bewältigen. Interdisziplinäre Teamarbeit ist anzustreben.

15. ZUSAMMENFASSUNG

Abschließend möchte ich die wesentlichen Fragestellungen und
Schlußfolgerungen zusammenfassen.

Das Erleben von Schwangerschaft, Geburt und Wochenbett ist
von zentraler Bedeutung für die zukünftigen Erlebnismuster der
betreffenden Frau und ihrer engsten Beziehungspersonen. Es
handelt sich um eine Erfahrung, die sämtliche vorangegangene
Beziehungsmuster zum Selbst und zu Anderen in Frage stellt.
Dies soll keineswegs dazu führen, die Schwangerschaft und ihre
Konsequenzen in unangemessener Weise als bedrohlich hinzu-
stellen. Ein Verständnis für die grundlegenden Belastungsur-
sachen und Bewältigungsstrategien soll aber dazu führen,
Schwangere und ihre Familien von starren normativen Verhal-
tensregeln abgelöst betrachten zu können und eventuelle Hilfen
anzubieten, wie sie im Rahmen der vorliegenden Arbeit für die
Geburtssituation und das Wochenbett diskutiert wurden. Wir haben auch gesehen, daß mögliche psychische und physische Belastungsreaktionen im Zusammenhang von Schwangerschaft, Geburt und Wochenbett weniger vom Vorhandensein bestimmter
Persönlichkeitseigenschaften und Charakterstrukturen abhängen.
Wir können heute den zunehmend sicheren Beweis führen, daß
situationsangemessene Bewältigungsstrategien bedeutender sind
als die Anzahl vorhandener individueller Probleme. Situationsangemessene Bewältigungsstrategien sind in unterschiedlichen
sozialen Populationen unterschiedlich ausgeprägt. Die Möglichkeit, vorhandene soziale Kompetenzen einzusetzen, bestimmt das
soziale Netzwerk, in dem das Verhalten auftreten soll, entscheidend mit. Am wichtigsten sind die Partnerbeziehung als Ver-
mittler sozialen und emotionellen Rückhaltes und die menschliche
Haltung des Betreuungspersonals in der Klinik. Letzteren Punkt
möchte ich noch einmal eingehender behandeln. Eine positive
Haltung wird durch einen akzeptierenden, wertfreien, nicht
moralisierenden Gesprächsstil vermittelt. Dieser ist notwendig,
allein aber keineswegs hinreichend. Das gesamte soziale Milieu,
in das die Interaktion eingebettet ist, muß beachtet werden. Vor
allem die Möglichkeiten, Intimität und persönliche Wünsche zu erfüllen, die sich aus räumlichen und personellen Funktionsauf-
teilungen ergeben. Dies betrifft neben den diskutierten Bereichen
des gemeinsamen Geburtserlebnisses und des Eltern-Kind-Kontaktes,

Untersuchungs-, Behandlungs- und Gesprächssettings und das
Ausmaß, in dem sie die oben erwähnten Forderungen erleichtern bzw. fördern oder hemmen bzw. verhindern. Diese Wirkung
entfaltet die arbeitsteilig organisierte Spitalsstruktur, nicht nur
auf die betroffenen Eltern-Patienten, sondern auch auf das
Betreuungspersonal. Das heißt, dieses ist in der Entfaltung
seiner Kompetenzen von den oben erwähnten Bedingungen ebenso betroffen.

Ich habe diese Punkte deswegen zuerst zusammengefaßt, weil
ja alle Betreuungsmaßnahmen, auch wenn sie technisch-thera-
peutischen Charakter haben, wie z. B. das Kardiotokogramm,
von Menschen verordnet, durchgeführt, bewertet und dem
Patienten vermittelt werden. Eben diese Variablen beeinflussen
das Auftauchen, noch mehr aber die Aufrechterhaltung,
Reduktion bzw. Löschung situationsspezifischer Angst.
Situationsspezifische Angst muß aber unter allen Umständen
verhindert werden, so daß ihre negativen physiologischen und
psychologischen Folgen nicht auftreten, zumindest aber ge-
hemmt werden. Die Ergebnisse weisen darauf hin, daß nicht
allein das tatsächliche Ausmaß von Angst für den physiologischen Geburtsablauf bedeutsam ist, vielmehr noch der Verlauf von Angst vor und während der Geburt. Als besonders
kritisch ist situationsspezifischer Angstanstieg zu betrachten,
worauf psychologische, physiologische und endokrinologische
Arbeiten verweisen. Der Umgang mit der Gebärenden ist hier
von eminenter Bedeutung. Eine wichtige Möglichkeit, das Ausmaß von Angst zu beeinflussen, liegt in situationsspezifischer
und problemorientierter Information, vor und während der Geburt. Diese Forderung ist, entsprechendes Bemühen vorausge-
setzt, einfach zu verwirklichen. Schwieriger ist die Handhabung
emotionaler Reaktionen und ihrer Bedeutungszuordnungen. Am
deutlichsten wird dies bei der Geburtsangst. Wird sie auf
einer rein phänomenologisch-deskriptiven Ebene beschrieben, so
läßt sie sich durch 6 Faktoren erklären (Verletzungsangst,
Angst vor Geburtskomplikationen, Angst, dem Geschehen ausgeliefert zu sein, Angst vor der Geburtsarbeit und ihren körperlichen Begleiterscheinungen, Angst, die Kontrolle zu verlieren,
Angst vor dem Unbekannten). Jede dieser Bedingungen ist geeignet, Gefühle des Verlustes der körperlichen und seelischen
Integrität auszulösen. Als besonders bedeutsam müssen die Gefühle des Allein- und Ausgeliefertsein, sowie des Kontrollverlustes angesehen werden. D. h., es geht darum, die Entbin-
dungs- und Wochenbettsituation so zu strukturieren, daß sie
dem Auftreten dieser Gefühle maximal entgegenwirken und diese Wirkung auch immer wieder zu überprüfen. Nur so wird
das Gefühl von Sicherheit und Vertrauen gefördert.

208

Ich kann mir vorstellen, daß sich mancher Geburtshelfer, ob
der zusätzlichen Last auch für das psychische Wohlbefinden
in solchem Ausmaß verantwortlich zu sein, überfordert fühlt,
auch zurecht meint, in der kurzen Zeitspanne der Geburt, die
mitgebrachten Vorurteile und Ängste, die das Auftreten
situationsspezifischer Angst fördern, selbst unter optimalen Bedingungen nur unzureichend beeinflussen zu können. Hier wird
die präventive Bedeutung geburtsvorbereitende Maßnahmen voll
wirksam. Psychologische Geburtsvorbereitung zielt nämlich sowohl auf die Reduktion situationsspezifischer Ängste, als auch
die Vermittlung angemessener Bewältigungsstrategien, wenn
situationsspezifische Angst auftaucht, so daß die Geburtsarbeit
nicht behindert wird. Information und Aufklärung über alle
Aspekte des Geburtsgeschehens, einschließlich Schwangerschaft
und Wochenbett, sind unbedingt notwendige Grundpfeiler dieser
Arbeit, dem Fundament eines Hauses vergleichbar, aber auch
nicht mehr. Von zentraler Bedeutung sind jene Vorgangsweisen,
die die emotionale Bedeutung des intra- und interindividuellen
geburtsbegleitenden Geschehens bearbeiten und eventuell verändern.
Psychologische Geburtsvorbereitung, die sich an verhaltenstherapeutischen und gruppentherapeutischen Prinzipien orientiert,
muß im Bedarfsfall in der Arbeit mit besonderen Risikogruppen
mit anderen therapeutischen Maßnahmen, wie Paartherapie oder
psychoanalytisch-orientierter Therapie ergänzt oder ersetzt
werden. Für diese Fälle muß ich auch die Bedeutung eines
psychodynamisch-tiefenpsychologischen Verständnisses jeder einzelnen Patientin hervorheben.

In den vorangegangenen Ausführungen wird deutlich, daß es
möglich ist, situationsspezifische Angst zu verringern, wodurch
sowohl auf der psychologischen, wie auf der physiologischen
Ebene positivere Resultate erzielt werden können, ohne auf moderne, geburtsmedizinische Hilfen zu verzichten. Im Gegenteil,
bei entsprechender Handhabung schließen sich diese nicht aus,
sondern ergänzen sich.
Dazu ist allerdings notwendig, nicht nur auf der somatischen
Ebene individuelle therapeutische Maßnahmen einzusetzen, sondern jede Frau, jedes Paar psychologisch individuell zu betreuen.
Dies gilt nicht allein für die psychologische Geburtsvorbereitung und Schwangerenbetreuung. Dieses Prinzip hat auch im
Entbindungszimmer und auf der Wochenbettstation zu gelten.
Wenngleich wir heute wissen, daß ein frühzeitiger ausgedehnter
Eltern-Kind-Kontakt, Rooming-In und Stillen* den Eltern nicht
als Verhaltensnorm aufgezwungen werden. Dennoch dürfen wir
nicht vergessen, daß die Bereitschaft von Müttern/Eltern,
sich auf neuartige, ungewohnte oder unerwartete Verhaltens-
muster einzulassen, wesentlich vom Klima abhängt,

*positiv zu bewerten sind, dürfen diese Vorgangsweisen

das durch die Klinik und die Einstellungen der Betreuungspersonen vermittelt wird. Dies erfordert Zeit und Ermutigung
(siehe z. B. die Veränderung des Wunsches nach Rooming-In
in den letzten Jahren).
Eine Wöchnerin, die das Stillen zwar wünscht, diesbezüglich
gleichzeitig aber große Ängste aufweist, wird nur dann erfolgreich zum Stillen motiviert werden können, wenn die betreuenden Ärzte und Säuglingsschwestern ihr dabei jede erdenkliche
Hilfe zuteil werden lassen und den Stillwunsch mit Aufmerksamkeit und Bedachtnahme auf alle ihre Gefühle unterstützen.
Selbstverständlich kann die beste Klinikbetreuung eine mangelnde unterstützende soziale Umgebung im normalen Lebensumfeld
der Patientin nicht ersetzen. Sie kann aber für die Dauer des
Klinikaufenthaltes bzw. des Betreuungsangebotes ein Erlebnis
von Sicherheit, Geborgenheit und Verständnis vermitteln und
so eine Unterstützung anbieten, die den Aufbau weitere Lö-
sungsansätze erleichtert. In diesem Fall werden allerdings die
Bemühungen größer sein müssen im Vergleich zu Frauen (z. B.
durchgehende Betreuung von Frauen, die ohne Partner entbinden, durch Klinikpersonal), die unterstützende soziale Beziehungen haben. Die Möglichkeit zur psychohygienisch-präven-
tiven Arbeit ist in kaum einer anderen medizinischen Disziplin
vergleichbar groß.

Der zweite Punkt meiner Zusammenfassung betrifft die Forschungsaufgaben. Da ich aus meiner praktischen und der sie
begleitenden wissenschaftlichen Tätigkeit zu den berichteten Ergebnissen beigetragen habe, wäre es mir zweifelsfrei lieber,
ein rosigeres Bild demonstrieren zu können. Tatsächlich befinden wir uns aber in den Anfängen, das komplexe Zusammenwirken psychologischer und physiologischer Parameter zu erforschen. Dies wird nicht zuletzt durch die verbesserten
medizinisch-diagnostischen und therapeutischen Möglichkeiten
gefördert, sowie der beginnenden Zusammenarbeit von wissenschaftlich orientierten Geburtshelfern und experimentell arbei-
tenden Psychologen.
Schwerpunkte bilden kontrollierte Verlaufsuntersuchungen,
der Einsatz methodisch einwandfreier psychologisch-psychothera-
peutischer geburtsvorbereitender Maßnahmen und Schwangeren-
betreuungsstrategien, eine genaue Kenntnis des Zusammenspiels von Betreuungspersonal mit Patientenvariablen, insbesondere aber präzisere Definitionen handlungsrelevanter Parameter, wie dies vor allem am Thema Geburtsangst und Geburtsschmerz und Geburtserleben diskutiert wurde.

Von einem derartigen Vorgehen werden nicht allein die
Patienten profitieren, sondern in gleicher Weise alle jene Personen, die im Bereich der Geburtshilfe arbeiten. Zu häufig

wird nämlich vergessen, daß die Unzufriedenheit mit der eigenen Arbeitssituation in die Entbindungssituation, die für die Frauen/ Paare erlebbar ist, hineingetragen wird.

LITERATURVERZEICHNIS:

AINSWORTH, M. D. S.: Maternal Influences on Infant-Mother
                   Attachment. In: J. M. TANNER (Ed.).
                   Developments in Psychiatric Research.
                   Hedder & Stoughton, London, 1977,
                   1-20.

AINSFIELD, E. & E. LIPPER: Effects of Perinatal Events on
                    Mother-Infant Bonding. Paper presented
                    Society Res. Child Dev. April, 1981.

ANTHONY, E. J. & BENEDEK, T.: Parenthood: Its Psychology
                   and Psychopathology. Little, Brown &
                   Company, Boston, 1970.

ARESKOG, B., N. UDDENBERG, B. KJESSLER: Fear of Child-
                   birth in Late Pregnancy. Gynecol.
                   Obstet. Invest., 1981, 12, 262-266.

ARESKOG, B., B.   KJESSLER, N. UDDENBERG:
                   Identification of Women With Significant
                   Fear of Childbirth During Late Pregnancy.
                   Gynecol. Obstet. Invest., 1982, 13,
                   98-107.

ARESKOG, B., N. UDDENBERG, B. KJESSLER: Experience of
                   Delivery in Women With and Without
                   Antenatal Fear of Childbirth. Gynecol.
                   Obstet. Invest., 1983, 16, 1-12 (a).

ARESKOG, B., N. UDDENBERG, B. KJESSLER: Background
                   Factors in Pregnant Women With and
                   Without Fear of Childbirth. J.Psychosom.
                   Obstet. Gynecol., 1983, 2, 102-108 (b).

BADINTER, E.:   Die Mutterliebe: Geschichte eines Ge-
                   fühls vom 17. Jahrhundert bis heute.
                   München, Piper, 1981.

BAHRDT, M. D. ROBRECHT, P. JUSTUS & H. MAST: Zum Einsatz
                   telemetrischer Geburtsüberwachung als
                   Routinemethode. In: DUDENHAUSEN,
                   J. W. & E. Saling (Hrsg.), Perinatale
                   Medizin, 10. Dt. Kongreß für

212

Perinatale Medizin, Berlin, Bd. IX,
Thieme, Stuttgart, 1982, 179-180.

BANDURA, A.: Principles of Behavior Modification.
Holt, Rinehart & Winston, London, 1969.

BALINT, M.: Der Arzt, sein Patient und die Krankheit. Stuttgart, Klett, 1965, 3. Aufl.

BARBER, T. X.: Toward a Theory of Pain: Relief of
Chronic Pain by Prefontal Leucotomy,
Opiates, Placebos and Hypnosis.
Psychol. Bull., 1959, 56, 430-460.

BAYER, R. & F. HOFF: Modellversuche zur Darstellung der durch
Angst und Schmerz ausgelösten Erregungsübertragung auf den nichtgraviden,
graviden und gebärenden menschlichen
Uterus. Z. Geburtsh. Gynäkologie,1959,
153, 105-112.

BECKER, P.: Studien zur Psychologie der Angst.
Beltz, Weinheim, 1980.

BEECHER, H. K.: Pain: One Mystery Solved. Science,
1966, 151, 840-841.

BENEDEK, T.: Psychological Aspects of Pregnancy and
Parent-Child Relationships. In: S. LIEBMAN (Ed.). Emotional Problems of Childhood. Philadelphia, 1958, 1-16.

BENEDEK, T.: Elternschaft als Entwicklungsphase.
Jahrbuch der Psychoanalyse, 1960, 1,
41-61.

BENEDEK, T.: Motherhood and Nuturing. In:ANTHONY
E. J. & T. BENEDEK (Eds.). Parenthood: Its Psychology and Psychopathology. Little, Brown & Company, Boston,
1970, 153-166 (a).

BENEDEK, T.: The Psychobiology of Pregnancy. In:
E. J. ANTHONY & T. BENEDEK (Eds.).
Parenthood: Its Psychology and Psychopathology. Little, Brown & Company,
Boston, 1970, 137-152 (b).

BENTOVIM, A.: Shame and Other Anxieties Associated
With Breast-Feeding: a Systems Theory
and Psychosomatic Approach. In:ELLIOT,
K. & D. W. FITZSIMONS (Eds.).

Breast-Feeding and the Mother. Ciba Foundation Symposium 45 (New Series), 1976. Elsevier, Excerpta Medica, North Holland, Amsterdam, 159-171.

BERGER, E.: Perinatale und soziale Einflußfaktoren der frühkindlichen Entwicklung. Endbericht eines Forschungsberichtes des Bundesministeriums f. Gesundheit und Umweltschutz, Wien, 1979.

Bericht über die Situation der Familie in Österreich, Familienbericht 1979, Bundeskanzleramt, Österr. Staatsdruckerei, Wien, 1979.

BIBRING, G. L.: Some Considerations on the Psychological Processes in Pregnancy. Psychoanal. Study Child, 1959, 14, 113-121.

BIBRING, G. L., T. F. DWYER, D. S. HUNTINGTON, A. F. VALENSTEIN: A Study of the Psychological Processes in Pregnancy and of the Earliest Mother-Child Relationship I. Some Propositions and Comments. Psychoanal. Study Child, 1961, 16, 9-27.

BIRBAUMER, N.: Psychophysiologie der Angst. Urban & Schwarzenberg, München, 1977.

BLUM, B. L. (Eds.): Psychological Aspects of Pregnancy, Birthing and Bonding. Human Science Press, New York, 1980.

BONICA, J. J.: Pain Research and Therapy. Past and Current Status and Future Needs. In: NG, L. K. Y. & J. J. BONICA (Eds.). Pain, Discomfort and Humanitarian Care. Elsevier, North Holland, New York, 1980, 1-46 (a).

BONICA, J. J.: Labor Pain: Mechanism and Pathways. In: Obstetric Analgesia and Anesthesiea (Eds.: Marx, Bassel). Elsevier Biomedical Press, 1980 (b).

BOWEN, M.: Family Therapy in Clinical Practice. Jason Aronson, New York, 1978.

BOWLBY, J.: Attachment and Loss. Vol. 1 Attachment. Hogarth Press, London, 1970.

BOWLBY, J.: Das Glück und die Trauer: Herstellung und Lösung affektiver Bindungen. Klett, Stuttgart, 1980.

BRANDSTÄTTER, J.: Methodische Grundfragen psychologischer Prävention. In: J. BRANDSTÄTTER & A. v. EYE (Hrsg.). Psychologische Prävention. Huber, Bern, 1982,37-80.

BRAZELTON, T. B.: Effect of Maternal Expectations on Early Infant Behavior. Early Child Dev.Care, 1973, 2, 259-273.

BRAZELTON, T. B., M. L. SCHOOL & J. S. ROBEY: Visual Responses in the Newborn. Pediatrics, 1966, 37, 284-290.

BREEN, D.: The Birth of a First Child: Toward an Understanding of Femininity. London, Tavistock, 1975.

BUCOVE, A.: Post-Partum Psychosis in the Male. Bull. N. Y. Acad. Med., 1964, 40, 961-971.

BUTOLLO, W.: Chronische Angst: Theorie und Praxis der Konfrontationstherapie. Urban & Schwarzenberg, München, 1979.

CALDEYRO-BARCIA, R., C. MENDEZ-BAUER, J. J. POSEIRO, L. A. ESCARCENA, S. V. POSE, O. ALTHABE, J. BTENIARZ, I. ARNI, L. GULIN: Control of Human Fetal Heart Rate During Labor. In: CASSELS, D. E. (Ed.). The Heart and Circulation in the Newborn and Infant, New York,1966.

CAPLAN, H.: Psychological Aspects of Maternity Care. Amer. J. Public Health, 1957, 47, 27-31.

CERUTTI, G., FORESTI, B.: Ist der Ehemann immer geeignet bei der Geburt dabei zu sein? Übersetztes Manuskript, Padua, 1976.

CHERTOK, L.: Psychosomatic Methods of Preparation for Childbirth. Am. J. Obstet. Gynecol., 1967, 98, 5, 698-707.

CHERTOK, L., M. BONNAUD, M. BORELLI, J. L. DONNET, C. REVAULT D'ALLONNES: Motherhood and Personality: Psychosomatic Aspects of Childbirth. Tavistock, London, 1969.

CHESS, S. & A. THOMAS: Infant Bonding: Mystique and Reality. Am. J. Orthopsychiat., 1982, 52, 213-222.

COBB, S.: Social Support as a Moderator of Life Stress. Psychosom. Medicine, 1976, 38, 300-314.

COLMAN, A. D., & L. COLMAN: Pregnancy: The Psychological Experience. Herder & Herder, New York, 1972.

COMMITTEE on Nutrition: Commentary on Breast-Feeding and Infant-Formulas Including Proposed Standards for Formulas. J. Pediat., 1976, 57, 278-285.

CONDON, W. S. & L. W. SANDER: Neonate Movement is Synchronized with Adult Speech: Interactional Participation and Language Acquisition. Science, 1974, 183,99-101.

CONRADT, A., C. M. SCHLOTTER, V. UNBEHAUN, V. FRICK, P. WELSCH: Labour, Delivery, Use of Analgetics and Location after Psychological Preparation for Birth. In: H. HIRSCH (Ed.). The Family. Karger, Basel, 1975, 347-350.

CRONBACH, L. J. & L. FURBY: How Should We Measure Change or Should We? Psychol. Bull., 1970, 74, 64-80.

CRONENWEIT, R. L. & NEWMARK, L. L.: Fathers' Responses to Childbirth. Nursing Research, 1974, 23, 210-217.

CULLBERG, J.: Mental Reactions of Women to Perinatal Death. In: MORRIS, N. (Ed.). Psychosomatic Medicine in Obstetrics & Gynecology, 3rd Int. Congr., London 1971, Karger, Basel, 1972, 326-329.

CURRY, M. A.: Contact During the First Hour with the Wrapped or Naked Newborn: Effect on Maternal Attachment Behaviors at 36 Hours and 3 Months. Birth Fam. J., 1979, 6, 227-235.

DANZIGER, S.: The Medical Context of Childbearing: A Study of Social Control in Doctor Patient Interaction.Social Science & Medicine,1979.

DAVENPORT, Y. B., & ADLAND, M. L.: Post-Partum Psychoses in Female and Male Bipolar Manic-Depressive Patients. Am. J. Orthopsychiat. 52, 2, 288-297.

DAVIES-OSTERKAMP, S.: Angst und Angstbewältigung bei chirurgischen Patienten. Med. Psychol., 1977, 3, 169-184.

DAVIES-OSTERKAMP, S. & D. BECKMANN: Psychosoziale Aspekte von Schwangerschaft und Geburt. In: D. BECKMANN, S. DAVIES-OSTER-KAMP, J. W. SCHEER (Hrsg.), Medizinische Psychologie. Springer, München, 1982, 493-515.

DAVIDS, A. & S. DE VAULT: Maternal Anxiety During Pregnancy and Childbirth Abnormalities. Psychosom. Med., 1962, 24, 464-470.

DE CHATEAU, P. & B. WIBERG: Long-Term Effect on Mother-Infant Behavior of Extra Contact During the First Hour Post-Partum I. First Observations at 36 Hours. Acta Paediatr. Scand., 1977, 66, 137-143 (a).

DE CHATEAU, P. & B. WIBERG: Long-Term Effect on Mother-Infant Behavior of Extra Contact During the First Hour Post-Partum II. Follow-up at Three Month. Acta Paediatr. Scand., 1977, 66, 145-151 (b).

DE MAUSE, L.:   Hört ihr die Kinder weinen. Eine psychogenetische Geschichte der Kindheit. Suhrkamp, Frankfurt, 1977.

DICK-READ, G.:   Natural Childbirth. Heinemann, London, 1933.

DICK-READ, G.:   Mutter werden ohne Schmerzen. Hoffmann & Campe, Hamburg, 1958.

DIEDERICHS, P.:   Neuere Entwicklungen in der geburtshilflichen Psychosomatik. Mat. zur Psychoanalyse, 1980, 6, 181-197.

DOERING, S. G. & D. R. ENTWISLE: Preparation During Pregnancy and Ability to Cope with Labor and Delivery. Am. J. Orthopsychiat., 1975, 45, 5, 825-837.

DOERING, S. G.,D.R.ENTWISLE, D. QUINLAN: Modeling the Quality of Women's Birth Experience. J.Health and Social Behav.,1980,21,12-21.

EDINGTON, T. P., J. SIBANDA, R. W. BEARD: Influence on
     Clinical Practice of Routine Intra-Partum
     Fetal Monitoring, Br. Med. J., 1975,
     3, 341-343.

EGELAND, B. & B. VAUGHN: Failure of "Bond Formation" as a
     Cause of Abuse, Neglect and Maltreat-
     ment. Am. J. Orthopsychiat., 1981, 51,
     78-84.

EICHER, W.:   Psychosomatische Aspekte in der Gynä-
     kologie. In: UEXKÜLL, T. v. (Hrsg.),
     Lehrbuch der Psychosomatischen Medi-
     zin. Urban & Schwarzenberg, München,
     1979, 707-727.

ELSCHENBROICH, G.: Wir wollen es zusammen erleben. Part-
     nerberatung, 1980, 17, 3, 116-122.

EMDE, R. N. & J. ROBINSON: The First Two Month: Recent
     Research in Developmental Psychobiolo-
     gy and the Changing View of the New-
     born. In: J. NOSHPITZ & J. CALL
     (Eds.). Basic Handbook of Child Psych-
     iatry. Basic Books, New York, 1976.

ENGSTRÖM, L., G. GEIJERSTAM, N. G. HOLMBER, K.UHRUS:
     A Prospective Study of the Relationship
     between Psychosocial Factors and Course
     of Pregnancy and Delivery. J.Psycho-
     som. Res., 1964, 8, 151-156.

ENTWISLE, D. R., S. G. DOERING, T. W. REILLY: Sociopsycho-
     logical Determinants of Women's Breast-
     Feeding Behavior. A Replication and
     Extension. Am. J. Orthopsychiat., 1982,
     52, 2, 244-260.

EULNER, H.-H.:   Die Entwicklung der medizinischen
     Spezialfächer an den Universitäten des
     deutschen Sprachgebietes, Enke, Stutt-
     gart, 1970.

FEDOR-FREYBERG, P. & Z. GÖRAN: Some Methodological As-
     pects in the Psychosomatic Gynaecology.
     Acta Obstet. Gynaecol. Scand., 1977,
     56, 357-379.

FERREIRRA, A. J.: Emotional Factors in Prenatal Environ-
     ment. J. Nerv. Ment. Dis., 1965, 141,
     1, 108-118.

FESTINGER, L.: A Theory of Cognitive Dissonance.
Stanford, Univ. Press, Stanford, 1957.

FISCHER-HOMBERGER, E.: Krankheit Frau, und andere Arbeiten zur Medizingeschichte der Frau.
Huber, Bern, 1979.

FLORIN, I. & W. TUNNER (Hrsg.): Therapie der Angst: Desensibilisierung. Urban & Schwarzenberg,
München, 1975.

FORBES, R.: The Father's Role. In: MORRIS, N.
(Ed.). Psychosomatic Medicine in
Obstetrics & Gynecology, 3rd Int.Congr.
London, 1971, Karger, Basel, 1972,
281-283.

FRAIBERG, S.: Clinical Studies in Infant Mental Health:
The First Year of Life. Basic Books,
New York, 1980.

FREEMAN, I.: Pregnancy as a Precipitant of Mental
Illness in Men. Brit. J. Med. Psychol.,
1951, 24, 49-54.

FREUD, S.: Der Witz und seine Beziehung zum Unbewußten. (1905 e). S. Fischer, Frankfurt/
M., 1968, Ges. Werke, Bd. 6.

FREUD, S.: Hemmung, Symptom und Angst. Fischer,
Frankfurt, 1968. Ges. Werke, Bd. 14.

FREUD, S.: Trauer und Melancholie. Ges. Werke,
Bd. X., Fischer, 1969, 5. Auflg.,
428-446.

FREUD, S.: Über infantile Sexualtheorien. Studien-
ausgabe, Bd. V, Fischer, Frankfurt,
1972, 169-184.

FREUD, S.: Jenseits des Lustprinzips. (1920). Stu-
dienausgabe, Bd. III, Fischer, Frankfurt, 1975, 217-272.

FÜRNTRATT, E.: Angst und instrumentelle Aggression.
Beltz, Weinheim, 1974.

GARBARINO, J.: Changing Hospital Childbirth Practices:
A Developmental Perspective on Preven-
tion of Child Maltreatment. Am. J.
Orthopsychiat., 1980, 50, 4,588-597.

GERSTNER, G. & W. GRÜNBERGER: Faktoren, die das Bruststillen beeinflussen können.

Z. Geburtsh. u. Perinat., 1980, 184, 70-75.

GITSCH, E. & G. TATRA: Beeinflußt die Schwangerengymnastik die Komplikationsrate der Secundinae? Wr. Med. Wsch., 1967, 36, 800-801.

GOESCHEN, K., M. PLUTA, J. ROTHE, E. SALING: Messung der motorischen Nervenleitungsgeschwindigkeit - eine präzise Methode zur Reifebestimmung von Neugeborenen. In: DUDENHAUSEN, J. W. & E. SALING (Hrsg.). Perinatale Medizin. 10. dt. Kongr. Perinat. Medizin, Berlin, Dez. 1981, 323-324.

GORSUCH, R. L. & M. K. KEY: Abnormalities of Pregnancy as a Function of Anxiety and Life Stress. Psychosom. Med., 1974, 36, 352-362.

GREENBERG, M. & N. MORRIS: Engrossment: The Newborn's Impact upon the Father. Am. J. Orthopsychiat., 1974, 44, 520-531.

GREENBERG, M., I. ROSENBERG, J. LIND: First Mothers Rooming-in with their Newborns: Its Impact on the Mother. Am. J. Orthopsychiat., 1973, 43, 783-788.

GRÜTTNER, R.: Aktuelle Probleme der Säuglingsernährung. Kinderheilk., 1974, 122, 355-356.

GUNTHER, M.: Infant Behavior at the Breast. In: B. FOSS (Ed.). Determinantes of Infant Behavior. Methuen & Co, London, 1961.

GURWITT, A. R.: Aspects of Prospective Fatherhood. The Psychoanal. Study Child, 1976, 31, 237-271.

HAAS, H.: Kognitive Faktoren bei der Angstreduktion. Unveröff. Dipl. Arbeit. Berlin, 1975. Veröff. PERREZ, N., H. SCHENKEL & M. STAUBER: Eine experimentelle Untersuchung zur psychischen Geburtsvorbereitung. Z. Geburtsh. u. Perinat., 1978, 182, 149-155.

HADDAD, F. & N. MORRIS: The Relationship of Maternal Anxiety to Induction of Labour, zit. n. MORRIS, 1983, s. S. 112.

HALL, F., S. J. PAWLBY, S. WOLKIND: Early Life-Experiences
and Later Mothering Behaviour: a Study
of Mothers and their 20-Week Old Babies.
In: D. SHAFFER & J. DUNN (Eds.).
The First Year of Life. Wiley, New York,
1979, 153-174.

HAMMACHER, K.:   Eine neue Methode zur selektiven Regis-
trierung der fetalen Herzschlagfrequenz.
Geburtsh. Frauenheilk., 1962, 22,
1542-1543.

HANFORD, J. M.:   Pregnancy as a State of Conflict. Psychol.
Rep., 1968, 22, 1313-1342.

HANING, R. V., D. A. BARETT, S. P. ALBERINO, M. T.
LYNSKEY, R: DONABEDIAN, L. SPEROFF: Inter-Relationship
between Maternal and Cord Prolactin,
Progesterone, Estradiol 13, 14 Dihydro-
15 Keto Prostalglandin F2 α and Cord
Cortisol at Delivery with Respect to
Initiation of Parturition. Am. J. Obstet.
Gynecol. 1978, 130, 204-210.

HARTMANN, F.:   Hospitalismus - Macht das Krankenhaus
uns krank? Bild der Wissenschaft, 1977,
14, 96-111 (a).

HARTMANN, F.:   Psychischer Hospitalismus bei Erwachsenen? Ärztliche Praxis, 1977, 5, 171-
174 (b).

HAU, T. F. & S. SCHINDLER (Hrsg.): Pränatale und perinatale
Psychosomatik. Hippokrates, Stuttgart,
1982.

HELLBRÜGGE, T.:   Das sollten Eltern heute wissen. Kindler,
München, 1975, 3. Auflg.

HENNESBORN, W. J. & R. COGAN: The Effext of Husband
Participation on reported Pain and
Probability of Medication during Labor
and Birth. J. Psychosom. Res., 1975,
19, 215-222.

HERMS, V. & I. GABELMANN: Psychosomatische Aspekte vor-
zeitiger Wehen. Z. Geburtsh. u. Perinat.,
1982, 186, 50-54.

HERMS, V. & F. KUBLI: Psychosomatische Aspekte von Schwangerschaft, Geburt und Wochenbett.
Z.Geburtsh.und Perinat.,1978,182,3-15.

HETZEL, B. S., B. BRUER, L. O. S. POIDEVIN: A Survey of
    the Relation Between Certain Common
    Antenatal Complications During Preg-
    nancy. J. Psychosom. Res., 1961, 5,
    175-182.

HILGARD, E. R. & G. H. BOWER: Theorien des Lernens. Klett,
    Stuttgart, 1970.

HOFFMANN, L. W. & J. D. MANIS: Influences of Children on
    Marital Interaction and Parental Satis-
    factions and Dissatisfactions. In: R.M.
    LERNER & G. B. SPANIER (Eds.).
    Child, Influences on Marital and Family
    Interaction. New York: Academic Press,
    1978, 165-214.

HOLZ, C.:   Therapeutische Interventionen bei
                         Schwangerschafts- und Gebärängsten
                         unter besonderer Berücksichtigung des
                         Selbstinstruktionstrainings. Unveröffl.
                         Dipl. Arbeit, Univ. Regensburg, 1980.

HON, E. H., R. WOHLGEMUTH: The Electric Evaluation of the
    Fetal Heart Rate IV. Am. J. Obstet.
    Gynecol., 1961, 86, 361-371.

HOWELLS, J. G. (Ed.): Modern Perspectives in Psycho-Obste-
    trics. Brunner & Mazel. New York 1972.

HÜTER, K. A.:   Die medikamentöse und psychosomatische
                         Geburtsleitung. Vergleichende bio-
                         metrische Untersuchungen. Karger,
                         Basel, 1966.

INNERHOFER, P.:   Das Münchner Trainingsmodell. Springer,
                         Berlin, 1977.

JACKSON, J. E., M. VAUGHAN, P. BLACK & S. W. D'SOUZA:
                         Psychological Aspects of Fetal Monitoring:
                         Maternal Reaction to the Position of the
                         Monitor and Staff Behaviour. J.
                         Psychosom. Obstet. & Gynaecol., 1983,
                         2, 97-102.

JAFFE, D. S.:   The Masculine Envy of Women's Pro-
                         creative Function. J. Am. Psychoanal.
                         Assoc. 1968, 16, 521-548.

JANIS, I. L.:   Psychological stress: Psychoanalytic
                         and Behavioral Studies of Surgical
                         Patients. Wiley, New York, 1958.

222

JELLIFFE, D. B. & E. F. P. JELLIFFE: Human Milk in the Modern
World. Oxford, Oxford Univ. Press, 1978.

JONES, E.:   Psychology and Childbirth. Lancet,
1942, i, 695-696.

KAPP, F. T., S. HORNSTEIN, V. T. GRAHAM: Some Psychological Factors of Prolonged Labor Due
to Inefficient Uterine Contraction. Compre-
hensive Psychiat., 1973, 4, 9-18.

KATSCHNIG, H.:   Sozialer Stress und psychische Erkran-
kung. Lebensverändernde Ereignisse
als Ursache seelischer Störungen?
Urban & Schwarzenberg, München 1980.

KATZ, E. & P. F. LAZARSFELD: Personal Influence. Free Press
of Glencoe, New York, 1955.

KELLER, W. D., K. A. HILDEBRANDT, M. RICHARDS: Effects
of Extended Father-Infant Contact.
Pres. Society Res. Child Dev., April,
1981.

KELLY, J. V.:   Effect of Fear Upon Uterine Motility.
Am. J. Obstet. Gynecol., 1962, 83,
576-581.

KENNELL, J. H., R. JERAULD, H. WOLFE, D. CHESLER,
N. C. KREGER, W. McALPINE, M. STEFFA, M. H. KLAUS:
Maternal Behavior One Year After Early
and Extended Post Partum Contact. Dev.
Med. Child Neurol., 1974, 16, 172-179.

KERR, M. E.:   BOWEN Theory and Therapy. In:
SHOLEVAR, S. P. (Ed.). The Hand-
book of Marriage and Marital Therapy.
Spectrum Publications, New York, 1981,
143-172.

KESSEN, W., M. M. HAITH & P. H. SALAPATEK: Human Infan-
cy: A Bibliography and Guide. In:
P. H. MUSSEN (Ed.). Carmichael's
Manuel of Child Psychology. Wiley,
New York, 1970.

KESSLER, R. C.:   Stress, Social Status and Psychological
Distress. J. Health Soc. Behav., 1979,
20, 259-272.

KESTENBERG, J. S.:   Regression and Reintegration in Pregnancy. J. Am. Psychoanal. Assoc.,
1976, 24, 5, 213-250.

223

KITZINGER, S.:   Some Mother's Experiences in Induced
                        Labour. National Childbirth Trust,
                        London, 1975.

KLAUS, M. H. & J. H.   KENNELL: Auswirkungen früher Kontakte
                        zwischen Mutter und Neugeborenem auf
                        die spätere Mutter-Kind Beziehung. In:
                        G. Biermann (Hrsg.), Jahrbuch der
                        Psychohygiene. Reinhardt, München,
                        1974, 2, 100-109.

KLAUS, M. H. & J. H.   KENNELL: Maternal-Infant Bonding. C.
                        V. Mosby, St. Louis, 1976.

KLAUS, M. H. & J. H.   KENNELL: Parent-Infant Bonding. C. V.
                        Mosby, St. Louis 1982.

KLUSMAN, L.:   Reduction of Pain in Childbirth by the
                        Alleviation of Anxiety During Pregnancy.
                        J. Consult. Clin. Psychol., 1975, 13,
                        162-165.

KOCHENSTEIN, P.:   Therapeutische Interventionen bei
                        Schwangeren mit Geburtsängsten unter
                        Einbeziehung von Entspannungstraining,
                        systemischer Desensibilisierung und Bio-
                        feedbackverfahren. Unveröffentl. Dipl.
                        Arbeit, München, 1980.

KONDAS, O. & B. SCETNICKA: Systemic Desensitization as a
                        Method of Preparation for Childbirth.
                        J. Behav. Ther. & Exp. Psychiat.,
                        1972, 3, 51-54.

KROHNE, H. W.:   Angst und Angstverarbeitung. Kohl-
                        hammer, Stuttgart, 1975.

KRON, R. E.:   Saugverhalten des Neugeborenen und
                        Beruhigungsmittel in der Geburtshilfe.
                        Ped. 1966, 37, 1012-1016.

KUCERA, H. & E. KUBSTA: Das partielle Rooming-In. Modell
                        der I. Univ. Frauenklinik Wien. Ge-
                        burtsh. & Frauenheilk., 1979, 39, 905-
                        909.

KUCERA, H., E. KUBISTA & P. ALTMANN: Zur Frage der Wer-
                        tigkeit der psychoprophylaktischen Ge-
                        burtsvorbereitung (Schwangerenturnen).
                        Der prakt. Arzt, 1974, 28, 331,
                        1255-1266.

LANGER, M. & M. RINGLER, A. KRIZMANITS, E. REINOLD:
                        The Value of a Short Birth Preparation
                        Course for the Common Birth Experience
                        of a Couple. J. Psychosom. Obstet.
                        Gynecol., 1983, 2-3, 159.

LANGTHALER, I.:   Rooming-In Effekte:Untersuchungen über
                         die Auswirkungen des räumlichen Bei-
                         sammenseins von Mutter und Neugebore-
                         nem während der Wochenbettsituation:
                         auf die Mutter-Kind-Beziehung, Ent-
                         wicklung des Kindes und Stillens I im
                         Wochenbett, II 3 1/2 Monate nach der
                         Geburt. Unveröffent. Diss. Wien, 1981.

LAPLANCHE, J. & J. B. PONTALIS: Das Vokabular der Psycho-
                         analyse. Suhrkamp, Frankfurt, 1972.

LA ROSSA, R.:   Conflict and Power in Marriage:Expecting
                         the First Child. Beverly Hills: Sage,1977.

LAUKARAAN, V. H., B. J. VAN DEN BERG: The Relationship
                         of Maternal Attitude to Pregnancy Out-
                         comes and Obstetric Complications. Am.
                         J. Obstet. Gynecol., 1980, 136, 374-
                         379.

LAUX, L., P. GLANZMANN, P. SCHAFFNER, C. D. SPIELBERGER:
                         Das State - Trait - Angstinventar. Beltz,
                         Weinheim, 1981.

LEDERMAN, R. P. & E. LEDERMAN, B. A. WORK & D. S. MC
                         CANN: The Relationship of Maternal
                         Anxiety, Plasma Catecholamines and
                         Plasma Cortisol to Progress in Labor.
                         Am. J. Obstet. Gynecol., 1978, 132,
                         495-499.

LEE, W. K. & M. D. BAGGISH: The Effect of Unselected Intra-
                         partum Fetal Monitoring. Obstet. Gynae-
                         col., 1976, 47, 516-520.

LEHR, U.:   Eltern-Kind-Beziehung in der ersten
                         Lebenszeit. Z. Geburtsh. u. Perinat.,
                         1978, 182, 317-330.

LERNER, H. E.:   Effects of the Nursing Mother-Infant
                         Dyad on the Family. Am. J. Ortho-
                         psychiat., 1979, 49, 2, 339-348.

LEWIS, E.:   Inhibition of Mourning of Pregnancy:
                         Psychopathology and Management. Br.
                         Med. J., 1979, 2, 27-28.

LEWIS, E.:   Kommentar in KLAUS & KENNELL, 1982.

LIGHT, H. K., C. FENSTER: Maternal Concerns During Preg-
                         nancy. Am. J. Obstet. Gynecol., 1974,
                         118, 46-50.

LIND, J.:   Die Geburt der Familie in der Frauen-
                          klinik. In: G. BIERMANN (Hrsg.).
                          Jahrbuch der Psychohygiene, Reinhardt,
                          München, 1974. 2, 77-83.

LIPSITT, L. P.:   Developmental Psychobiology Comes of
                          Age: A Discussion. In: L.P. LIPPSITT
                          (Ed.). Developmental Psychobiology:
                          The Significance of Infancy. Lawrence
                          Erlbaum, Hillsdale, N. Y., 1976.

LIPSITT, L. P.:   Learning Assessments and Interventions
                          for the Infant at Risk. In: T. M.FIELD
                          (Ed). Infants at Risk: Behavior and
                          Development. Spectrum Publ., New
                          York, 1979.

LIPSITT, L. P.:   The Importance of Collaboration and
                          Developmental Follow-Up in the Study
                          of Perinatal Risk. In: SMERIGLIO, V.
                          L. (Ed.). Newborns and Parents.
                          Lawrence Erlbaum, Hillsdale, N. Y.,
                          1981, 135-149.

LIPSON, J. G. & V. P.   TILDEN: Psychological Integration of
                          the Cesarean Birth Experience. Am. J.
                          Orthopsychiat., 1980, 50, 4, 598-609.

LORD, F.:   Elementary Models for Measuring Change.
                          In: C. W. Harris (Ed.). Problems in
                          Measuring Change. Univ. Wisconsin
                          Press, Madison, 1963, 21-38.

LÖSCHENKOHL, E. & U. NEUMANN: Untersuchungen zur intra-
                          partalen Geburtsbetreuung als Alterna-
                          tive und Ergänzung zur Geburtsvorbe-
                          reitung. Geburtsh. und Frauenheilk.,
                          1981, 41, 853-863.

LÖSCHENKOHL, E. & U. NEUMANN: Psychologische Geburtenbe-
                          treuung in fremden Umwelten. In: H.
                          JANIG, E. LÖSCHENKOHL, J. SCHOF-
                          NEGGER, G. SÜSSENBACHER (Hrsg.),
                          Umweltpsychologie. Literas, Wien, 1982,
                          95-104.

LOZOFF, B., G. M. BRITTENHAM, M. A. TRAUSE, J. H.
KENNELL, M. H. KLAUS: The Mother-Newborn Relationship:
                          Limits of Adaptability. Obstet. Gynecol.
                          Survey, 1978, 33, 86-89.

LUDERER, H.-J. & C. BISCHOFF: Schmerzerwartung und
Schmerzwahrnehmung in experimentellen
und klinischen Situationen. Med.Psychol.,
1978, 4, 164-178.

LUKAS, K. H.:   Die psychologische Geburtserleichterung.
                        Schattauer, Stuttgart, 1959.

LUKAS, K. H.:   Die psychologische Geburtserleichterung,
                        Schattauer, Stuttgart, 1976, 3. Auflg.

LUKESCH, H.:   Das Schwangerschaftserleben werdender
                        Väter. Psychologie und Praxis, 1977,
                        21, 123-131.

LUKESCH, H.:   Der Einfluß sozialer Beziehungen auf
                        das Schwangerschaftserleben. Pers.
                        Manuskript, 1979.

LUKESCH, H.:   Schwangerschafts- und Geburtsängste.
                        Enke, Stuttgart, 1981.

LUKESCH, H. & M. LUKESCH: S-S-G. Ein Fragebogen zur Mes-
                        sung von Einstellungen zur Schwanger-
                        schaft, Sexualität und Geburt. Hogrefe,
                        Göttingen, 1976.

MAC FARLANE, A.:   Olfaction in the Development of Social
                        Preferences in the Human Neonate.
                        In: Ciba Foundation Symposium 33.
                        Parent-Infant Interaction, Elsevier.
                        Amsterdam, 1975, 103 - 117.

MAC FARLANE, A. D. M. SMITH & D. H. GARROW: The
                        Relationship Between Mother and
                        Neonate. In: S. KITZINGER & J. A.
                        DAVIS (Eds.). The Place of Birth.
                        Oxford Univ. Press, New York, 1978.

MALINOWSKI, B.:   Das Geschlechtserleben der Wilden.
                        Leipzig, 1929.

MALINOWKSI, B.:   Geschlecht und Verdrängung in primi-
                        tiven Gesellschaften. Rowohlt, Hamburg,
                        1962.

MALTAU, J. M., O. V. EIELSEN; K. T. STORKE: Effect of
                        Stress During Labor on the Concentration
                        of Cortisol and Estriol in Maternal Plasma.
                        Am. J. Obstet. Gynecol., 1979, 134,
                        681-684.

MARKS, I. M.:   Fears and Phobias. Heinemann, London,
                        1969.

MASON, E. A.: A Method of Predicting Crisis Outcome
for Mothers of Premature Babies. Public
Health Rep., 1963, 78, 1013-1035.

MAYER, A.: Zur Psychologie des Wehenschmerzes.
Med. 1956, 1127. (zit. n. ROEMER,1967).

MC DONALD, R. L.: The Role of Emotional Factors in Obstetric
Complications: A Review. Psychosom.
Med., 1968, 30, 222-237.

MC DONALD, R. L. & H. C. CHRISTAKOS: Relationship of
Emotional Adjustment During Pregnancy
to Obstetric Complications. Am. J.
Obstet. Gynecol., 1963, 86, 341-348.

MC DONALD, R. L. & K. L. PARHAM: Relation of Emotional
Changes During Pregnancy to Obstetric
Complications in Unmarried Primigravidae.
Am. J. Obstet. Gynecol., 1964, 90,
195-201.

MEDERT-DORNSCHEIDT, G.: Zur psychophysiologischen Schmerzforschung. Med. Psychol., 1978,4,1-31.

MERZ, M.: Unerwünschte Schwangerschaft und
Schwangerschaftsabbruch in der Adoles-
zenz. Eine psychoanalytische Untersuchung. Huber, Bern, 1979.

MEYEROWITZ, J. H.: Satisfaction During Pregnancy. J.
Marriage and the Family, 1970.32,38-42.

MEYEROWITZ; J.& H. FELDMAN: "Transition to Parenthood".
Psychiatric Research Reports, 1966,20,
78-84.

MINSEL, W.-R.: Praxis der Gesprächspsychotherapie.
Grundlagen - Forschung - Auswertung.
Böhlau, Wien, 1979, 4. Auflg.

MISCHEL, W.: Personality and Assessment. Wiley, New
York, 1968.

MOELLER-GAMBAROFF, M.: Im Strudel der Regression. Kursbuch
61, Berlin, 1980.

MOELLER-GAMBYROFF, M.: Der Einfluß der frühen Mutter-Tochter-
Beziehung auf die Entwicklung der weib-
lichen Sexualität. Materialien zur Psychoanalyse, 1983, 9, 1, 47-69.

MORATH, M.:   The Four-Hour Feeding Rhythm of the
                          Baby as a Free Running Endogenously
                          Regulated Rhythm. Int. J.Chronobiology,
                          1974, 21, 39-45.

MORISHIMA, H. O., H. PEDERSON, M. FENSTER: Effects of
                          Pain on Mother Labor and Fetus. In:
                          Marx, Basel: Obstetric Analgesia and
                          Anaesthesia. Elsevier, North Holland Bio-
                          medical Press, 1981.

MORISHIMA, H.O., M. N. YEH, L. S. JAMES: Reduced Uterine
                          Blood Flow and Fetal Hypoxemia With Acute
                          Maternal Stress: Experimental Observation
                          in the Pregnant Baboon. Am. J. Obstet.
                          Gynecol., 1979, 134, 270-275.

MORRIS, N.:   Labour. In: L. DENNERSTEIN & G. D.
                          BURROWS: Handbook of Psychosomatic
                          Obstetrics and Gynaecology. Elsevier
                          Biomedical, Amsterdam, 1983, 281-308.

MÜLLER, H.-G.:   Wie stillfreundlich sind unsere Geburts-
                          kliniken? Ergebnisse einer Umfrage an
                          641 Kliniken der Bundesrepublik Deutsch-
                          land. Z. Geburtsh. u. Perinat., 1980,184,
                          76-82.

MÜLLER, P.:   Wochenbett-Organisation des Wochenbettes
                          aus psychosomatischer Sicht. In: RICHTER,
                          D. & M. STAUBER: Psychosomatische Pro-
                          bleme in Geburtshilfe und Gynäkologie.
                          Kehrer, Freiburg, 1982, 244-256.

MÜLLER, P.:   Schwierigkeiten und Möglichkeiten bei der
                          Integration psychosomatisch-geburtshilf-
                          lichen Wissens im Kreißsaal und auf den
                          Wochenbettstationen. Z. Geburtsh. u.
                          Perinat., 1982, 186, 208-211.

MÜLLER, P.:   Der Einfluß von Interaktionsproblemen auf
                          den Geburtsverlauf. persönl. Manuskript,
                          1983.

MUREELL, S. A. & J. G. STACHOWIAK: The Family Group:
                          Development, Structure and Therapy. J.
                          Marriage & the Family, 1965, 27, 13-18.

MYERS, R. E.:   Maternal Anxiety and Fetal Death. In:
                          L. ZICHELLA & P: PANCHERI (Eds.).
                          Psychoneuroendocrinology in Reproduction.
                          Elsevier Biomedical,North Holland,Amster-
                          dam, 1979, 555-573.

NACHTIGAL, G., H.-D. BRACKENBUSCH, J. HEDDERICH, S.
BAHSOUN, B. SCHLEGELBERGER: Spontangeburt-Schnittentbin-
dung. Die Bewertung des Geburtserleb-
nisses durch die Patientin. In: DUDEN-
HAUSEN, J.W. & E. SALING. Perinatale
Medizin, 10. Dt. Kongreß f. Perinatale
Medizin, Thieme, Stuttgart, 1982,272-273.

NAGEL, M.:   Einflußfaktoren auf Stillwunsch und Still-
                      verhalten. Phil. Diss., Wien, 1980.

NAGL, F.:   Prae-, sub- und postpartale Mortalität
                      an einem Bezirkskrankenhaus. In:AUERS-
                      WALD, W., K. BAUMGARTEN, O. THAL-
                      HAMMER (Hrsg.), Geburtshilfe in Öster-
                      reich 1970-1980, Maudrich, Wien, 1982,
                      162-171.

NELSON, M. K.:   The Effect of Childbirth Preparation on
                      Women of Different Social Classes. J.
                      Health and Social Behavior, 1982, 23,
                      339-352.

NEUMARK, J.:   Was ist moderne Geburtshilfe? In: W.
                      AUERSWALD, O. THALHAMMER, K.
                      BAUMGARTEN (Hrsg.). Geburtshilfe in
                      Österreich 1970-1980. Maudrich,Wien,
                      1982, 1-8.

NEUMARK, J.:   Grenzen der Psychoanalgesie, Akupunktur
                      und TNS in der Geburtshilfe. In: J. B.
                      BRÜCKNER: Der Anaestehesist in der
                      Geburtshilfe. Springer, Heidelberg, 1982,
                      79-83.

NEUMARK, J., G. PANSER, W. SCHERZER: Der Wehenschmerz
                      während der Geburt. Zur Analyse der
                      analgetischen Wirkung transkutaner Nerv-
                      stimulation (TNS) im Vergleich mit
                      Pethidin und Plazebos. Prakt. Anaesth.
                      1978, 13, 13.

NEWTON, N.:   Psychologic Differences Between Breast
                      and Bottle-Feeding. Am. J. Clin.Nutrit.,
                      1971, 24, 993-1004.

NEWTON, N.:   Interrelationships Between Sexual Respon-
                      siveness, Birth, and Breastfeeding. In:
                      J. ZUBIN & J. MONEY (Eds.).Contempo-
                      rary Sexual Behavior: Critical Issues in
                      the 1970's. John Hopkins Univ. Press,
                      Baltimore, 1974, 77-98.

NEWTON, N. & M. NEWTON: Childbirth in Crosscultural Perspective. In: HOWELLS, J. G. (Ed.).
Modern Perspectives in Psycho-Obstetrics,
Brunner & Mazel, New York, 1972,15o-172.
(a).

NEWTON, N. & M. NEWTON: Lactation - Its Psychologic Compo-
nents. In: J. G. HOWELLS: Modern Pers-
pectives in Psycho-Obstetrics. Brunner &
Mazel, New York, 1972, 385-409, (b).

NIKOLAJEV, A. P.: The Present Position and the Prospects
with Regard to Painless Childbirth in the
USSR. Vestir. Akad. med. Nank 2, 64.

NORBECK, J. S. & V. TILDEN: Life Stress, Social Support and
Emotional Disequilibrium in Complications
of Pregnancy: A Prospective, Multivariate
Study. J. Health & Social Behav., 1983,
24, 30-46.

NORDMEYER, J., G. STEINMANN, F.-W. DENEKE, J.-P. NORD-
MEYER, M. v. KEREKJARTO: Verbale und nonverbale Kommunikation zwischen Problempatienten und
Ärzten während der Visite. Med. Psychol.,
1982, 8, 20-39.

NORR, K. L., BLOCK, C. R., A. CHARLES, S. MEYERING,
E. MEYERS: Explaining Pain and Enjoyment in Childbirth. J. Health and Social Behavior,1977,
18, 260-275.

O'CONNOR, S., P. M. VIETZE, K. B. SHERROD, H. M.SANDLER,
W. A. ALTEMEIER: Reduced Incidence of Parenting Inadequacy
Following Rooming-In. Pediatrics, 1980,
66, 176-182.

OFFERMAN-ZUCKERBERG, J.: Psychological and Physical Warning
Signals Regarding Pregnancy: Adaptation
and Early Psychotherapeutic Intervention.
In: B. L. BLUM (Ed.). Psychological
Aspects of Pregnancy, Birthing and Bonding. Human Science Press, New York,
1980, 151-173.

OSOFSKY, J. D. & H. J. OSOFSKY: Adaptation to Pregnancy
and New Parenthood. In: L.DENNERSTEIN
& G. D. BURROWS (Eds.). Handbook of
Psychosomatic Obstetrics and Gynaecology.
Elsevier Biomedical,Amsterdam,1983,
249-268.

PAJNTAR, M.:   Obstetrical Complications - Personality
                       and Emotional Tension During the Preg-
                       nancy. In: MORRIS, N. (Ed.). Psycho-
                       somatic Medicine in Obstetrics and Gyne-
                       cology, 3rd Congr. Psychosom. Gynecol.
                       & Obstet., London, 1971, Karger, Basel,
                       1972, 461-464.

PANCHERI, P., M. ERMINI, V. FIORE, A. LUCCHETTI, L.
MARCHIONE, S. MOSTICONI, G. PERRONE, P.PIETROBATTISTA,
A. SANTORO, L. ZICHELLA: Psychoneuroendocrine Correlations
                       in Labor. In: ZICHELLA, L. & P.
                       PANCHERI. Psychoneuroendocrinology in
                       Reproduction. Elsevier, North Holland
                       Biomedical Press, 1979, 575-588.

PAPOUSEK, H.:   Verhaltensweisen der Mutter und des Neu-
                       geborenen unmittelbar nach der Geburt.
                       Arch. Gynec., 1979, 228, 26-32.

PAUL, S.:   Schwangerschaft,Geburt und Stillzeit in
                       ethnologischer Sicht. In: S. SCHINDLER
                       (Hrsg.). Geburt: Eintritt in eine neue
                       Welt, Hogrefe, Göttingen, 1982, 27-38.

PAVELKA, R., M. RINGLER, G. LOZICZKY: Die Angst der
                       Schwangeren: Verhaltenstherapeutische
                       Ansätze zu ihrer Bewältigung. Wr.Klin.
                       Wsch. 1980, 92, 10, 346-351.

PAWSON, M. & M. MORRIS: The Role of the Father in Preg-
                       nancy and Labour. In: MORRIS, N.(Ed.).
                       Psychosomatic Medicine in Obstetrics &
                       Gynecology, 3rd Int. Congr., London,
                       1971, Karger, Basel, 1972, 273-276.

PEARLIN, L. I. & C. SCHOOLER: The Structure of Coping. J.
                       Health and Soc. Behav., 1978, 19,2-21.

PERKINS, R. P.:   Sexual Behavior and Response in Relation
                       to Complications of Pregnancy. Am. J.
                       Obstet. Gynecol., 1979, 134, 498-505.

PERREZ, M., E. ACHERMANN & K. DIETRICH: Die Bedeutung
                       der sozialen Kontingenzen für die Ent-
                       wicklung des Kindes im 1. Lebensjahr. Ver-
                       haltensmodifikation, 1983, 4, 114-129.

PERREZ, M., H. SCHENKEL, M. STAUBER: Eine experimentelle
                       Untersuchung zur psychologischen Ge-
                       burtsvorbereitung. Z. Geburtsh. u. Peri-
                       nat., 1978, 182, 149-155.

232

PETERS, F. D., V. M. ROEMER, W. NEU-BRÄNDLE: Der
zeitliche Geburtsverlauf aus mütterlicher
Sicht. München, Archiv 228 (1979), S.
46, Nr. 295.

PETERSON, G. H., L. E. MEHL, P. H. LEIDERMAN: The Role
of Some Birth-Related Variables in Father
Attachment. Am. J. Orthopsychiat., 1979,
49, 2, 330-338.

PIAGET, J. & B. INHELDER: Die Psychologie des Kindes. Walter,
Olten, 1972.

PILOWSKY, I.:   Psychological Complications of Childbirth:
                         A Prospective Study of Primipara and
                         Their Husbands. In: MORRIS, N. (Ed.).
                         Psychosomatic Medicine in Obstetrics and
                         Gynecology, 3rd Int. Congr., London,
                         1971, Karger, Basel, 1972, 161-165.

PRILL, H. J.:   Das autogene Training zur Geburtsschmerz-
                         erleichterung. In: 1er Congrès Int. de
                         mèd. psychosom. et de maternité, Paris,
                         1962, 261-262.

PRILL, J.:   Verdrängung psychosomatischer Aspekte
                         durch Technizismen der Geburtsmedizin.
                         In: SCHMIDT, E., J. W. DUDENHAUSEN,
                         E. SALING, Perinatale Medizin, 8. Dt.
                         Kongreß f. perinatale Medizin, Berlin,
                         Bd. VII, Thieme, Stuttgart, 1978, 274-
                         275.

PRILL, H.-J., M. L. DÜRR, M. SIMON: Partus praecipitatus
                         aus gynäkologischer Sicht. Geburtsh.
                         Frauenheilk., 1971, 31, 425-43o.

PRUGH, D.:   Emotional Problems of the Premature
                         Infant's Parents. Nurs. Outlook, 1953,
                         1, 461-464.

RANK, O.:   Das Trauma der Geburt und seine Bedeu-
                         tung für die Psychoanalyse. Int. Psycho-
                         anal. Verlag, Wien, 1924.

RAPHAEL-LEFF, J.:   Psychotherapy With Pregnant Women. In:
                         BLUM, B. L. (Ed.). Psychological As-
                         pects of Pregnancy, Birthing and Bonding.
                         Human Science Press, New York, 1980,
                         174-205.

RAUH, H.:   Frühe Kindheit. In: OERTER, R. & L. MONTADA (Hrsg.). Entwicklungspsychologie. Urban & Schwarzenberg. München, 1982, 124-194.

REESE, H. W. & L. P. LIPSITT: Experimental Child Psychology. Academic Press, New York, 1970.

REIFENSTUHL, G. & A. STAUDACH: Prae-, sub- und postpartale Mortalität an einem Zentralkrankenhaus. In: AUERSWALD, W., K. BAUMGARTEN, O. THALHAMMER (Hrsg.), Geburtshilfe in Österreich 1970-1980, Maudrich, Wien, 1982, 172-191.

REIK, I.:   Ritual. Hogarth Press, London, 1931.

REINOLD, E. & R. PAVELKA: Ante-, sub- und postpartale Mortalität an einer Universitätsklinik. In: AUERSWALD, W., K. BAUMGARTEN, O. THALHAMMER (Hrsg.), Geburtshilfe in Österreich, 1970-1980, Maudrich, Wien, 1982, 192-200.

REINOLD, E., R. PAVELKA, R. SCHMID, W. GRÜNBERGER, über den Wandel der geburtshilflichen Aspekte im letzten Dezenium. Wr. Klin. Wsch., 1980, 92 (16), 564-569.

REITER, L.:   Gestörte Paarbeziehungen. Vandenhoeck & Ruprecht/Göttingen, 1983.

REVILL, S.:   Pain Relief in Labour: What the Patient Requires. In: J. S. CRAWFORD u. a. (Eds.). Obstetric Clinical Care, Elsevier, North Holland, New York, 1980, 1-16.

RIGG, L. A. & S. S. C. YEN: Multiphasic Prolactin Secretion During Parturition in Human Subjects. Am. J. Obstet. Gynecol., 1977, 128, 215-218.

RINDFUSS, R. R. & L. L. BUMPASS: Fertility During Marital Disruption. J. Marriage and the Family, 1977, 517-528.

RINGLER, M.:   Verhaltenstherapie. In: H. STROTZKA (Hrsg.): Psychotherapie: Grundlagen, Verfahren, Indikationen. Urban & Schwarzenberg, München, 1978, 2. Auflg., 247-277.

RINGLER, M.:   Die Teilnahme am Schwangerenturnen der
                I. UFK. Unveröff. Manuskript, Wien,1979.

RINGLER, M.:   Psychohygienische Aspekte eines verhal-
                tenstherapeutischen Geburtsvorbereitungs-
                programmes. Wr. Med. Wsch., 1981, 131,
                (8), 199-203, (a).

RINGLER, M.:   Aufgaben des Psychologen in der Geburts-
                hilfe. Psychologie in Österreich, 1981, 1,
                3, 6-8, (b).

RINGLER, M.:   Neuere Entwicklungen in der psychologi-
                schen Betreuung von Schwangeren an der
                I. UFK. Vortrag an der I. UFK, Wien,
                Mai 1982, (a).

RINGLER, M.:   Psychosoziale Aspekte der Schwanger-
                schaftsberatung. In_ HAU, T. F. & S.
                SCHINDLER (Hrsg.). Pränatale und
                perinatale Psychosomatik. Hippokrates,
                Stuttgart, 1982, 179-186, (b).

RINGLER, M.:   Geburtsvorbereitung als integratives Be-
                treuungsmodell. Vortrag, 2. Kongreß f.
                klin. Psychologie und Psychotherapie.In :
                FIEDLER, P. A., A. FRANKE, J. HOWE,
                H. KURY, H. J. MÖLLER. Herausforde-
                rung und Grenzen der Klinischen Psycho-
                logie, DGVT & GWG, Tübingen, 1982,
                273-276, (c).

RINGLER, M.:   The Pregnancy and Childbirth Experience:
                Problems and Impact. In: JANISCH, H.
                & E. REINOLD. (Eds.). Dilemmas in Ges-
                tosis, 14th Int. Meeting Organisation
                Gestosis. Thieme, Stuttgart, 1983, 432-
                433, (a).

RINGLER, M.:   Verdeckte Aggression oder eine Geschich-
                te vom "braven" Patienten und vom "pro-
                vozierten" Therapeuten. Z. personenzentr.
                Psychol. Psychother., 1983, 215-221,(b).

RINGLER, M.:   The Fear of Childbirth in Expectant
                Fathers. J. Psychosom. Obstet. Gynecol.,
                1983, 2-3, 166, (c).

RINGLER, M.:   Zur Frage der psychologischen Betreuung
                von Schwangeren: Schwangerschaftsängste
                und Geburtsvorbereitung. 1984, im Druck.

RINGLER, M., J. C. HUBER & E. REINOLD: Das Kardiotokogramm
  im Erleben der Frau: Hilfe für ein schö-
  neres Geburtserlebnis oder technologi-
  sches Schreckensgespenst? Z. Geburtsh.
  u. Perinat., 1981, 185, 236-239.

RINGLER, M., J. C. HUBER, G. SMEKAL, E. REINOLD: Das
  CTG im Erleben der Frau: Psychosomatische Aspekte in der Schwangerenbetreuung. In: DUDENHAUSEN, J. W. & E.
  SALING (Hrsg.). 10. dt. Kongreß
  für Perinat. Medizin, Bd.IX, Berlin, Thieme,
  Stuttgart, 1982,183-184.

RINGLER, M. & A. KRIZMANITS: Zur Psychosomatik der Emesis
  Gravidarum: Wahrnehmungs- und Einstellungsmuster von Frauen in der Frühschwangerschaft. Z. Geburtsh. u.Perinat.,
  1983, 187, 246-249.

RINGLER, M. & A. KRIZMANITS: Zur Psychosomatik der Emesis
  Gravidarum: Die somatische und psychosoziale Situation von Frauen in der Frühschwangerschaft. Z. Geburtsh. u.Perinat.,
  1984, 188.

RINGLER, M. & M. LANGER: Confinement of a Woman with a
  History of Vaginismus. J. Psychosom.
  Obstet. Gynecol., 1983, 2, 2, 109-111.

RINGLER, M., M. LANGER, A. KRIZMANITS, E. REINOLD:
  Paare bei der Geburt: Zum Stellenwert
  einer Kurzvorbereitung auf das gemeinsame Geburtserlebnis. Z. Geburtsh. u.
  Perinat., 1984, 188, 41-44.

RINGLER, M. & R. PAVELKA: Geburtsangst: Konkretisierung
  und Beschreibung des Begriffs anhand
  empirischer Daten. Z. Geburtsh. u.Peri-
  nat., 1982, 186, 55-57.

RINGLER, M., R. PAVELKA, G. LOZICZKY: Evaluation eines
  Geburtsvorbereitungsprogrammes durch
  Angstbewältigungs- und Wehenkontroll-
  training. Verhaltensmodifikation, 1981,
  2, 1, 12-25, (a).

RINGLER , M., R. PAVELKA, G. LOZICZKY: Ein Geburtsvorbe-
  reitungsprogramm unter Einbeziehung
  lerntheoretische und verhaltenstherapeutischer Überlegungen. Partnerberatung
  1981, 18, 2, 68-77 (b).

RINGLER, M., & M. SPRINGER-KREMSER: Angst vor Partner-
schaft, Schwangerschaft und Elternschaft.
Der praktische Arzt, 1982, 36, 24-34.

RINGLER, N. M., J.H. KENNELL, R. JARVELLA, B. J.NAVO-
JOSKY, M. H. KLAUS: Mother and Child Speech at 2 Years:
Effects of Early Postnatal Contact. J.
Pediatr., 1975, 86, 141-144.

RINGLER, N. M., M. A. TRAUSE, M. H. KLAUS: Mother's
Speech to Her Two-Year Old, Its Effect
on Speech and Language Comprehension
at 5 Years. Pediatr. Res., 1976, 10, 307.

ROBINSON, J. O., M. ROSEN, J. M. EVANS, S. I. REVILL,
H. DAVID, G. A. D. REES: Maternal Opinion about Analgesia
for Labor. Anaesthesia, 1980, 35,
1173-1181.

ROBSON, K. S., R. KUMAR: Delayed Onset of Maternal Affec-
tion after Childbirth. Brit. J. Psychiat.,
1980, 136, 347-353.

RÖDHOLM, M. & K. LARSSON: Effects of Father-Infant Post-
partum Contact on their Interaction 3
Month After Birth. Early Human Dev.,
1981, 5, 79-85.

ROEMER, H.:   Psychologische Methoden der Geburtser-
leichterung. In: KÄSER, O., V. FRIED-
BERG, K. G. OBER, K. THOMSEN, J.
ZANDER (Hrsg.). Schwangerschaft und
Geburt. Thieme, Stuttgart, 1967,631-661.

ROEMER, H.:   Schmerzanalyse und Schmerzbeeinflussung
in der Geburtshilfe. Psychother. Psycho-
som. 14, 1966, 412-424.

ROEMER, V. M., H. BUESS & K. HARMS: Zur Dauer der Aus-
treibungs- und Preßperiode. Geburtsh.
u. Frauenhielk., 1977, 37, 485-492.

ROEMER, V. M. & PETERS, F. D.: Subjektives Geburtserlebnis
und objektiver Geburtsverlauf, Abstract,
München 1979, Archiv 228, 42, Nr. 286.

ROLLINGS, B. C. & R. GALLIGAN: The Developing Child and
Marital Satisfaction of Parents. In: R. M.
LERNER & G. B. SPANIER: Child Influences on Marital and Family Interaction. Academic Press, New York, 1978,
71-105.

ROSENGREN, W. R.: Some Social Psychological Aspects of De-
                  livery Room Difficulties. J. Nerv. Ment.
                  Dis., 1961, 132, 515-521.

ROSENGREN, W. R.: Social Instability and Attitudes Toward
                  Pregnancy as a Social Role. Soc. Problems,
                  1962, 371-378.

ROSSI, A.:   Transition to Parenthood. J. Marriage
                  and the Family, 1968, 30, 26-39.

ROTTMANN, G.:   Die vorgeburtliche Mutter-Kind Beziehung.
                  Diss., Salzburg, 1974.

RUBIN, A. P.:   Epidural Childbirth - Natural of Unnatural?
                  In: HIRSCH, H. (Ed.). The Family, 4th
                  Int. Congr. Psychosom. Obstetr. Gynecol.,
                  Tel Aviv, 1974, Karger, Basel, 1975,
                  468-471.

RUSSEL, C. S.:   Transition to Parenthood: Problems and
                  Gratifications. J. Marriage and the Family,
                  1974, 36, 294-301.

RÜTTGERS, H.:   Kritische Bilanz der ante- und intrapar-
                  talen Kardiotokographie, Gynäkologe 1974,
                  7, 13-25.

SALING, E.:   Eröffnungsrede des Kongreßleiters. In:
                  DUDENHAUSEN, J. W. & E. SALING,
                  Perinatale Medizin, 10. Dt. Kongr. f.
                  Perinat. Medizin, Berlin, Bd. IX, Thieme,
                  Stuttgart, 1982, 1-7.

SANDER, L. W., G. STECHLER, P. BURNS, H. JULIA: Early
                  Mother-Infant-Interaction and 24-Hour
                  Patterns of Activity and Sleep. J. Am.
                  Acad. Child Psychiat., 1970, 9, 103-123 (a).

SANDER, L. W., G. STECHLER, P. BURNS, H. JULIA: Contin-
                  uous 24-Hour Interactional Monitoring in
                  Infants Reared in Two Care-Taking En-
                  vironments. Psychosom. Med., 1970,34,
                  3, 270-282 (b).

SANGOUL, F., G. S. FOX, G. L. HOULE: Effect of Regional
                  Analgesia on Maternal Oxygen Consump-
                  tion During the First Stage of Labor.
                  Am. J. Obstet.Gynecol.,1975,121,
                  1080-1083.

SASMOR, J. L.:   The Role of the Father in Labor and De-
                  livery. In: MORRIS, N. (Ed.).

Psychosomatic Medicine in Obstetrics &
Gynecology, 3rd Int. Congress, London,
1971, Karger, Basel, 1972, 277-280.

SCHETELIG, H.:   Über die Bedeutung des Stillens für Mut-
                      ter und Kind. In: S. SCHINDLER. Ge-
                      burt: Eintritt in eine neue Welt. Hogrefe,
                      Göttingen, 1982, 161-168.

SCHINDLER, S. (Hrsg.): Geburt: Eintritt in eine neue Welt.
                      Hogrefe, Göttingen, 1982.

SEASHORE, M. J.:   Mother-Infant Separation: Outcome Assess-
                      ment. In: V. L. SMERIGLIO (Ed.). New-
                      borns and Parents: Parent-Infant Contact
                      and Newborn Sensory Stimulation. Law-
                      rence Erlbaum Ass. Hillsdale, New Jersey,
                      1981, 75-87.

SEIDEN, A. M.:   The Sense of Mastery in th Childbirth
                      Experience. In: NOTMAN, M. T. & C.C.
                      NADELSON (Eds.). The Woman Patient.
                      Plenum Press, Vol. 1, New York, 1978,
                      87-105.

SEITAMO, L. K. & O. WASZ-HÖCKERT: Evaluation of Early
                      Mother-Child Relationship. A Study of
                      Primiparous and Secundiparous Mothers.
                      In: DENNERSTEIN, L. & M. de SENAŔ-
                      CLENS. (Eds.). The Young Woman:
                      Psychosomatc Aspects of Obstetrics and
                      Gynecology. Excerpta Medica, Amsterdam,
                      1983, 300-305.

SEITELBERGER, F.:   Neurobiologische Aspekte einiger psychi-
                      scher Phänomene und menschlicher Hirn-
                      leistungen. Vortrag am Inst. f. Tiefen-
                      psychologie und Psychotherapie, Wien,
                      Dez. 1983.

SELIGMAN, M. E. P.:   Helplessness. Freeman, San Francisco,
                      1975.

SIEGEL, E., K. E. BAUMAN, E. S. SCHAEFER, M.M.SAUNDERS,
D. D. INGRAM: Hospital and Home Support During In-
                      fancy: Impact on Maternal Attachment,
                      Child Abuse and Neglect and Health
                      Care Utilization. Pediatrics, 1980,66,
                      183-190.

SOLNIT, A. J.&M.H.STARK: Mourning and the Birth of a Defec-
                      tive Child.Psychoanal.Study Child, 1961,
                      16, 523-537.

SONTAG, L. W.:   The Significance of Fetal Environmental
                         Differences. Am. J. Obstet. Gynecol.,
                         1941, 42, 996-1003.

SOULE, A. B.:   The Pregnant Couple. APA-Congress,
                         New Orleans, 1974.

SPEIDEL, H.:   DerProblempatient. In: M. PINDING:
                         Krankenpflege in unserer Gesellschaft.
                         Stuttgart, 1972, 146-157.

SPIELBERGER, C. D.: Anxiety and Behavior. Academic Press,
                         New York, 1966.

SPIELBERGER,C. D., R. L. GORSUCH & R. E. LUSHENE:
                         Manual for the State-Trait Anxiety In-
                         ventory. Consulting Psychologists Press,
                         Palo Alto, Calif., 1970.

SPIELBERGER, C. D. & G. A. JACOBS: Maternal Emotions,
                         Life Stress and Obstetric Complications.
                         In: ZICHELLA L. & P. PANCHERI (Eds.).
                         Psychoneuroendocrinology in Repro-
                         duction. Elsevier, North Holland, Bio-
                         medical Press, Amsterdam, 1979, 535-544.

SPITZ, R. A.:   Unhappy and Fatal Outcomes of Emotional
                         Deprivation and Stress in Infancy. In:
                         I. GALDSTON (Ed.). Beyond the germ
                         theory. Health Education Council, New
                         York, 1954.

SPRINGER-KREMSER, M.: Weshalb und wozu Sexualberatung.
                         In: Sexualpädagogik und Familienplanung,
                         1982, 10, 5.

SPRINGER-KREMSER, M. & M. RINGLER: Das ärztliche Gespräch
                         in der Beratungssituation. In: Familien-
                         planung 1981: Der aktuelle Stand der
                         Kontrazeption. Facultas, Wien, 1982,
                         29-36.

SRABSTEIN, J., R. BEJAR, M. B. ELLISON, A. B. WEINGOLD,
S. MARINOFF, C. A. STEFANCIK: Maternal Anxiety and Peri-
                         natal Outcome. V. Congr. Psychosom.
                         Obstet. & Gynecol., Rome, 1977, Ab-
                         stracts, S. 299.

STALLWORTHY, J.:   Management of the Hospital Confinement.
                         In: HOWELLS, J. G. (Ed.). Modern
                         Perspectives in Psycho-Obstetrics.Brun-
                         ner & Mazel, New York, 1972, 351-363.

STANDLEY, K., B. SOULE, S. A. COPANS: Dimensions of Pre-
natal Anxiety and their Influences on
Pregnancy Outcome. Am. J. Obstet.
Gynecol., 1979, 135, 22–26.

STARK, E.-M.: Geboren werden und gebären. Eine Streit-
schrift für die Neugestaltung der Schwangerschaft, Geburt und Mutterschaft.
Frauenoffensive, München, 1977, 2.Auflg.

STARKMAN, M. N.: Psychological Responses to the Use of
the Fetal Monitor During Labour, Psycho-
som. Med., 1976, 38, 269–277.

STARKMAN, M. N.: Fetal Monitoring: Psychologic Consequen-
ces and Managment Recommendations,
Obstet. Gynaecol, 1977, 50, 500–540.

STARKMAN, N. M. & D. D. YOUNGS: Reactions to Electronic
Fetal Monitoring. In: YOUNGS, D. D. &
A. A. EHRHARDT (Eds.). Psychosomatic
Obstetrics and Gynaecology, Appleton-
Century-Crofts, New York, 1980, 145–
157.

STAUBER, M.: Psychosomatische Aspekte in der Geburtshilfe. Deutsch. Ärzteblatt, 1979, 12,
797–804.

STAUDACH, A. & K. LABACHER: Beurteilung der Wertigkeit
der kontinuierlichen kardiotokographi-
schen und diskontinuierlichen akustischen
subpartalen Überwachung. In: AUERS-
WALD, W., K. BAUMGARTEN, O. THAL-
HAMMER (Hrsg.), Geburtshilfe in Österreich 1970-1980, Maudrich, Wien, 13o-151.

STEFFENSMEIER, R. H.: A Role Model of the Transition to
Parenthood. J. Marriage and the Family,
1982, 319–334.

STROTZKA, H.: Versuch über den Humor. Psyche, 1957,
11, 597–609.

STROTZKA, H.: Einleitung. In: STROTZKA, H., M. D.
SIMON, H. CZERMAK & G. PERNHAUPT.
Psychohygiene und Mutterberatung.
Jugend & Volk, Wien, 1972.

STROTZKA, H.: Witz und Humor. In: DEICKE, D. (Hrsg.).
Freud und die Folgen. Bd. 1. Die Psycho-
logie des 2O. Jahrhunderts, Bd. 2.,
Kindler, Zürich, 1976, 305–321.

STROTZKA, H.:   Psychotherapie: Grundlagen, Verfahren,
                    Indikationen. Urban & Schwarzenberg,
                    München, 1978, 2. Auflg.

STROTZKA, H.:   Psychotherapie und Tiefenpsychologie.
                    Springer, Wien, 1982.

STROTZKA, H., M. D. SIMON, H. CZERMAK & G. PERNHAUPT:
                    Psychohygiene und Mutterberatung.
                    Jugend & Volk, Wien, 1972.

TAUSCH, R.:   Gesprächspsychotherapie. Hogrefe,
                    Göttingen, 1970, 4. Aufl.

TEICHMANN, S.:   Geburtsangst und Vorbereitung auf die
                    Geburt unter psychologischen Gesichts-
                    punkten. Unveröffentl. Dipl. Arbeit,
                    Berlin, 1978.

TOWNE, R. D. & J. AFTERMAN: Psychosis in Males Related to
                    Parenthood. Bull. Menninger Clin., 1955,
                    19, 19-26.

TRETHOWAN, W. H.:   The Couvade Syndrome. Some Further
                    Observations. J. Psychosom. Res., 1968,
                    12, 107-115.

TRETHOWAN, W. H.:   The Couvade Syndrome. In: HOWELLS,
                    J. G. (Ed.). Modern Perspectives in
                    Psycho-Obstetrics, Brunner & Mazel,
                    New York, 1972, 68-93.

TRETHOWAN, W. H. & M. F. CONLON: The Couvade Syndrome.
                    Brit. J. Psychiat., 1965, 111, 57-68.

TURK, D. C. & GENEST, M.: Regulation of Pain: The Appli-
                    cation of Cognitive and Behavioral Tech-
                    niques for Prevention and Remediation.
                    In: Cognitive - Behavioral Interventions:
                    Theory, Research and Procedures.
                    Academic Press, New York, 1979,287-318.

TURNER, R. J. & S. NOH: Class and Psychological Vulnerabili-
                    ty among Women: The Significance of
                    Social Support and Personal Control. J.
                    Health and Social Behav., 1983, 24,2-15.

TURSKY, B., L. D. JAMNER, R. FRIEMAN: The Pain Perception
                    Profile: A Psychophysical Approach to
                    the Assessment of Pain Report. Behavior
                    Therapy, 1982, 13, 376-394.

TYLOR, E. B.:   Researches into the Early History of Man-
                    kind and the Development of Civilization.
                    London:Murry,2nd Ed., 1865.

UEXKÜLL, T. von (Hrsg.): Lehrbuch der psychosomatischen
Medizin. Urban & Schwarzenberg,München ,
1979.

ULRICH de MUYNCK, R. & R. ULRICH: Das Assertivness-Trai-
ning-Programm: ATP-Einübung von Selbstvertrauen und sozialer Kompetenz. Pfeifer,
München, 1976.

VELLAY, P.:   Painless Labour: A French Method. In:
                           HOWELLS, J. G. (Ed.), Modern Perspec-
                           tives in Psycho-Obstetrics, Brunner &
                           Mazel, New York, 1972, 328-340.

VELVOVSKI, I. Z.:   Psychoprophylaxis in Obstetrics. A Soviet
                           Method. In: HOWELLS, J. G. (Ed.), Mo-
                           dern Perspectives in Psycho-Obstetrics,
                           Brunner & Mazel, New York, 1972,314-327.

VELVOVSKI, I. Z., K. PLATONOV, V. PLOTICHER & E.SHUGOM:
                           Painless Childbirth Through Psychopro-
                           phylaxis. Leningrad, 1954.

WALETZKY, L. R.:   Husband's Problems with Breast-Feeding.
                           Am. J. Orthopsychiat., 1979, 49, 2,
                           349-352.

WENDERLEIN, J. M.:   Angst vor der Geburt - ein persönlich-
                           keitspsychologisches oder mehr ein sozia-
                           les Problem? Z. Geburtsh. Perinat., 1977,
                           181, 448-455.

WENDERLEIN, J. M. & R. M. WILHELM: Sectio oder Spontagege-
                           burt - Was wird belastender erlebt?
                           (Studie an 124 Frauen nach Sectio mit
                           Kontrollgruppe). Z. Geburtsh. u. Peri-
                           nat., 1979, 183, 453-460.

WENDERLEIN, J. M. & R. M. WILHELM: Niedriges Geburtsge-
                           wicht belastet die Mutter-Kind-Beziehung.
                           Geburtsh. u. Frauenheilk., 1982, 42,
                           450-452.

WENNER, N. R.:   Dependency Patterns in Pregnancy. In:
                           J. H. MASSERMAN (Ed.). Sexuality of
                           women. Grune & Stratton, New York,1966.

WERNICKE, K., F. KUBLI, W. GROTHE, B.FAUL: Stellenwert
                           der Telemetrie. In: DUDENHAUSEN, J.W.
                           & E.SALING (Hrsg.), Perinatale Medizin,
                           10. Dt. Kongreß für Perinatale Medizin,
                           Berlin, Bd. IX, Thieme, Stuttgart,1982,
                           52-54.

WESSEL, W.:   Zur Wechselwirkung nicht-gewollter Schwangerschaften und Familienprozessen. Familiendynamik, 1984, 1, 33-70.

WILBUR, J.:   Some Effects of Pregnancy and Childbirth on Men. Pers. Manuskript.

WILKIE, J. R.:   The Trend Toward Delayed Parenthood. J. Marriage Family, 1981, 583-591.

WIMMER-PUCHINGER, B.: Kontrazeption und Schwangerschaftsabbruch - Darstellung der Konfliktsituation. Familienplanung, 1981, 12-28.

WIMMER-PUCHINGER, B.: Psychologische Geburtsvorbereitung. In: AUERSWALD, W., K. BAUMGARTEN, O. THALHAMMER: Geburtshilfe in Österreich 1970-1980. Maudrich, Wien, 1982, 10-23. (a).

WIMMER-PUCHINGER, B.: Das gemeinsame Geburtserlebnis - Bemerkungen zum Erlebnisbereich des Mannes. In: HAU, T. F. & S. SCHINDLER (Hrsg.). Pränatale und Perinatale Psychosomatik. Hippokrates, Stuttgart, 1982, 200-209, (b).

WIMMER-PUCHINGER, B., T. PESTA, M. THÜR-NAGEL: Die Bedeutung der Schwangerschaftseinstellung und des frühen Mutter-Kind-Kontaktes für das Stillverhalten. Partnerberatung 1982, 1, 20-26.

WINNICOTT, D. W.: The child, the family and the outside world. Tavistock, London, 1964.

WINNICOTT, D. W.: Primäre Mütterlichkeit. In: WINNICOTT, D. W., (Hrsg.). Von der Kinderheilkunde zur Psychoanalyse. Kindler, München, 1976, 153-160.

WOLFF, B. B.: Measurement of human pain. In: BONICA, J. J. (Ed.). Pain. New York, Raven,1980.

WOLPE, J.: Psychotherapy by Reciprocal Inhibition. Standford Univ. Press, Standford, Calif., 1958.

YAHIA, C. M. & P. R. ULIN: Preliminary Experience with a Psychophysical Program of Preparation for Childbirth. Am. J. Obst. Gynaecol., 1965, 93, 942-949.

YOGMAN, M. W.:   Parent-Infant Bonding: Nature of Inter-
                         vention and Inferences from Data. In:
                         SMERIGLIO, V. L. (Ed.). Newborn and
                         Parents: Parent-Infant Contact and New-
                         born Sensory Stimulation. Lawrence Erl-
                         baum Ass., Hillsdale, New Jersey, 1981,
                         89-95.

YOSHIDA, T., Y. HATTORI, KIICHIRO NODA: Plasma Cortisol
                         in Newborn Infants. Tokoku J. Exp. Med.,
                         1977, 123, 232-327.

ZADOR, G., M. L. FÄLLMANN, M. KEBON, B. A. NILSON:
                         Pain and Analgesia in Childbirth. In:
                         HIRSCH, H. (Ed.): The Family, 4th Int.
                         Congr. Psychosom. Obstetr. Gynecol.,
                         1974, Karger, Basel, 1975, 449-456.

ZEIDNER, E.:   Der Einfluß psychologischer Geburtsvor-
                         bereitungen auf das Erleben und Verhal-
                         ten während der Geburt. In: Janig, H.,
                         E. Löschenkohl, J. Schofnegger, G. Süs-
                         senbacher (Hrsg.). Umweltpsychologie.
                         Literas, Wien, 1982, 112-120.

ZETTLER, I. & P. MÜLLER-STAFFELSTEIN: Schwangerschaft
                         und Geburt. Unveröff. Dipl. Arbeit,
                         Tübingen, 1977.

ZICHELLA, L., P. PANCHERI, A. M. CONNOLLY, E. CALZOLARI:
                         Therapy and Psychosomatic Medicine. In:
                         F. ANTONELLI (Ed.), Vol. 2, Edizioni
                         L. Possi, Rome, 1977.

ZILBOORG, G.:   Depressive Reactions Related to Parent-
                         hood. Am. J. Psychiat. 10, 927-962.

Rainer Hornung/Judith Lächler

Psychologisches und soziologisches Grundwissen für Krankenpflegeberufe

Ein praktisches Lehrbuch. 4. Auflage 1985.
183 Seiten. Broschiert DM 22,--
ISBN 3-407-54628-9

Dieses Lehrbuch bietet in leichtfaßlicher Form
eine Einführung in das für Krankenpflegeberufe
relevante psychologische und soziologische Grund-
wissen.

Eine große Zahl von Fallbeispielen aus dem Kran-
kenhaus- und Berufsalltag ermöglichen dem Leser
den Zugang zu den beiden eng miteinander verknüpf-
ten Fachgebieten der Medizinischen Psychologie
und der Medizinischen Soziologie.

Durch anschauliche Verbindung von Alltagssitua-
tionen und theoretischen Begriffen sollen das Erfassen und Verstehen von berufsspezifischen Situationen und Problemen erleichtert und die Handlungskompetenz des Pflegenden gefördert werden.

Fragen zur Wissensprüfung am Ende jedes Kapitels
dienen der Verarbeitung und Vertiefung des Stof-
fes. Fragen zur Selbstaktualisierung geben An-
stöße zur persönlichen Auseinandersetzung mit der
jeweiligen Problematik.

Das Lehrbuch richtet sich in erster Linie an
Pflegepersonen in der Ausbildung und an Lehrkräf-
te. Daneben ist es aber auch für die Weiterbil-
dung bereits im Beruf stehender Pflegepersonen
geeignet.

 Beltz Verlag,
Postfach 11 20, 6940 Weinheim